零距离上岗

高职高专国际经济与贸易专业系列规划教材

International Business Law

国际商法

（第2版）

孙金刚　主编

牛大山　孙晓平　王　玲　参编

電子工業出版社

Publishing House of Electronics Industry

北京 · BEIJING

图书在版编目（CIP）数据

国际商法 / 孙金刚主编. —2 版. —北京：电子工业出版社，2012.2
（零距离上岗）
高职高专国际经济与贸易专业系列规划教材
ISBN 978-7-121-13828-7

Ⅰ. ①国… Ⅱ. ①孙… Ⅲ. ①国际商法－高等职业教育－教材 Ⅳ. ①D996.1

中国版本图书馆 CIP 数据核字（2011）第 110605 号

责任编辑：晋 晶
文字编辑：吴亚芬
印 刷：北京市顺义兴华印刷厂
装 订：三河市双峰印刷装订有限公司
出版发行：电子工业出版社
北京市海淀区万寿路 173 信箱 邮编 100036
开 本：787×980 1/16 印张：17 字数：361 千字
印 次：2012 年 2 月第 1 次印刷
定 价：32.00 元

凡所购买电子工业出版社图书有缺损问题，请向购买书店调换。若书店售缺，请与本社发行部联系，联系及邮购电话：（010）88254888。
质量投诉请发邮件至 zlts@phei.com.cn，盗版侵权举报请发邮件至 dbqq@phei.com.cn。
服务热线：（010）88258888。

出版说明

作为现代高等教育的重要组成部分的高职高专教育可以说是与经济建设、劳动就业联系最紧密、最直接的。它承担着为高新技术转化和传统产业升级提供智力支持的重任，承担着提高劳动者的就业能力和创业能力、促进劳动就业的责任。近年来，我国高职高专教育有了很大的发展，为生产、建设、管理、服务第一线培养了大批技术型和应用型专门人才，为我国经济发展和社会进步起到了重要的推动作用。

高职高专教育以培养高技能人才为教学目标，因此，与普通本科教育相比，有其鲜明的特点：① 理论知识以“必需”、“够用”为度；② 以服务为宗旨，以就业为导向，以产学研结合为途径，以培养实际操作能力为核心；③ 实践教学在教学计划中占有较大比重，注重学生职业能力的培养，实现“零距离上岗”，即学生毕业进入企业后，不再需要专门的上岗培训，直接可以上岗，从而实现人才培养与上岗就业的零距离。

为了真正实现高职高专教育与上岗就业零距离的目标，许多高职高专院校正在逐步深化教学改革，改革方案里提出要适当控制基础理论课程教学的深度与广度，加强校内模拟实训室和校外实习基地建设，强化技能培训，熟悉岗位要求，增强学生择业、就业能力，增加学生的就业机会。

教学改革，教材先行。为了推动我国高职高专教育教学改革向“以培养职业能力为中心，理论和实践并重”的方向发展，在国家教育部的指导下，电子工业出版社在全国范围内组织并成立了“全国高职高专教学研究与教材出版编委会”（以下简称“教学研究与教材出版编委会”），旨在研究高职高专教学目标、教学规律，以及与教学改革配套的教材建设，规划教材出版工作。教学研究与教材出版编委会的成员单位皆为教学改革成效较大、办学特色鲜明和办学实力强的普通高校、高等专科学校、高等职业学校、成人高等学校及本科院校主办的二级职业技术学院，而教材的编者和审定者则均为从事高职高专和成人高等教育教学与研究工作第一线的优秀教师和专家。

教学研究与教材出版编委会根据《国务院关于大力发展职业教育的决定》和《教育部关于加强高职高专教育人才培养工作的意见》的文件精神，以及上岗就业零距离的教学目标，规划了这套“零距离上岗·高职高专系列规划教材”，力求能够反映高职高专课程和教学内容体系改革方向，按照突出应用性、实践性的原则，优化系列教材结构；力求教材能够体现新知识、新技术、新工艺、新方法，突出教材内容的新颖性、基础理论知识的应用性和实践技能的培养。教材中的基础理论以“必需”、“够用”为度，专业知识加强针对性和实用性，同时注重实训和实习的环节，以利于学生综合素质的提高和创新能力、实践能力及操作能力的培养，以实现与实际岗位的无缝对接。教材还科学地设置了一些实际案例以及延伸阅读等功能性栏目，并将主要的专业核心课程设计成教材和模拟实训二合一教学包，电子工业出版社华信教育资源网还提供教学课件及习题答案免费索取等增值服务。这不仅方便学生课下学习，拓宽知识面，还有利于调动学生学习的积极性。规划教材覆盖了人力资源管理、财务会计、国际经济与贸易（国际商务）、物流管理、市场营销、金融保险、工程造价、商务英语等专业的基础课程和专业主干课程。上述规划教材适合各类高等专科学校、高等职业学校、成人高等学校及本科院校主办的二级职业技术学院使用。

编写高职高专教材是一个新课题，希望全国高职高专和成人高等教育院校的师生在教学实践中积极提出意见与建议，并及时反馈给我们，以便我们对已出版的教材不断修订、完善，与大家共同探索我国高职高专教育的特点和发展道路，不断提高教材质量，完善教材体系，为社会奉献更多更新与高职高专教学配套的高质量的教材。

全国高职高专教学研究与教材出版编委会

再版前言

本书是从高职高专教育特点出发，以高职高专人才培养目标为指导，以培养高等技术应用型、技能型和复合型的中高级人才为根本任务，按照“基础适度够用、加强实践环节、突出技能培养”的原则来编排全书内容。全书以国际商事合同法、国际货物买卖法、知识产权保护法和国际商事争议的解决方法四大内容为主线，通过对当代世界经济影响极大的大陆法系、英美法系等若干发达国家的商事法律，以及有关国际商事交易的国际公约和国际贸易惯例的比较研究，在广泛借鉴国内外专家、学者的研究成果和国内外立法文件的基础上，较为深入地讨论了国际商法的理论和实务。使学生在了解国际商法的基本原理的基础上，掌握国际贸易中相关的商事法律、国际条约和国际惯例，熟悉国际商事争议的解决程序，培养学生运用理论知识分析国际商事问题的能力，为今后从事国际贸易工作及处理涉外商事争议打下坚实的基础，对培养既懂法律又懂经济的复合型国际经贸人才具有重要的价值。

本书自第1版出版以来，因其定位准确、内容适用、编排独特等特点而深受读者好评。第2版在继承第1版特色的基础上，根据国内、国际最新的商事立法，结合国际经济与贸易发展的新形势、出现的新问题进行修订和完善；书中引用最新的资料，反映当前国内外商法领域的最新立法、司法的理论研究成果；突出技能培养，以技能训练为载体来设置教学内容，每章除理论讲解外，更注重将学生引入技能训练中，强化对国际商法基本理论的掌握运用，力求突出教学内容的针对性、实用性、新颖性和前瞻性。

本书由孙金刚担任主编，编写人员分工如下。孙金刚（河北沧州职业技术学院）编写第1章、第2章、第3章，牛大山（河北沧州职业技术学院）编写第4章，孙晓平（河北沧州职业技术学院）编写第5章、第8章，王玲（辽宁经济职业技术学院）编写第6章、第7章、第9章。

本书的编写得到了电子工业出版社及各编审者所在单位的关心与大力支持，在此表示衷心感谢。在编写过程中，我们借鉴、参考了许多相关书籍（见参考文献），在此一并向作者谨致谢意。限于编者水平，本书的不完善和不妥之处，恳请读者批评指正。

编　者

目 录

第1章
国际商法导论

本章学习目标

1. 熟悉国际商法的概念和渊源；大陆法系和英美法系的主要渊源；WTO 的组织机构和基本法律原则；
2. 了解大陆法系与英美法系的特点及区别。

引导案例

1995 年 1 月，世界贸易组织成立伊始就受理了一起非常棘手的贸易争端：委内瑞拉申诉美国。事情的起因是：1993 年，美国环保署根据国会 1990 年《清洁空气法》修正案制定的“汽油规则”要求，自 1995 年 1 月 1 日起在美国销售的汽油必须符合新的清洁度标准。在美国污染严重的地区只允许销售法定清洁汽油（精炼汽油），在其余地区销售的常规汽油不得低于 1990 年所售汽油的清洁度。关于 1990 年清洁度标准的确定，分为两种情况：在 1990 年营业 6 个月以上的国内供应商可自行确定本企业的标准，而国外供应商和在 1990 年营业不足 6 个月的国内供应商必须执行法定标准。美国的这一政策公布后，遭到了作为美国重要的国外汽油供应商委内瑞拉的反对，认为该政策违反了世界贸易组织的规则，严重损害了委内瑞拉的经济利益。于是，委内瑞拉便把美国“告到”了世界贸易组织。随后不久，巴西也加入了对美国的申诉。这便是所谓的“WTO 第一案”。

在此案中，美国显然违反了世界贸易组织的国民待遇原则。因为它在实施新汽油政策时对进口汽油的化学性能规定了比国产汽油更严格的标准，构成了对国外汽油供应商的歧视。于是，世界贸易组织的争端解决机构裁定美国的汽油政策违反了 WTO 的国民待遇原则，要求美国修改汽油政策，使其与世界贸易组织的规则相一致。美国接受了裁决，并应委内瑞拉的要求，自 1996 年 5 月 20 日起的 15 个月内修改其汽油政策。1997 年 8 月 19 日，美国颁布了新的汽油政策，“WTO 第一案”也最终得到了圆满解决。

1.1 国际商法概论

1.1.1 国际商法的概念

国际商法（International Business Law or International Commercial Law），有的也称国际交易法。关于它的概念，中外学者仍然是众说纷纭，对其调整对象、调整范围的划分，也不完全一致。国际商法的基本概念应从广义与狭义两方面来理解。

1. 广义上国际商法的概念

从广义上看，国际商法是调整国际商事关系的各种法律规范的总和，是一个独立的法律部门。

（1）从所调整的社会关系看。按照法学的一般理论，划分法律部门的主要标准是法律规范所调整的社会关系，凡调整同一种类社会关系的法律规范就构成一个独立的法律部门。国际商法就是作为调整国际商事关系这一特定的社会关系而独立存在的法律部门。具体来讲，凡涉及商事关系的国际公法规范、国际经济法规范、当事人自愿接受的国际商事惯例或冲突法规范、国际商事公约或条约、国内商法中的国际性规范都应包含在内。

（2）从国际商法的产生看。国际商法从一开始就是作为一个独立的法律部门出现的。它最初所调整的商事关系就不是一国国内商人之间的商事关系，而是跨国界的、不同国家商人之间的国际商事关系。国际商法是随着商品经济的产生和发展而产生和发展起来的。

（3）从当代国际商事关系的多样性和复杂性看。国际商法发展到今天，已经由单一层次的国际商事惯例演变为多层次的国际商法，是一个以国际商事惯例为主体内容的，既包括国际法规范，也包括国内法规范的综合法律部门。

由于国际商法是用来调整从事跨越国境商事交往的各种公、私主体之间商事关系的法律规范，所以，它的内涵和外延，早已大大地突破了国际商事惯例体系，而扩展到国际法、国内法，甚至还包括难以归属的上述法律分类的其他各种法律规范。可以说，国际商法是一个多门类、跨学科的综合法律部门。

2. 狭义上国际商法的概念

从狭义上看，国际商法是调整国家之外的、平等主体的商事组织及其商事交易的各种关系的法律规范的总和。

在国际上从事国际商事交易的主体基本上是公司、企业等商事组织，而不是国家。它们之间的交易属于不同国家的主体平等的商事组织之间和个人之间及它们相互之间的交易，而不是国家与国家之间的交易。所以，在“国际商法”这一概念中，“国际”（International）一词的含义并不是指“国家与国家之间”的意思，而是指“跨越国界”（Transnational）的意思。因此，国际商法是调整国家之外的商事交易和商事组织的各种关系的法律规范的总和。

1.1.2　国际商法的调整对象、主体、调整范围及特点

1. 国际商法的主要调整对象

国际商事交易是国际商法的主要调整对象。

随着当代国际经济贸易往来的扩大和频繁，国际商事关系呈现得更加错综复杂，出现了许多新型的国际商事活动方式，如国际投资、国际融资、国际租赁、国际技术转让、国际合作生产和国际工程承包等，既包括有形的货物贸易，也包括无形的技术和劳务等服务贸易。从广义上说，这些贸易做法可以统称国际商业交易，都是国际商法的调整对象。

2. 国际商法的主体

商事组织是国际商法的主体。

国际商法主体又称国际商事主体，即国际商事关系的当事人，是指在国际商事交易关系中依法可以享有国际商事权利和承担国际商事义务的法律人格组织，包括具有相应权利能力和行为能力的自然人、法人和其他组织、国际组织和国家。

（1）自然人。具有权利能力和行为能力的自然人以自己的独立名义进行国际贸易、国际投资、国际代理和国际技术转让等国际商事交易活动，并独立承担相应的国际商事义务，从而成为国际商事主体。

（2）法人和其他组织。具有法人资格的公司、企业及其他非法人商事组织在国际商事交易中地位显著，作用突出，是国际商事交易活动最主要、最积极的参与者，是国际商事关系的基本主体，特别是跨国公司和跨国企业，由于其拥有雄厚的经济实力和强大的技术优势，对现代国际商事关系的产生和发展有重大的影响。

（3）国际组织。包括全球性国际经济组织和区域性国际经济组织，这是国际商事关系的新生主体，如国际货币基金组织（International Monetary Fund, IMF）、世界银行集团（World Bank Group, WBG）、世界贸易组织（World Trade Organization, WTO）、欧洲联盟（European Union, EU）、东南亚国家联盟（Association of South-East Asian Nations, ASEAN）等，它们除了参与制定或促成制定有关调整国际商事关系的国际法规范外，还直接与其他国际商事主体签订各种类型的国际商事合同或协议。

（4）国家。国家是国际商事法律规范的参与制定者，又是本国涉外经济法律的制定者，还是涉外商事关系的协调者，并在一定情况下参与国际商事交易活动。由于国家享有国家主权豁免权，所以国家是国际商法的特殊主体。

3．国际商法的调整范围

国际商法的调整范围是各商事主体在国际商事交易中发生的各种法律关系。

由于国际商事交易活动的广泛性、复杂性，所以产生的各种关系也呈现出复杂多样的特点，但国际商法所调整的只是各商事主体参与国际商事交易中所发生的法律关系。至于非商事主体之间发生的关系，或商事主体在非国际商事交易中发生的关系及商事主体在国际商事交易中发生的非法律关系，均不属于国际商法的调整范围。

4．国际商法的特点

国际商法是调整国际商事交易法律关系的法律规范的总和。国际商事交易的专业化、国际化促进了国际商事法律规范的发展，许多调整特定对象的专门法律规范应运而生。例如，有专门调整合同关系的合同法、专门调整买卖关系的买卖法等。诸多专门法律规范汇集在一起，形成国际商法这一部门法。所以说，国际商法是调整国际商事法律关系的法律规范的总和，每个调整某一方面法律关系的法律规范都是国际商法的组成部分。

1.1.3　国际商法的渊源

国际商法的法律渊源，是指国际商法的法律表现形式。国际商法的渊源可分为国际渊源和国内渊源。

1．国际渊源

（1）国际商事条约。国际商事条约通常是指具有国际商事主体的国家与国家之间、国家与国际组织之间缔结的关于确立、变更和终止其相互间国际商事关系的条约和公约。根据条约对缔约方的法律约束力的不同可将国际商事条约分为双边国际条约和多边国际条约。1994 年 4 月 15 日由 104 个政府代表签署的《关于建立世界贸易组织协定》是目前世界上调整最广泛的、最主要的国际商事公约，协定规定 1995 年 1 月 1 日成立世界贸易组织。

（2）国际商事惯例。国际商事惯例是在长期的商业或贸易实践基础上发展起来的用于解决国际商事问题的实体法性质的国际惯例。国际商事惯例虽然不是由国家或国际组织制定或缔结的，但由于其在国际商事活动中被广泛应用，因而成为国际商法的重要渊源。

2．国内渊源

（1）国内商事法律规范。由于国际商事条约和国际商事惯例的某些局限性，不可能在所有国家、地区都适用，也不可能包括国际商事领域中的一切问题，特别是在处理国际商事纠纷时，往往要借助冲突规范的指引，适用有关国家的国内商事法律规范。因此，主权国家依据国际条约、参照国际惯例、根据国情制定的涉外商事规范也是国际商法的重要渊源。

（2）商事判例。这主要是指以判例法为主的一些英美法系国家，由于其法律表现形式包括成文法和判例法两部分，而成文法的法律效力有时还要通过某些具有法律效力的判例表现出来。在这些国家中，上级法院的判例对下级法院的判决或今后审理的同类案件具有法律约束力，判例成为重要的法律渊源。大陆法系国家大多有系统完善的民商法典，判例不作为正式的法律渊源，但有时也可以用来弥补成文法律法规的不足，因此这些具有法律效力的判例，也是国际商法的辅助性渊源。

1.2 两大法系简介

1.2.1 大陆法的特点和渊源

大陆法又称大陆法系，它是由比较法学家按照法的历史传统和形式上的某些特征，对各国法律所做的一种分类。大陆法形成于西欧，除法国、德国外，许多欧洲国家如瑞士、意大利、奥地利、比利时、卢森堡、荷兰、西班牙和葡萄牙等国都属于大陆法系。大陆法作为一个法系出现于 13 世纪，后来随着殖民主义的扩张，大陆法也随之向世界各地扩展。现在，除西欧外，整个拉丁美洲、非洲的一部分、近东的一些国家也属于大陆法系。

1. 大陆法的特点

大陆法系，又可称民法法系、法典法系、罗马法系、罗马—日耳曼法系，它是以罗马法为基础而发展起来的法律的总称。它首先产生在欧洲大陆，后扩大到拉丁族和日耳曼族各国。历史上的罗马法以民法为主要内容。法国和德国是该法系的两个典型代表，此外还包括过去曾是法、西、荷、葡四国殖民地的国家和地区，以及日本、泰国和土耳其等国。大陆法系以 1804 年的《法国民法典》和 1896 年的《德国民法典》为代表形成了两个支流。在法的结构上，大陆法强调系统性、条理性与逻辑性。但在法典的编排体例上，各国的做法则不完全相同，如法国、德国采用民、商分立的编制方法，即编有单独的民法典、商法典；有的国家，如瑞士、意大利等国则采用民、商合一的编制方法，即把商法编入民法典中，作为民法典的一个组成部分。大陆法系的特点有：

（1）全面继承罗马法。吸收了许多罗马私法的原则、制度，还接受了罗马法学家的整套技术方法，以及思维、推理的方式。

（2）实行法典化、法律规范的抽象化、概括化。

（3）明确立法与司法的分工，强调制定法的权威，一般不承认法官的造法功能。

（4）大陆法学在推动法律发展中起重要作用，大陆法学创立了法典编纂和立法的理论基础，法律适应社会发展需要的任务由法学家来完成。

2．大陆法的渊源

大陆法强调成文法的作用，因而法律是其主要渊源，习惯、判例和学理也起到重要作用。

（1）法律。法律是大陆法的主要渊源。大陆法国家的法律包括宪法、法典、法律和条例等，其中宪法具有最高的权威性，法律是指立法机关——国会制定的法律，条例是指行政机关制定的成文法。

（2）习惯。大多数大陆法国家都承认习惯是法的渊源之一，特别是有关商事活动的法律规定，往往要借助习惯才能被人们理解或确认。

（3）判例。大陆法国家原则上不承认判例具有与法律同等的效力，但在有的国家，如德国规定，联邦宪法法院的判决在联邦公报上发表后就具有约束力，并承认有“经常的判例”所形成的规则属于习惯法规则，具有约束力，法院应当予以实施。

（4）学理。大陆法系国家一般认为学理不是法的渊源，但学理可以解释法律，对判例进行分析和评论，还可以影响法律的实施，因此有些大陆法系国家也把学理作为辅助的法律渊源。

1.2.2　英美法系的特点和渊源

英美法系又称英国法系、普通法系或判例法系，是承袭英国中世纪的法律传统而发展起来的法律制度的总称，英国、美国、澳大利亚、新西兰和中国香港等国家和地区的法律制度均属于英美法系。近几十年来，英美法系国家也制定了大量成文法以作为对习惯法的补充。目前世界上大约有26个国家法律属英美法系，除英、美两国，其余主要是英联邦国家。英、美法律有许多共同点，如都以判例作为法的渊源，都有普通法和衡平法之分，但两国法律在各自的发展过程中，也形成了一些不同的特点。

1．英美法系的特点

（1）以判例法为主要法律渊源。各国受英国法的影响，法律渊源一般都分为普通法、衡平法和制定法。其中判例法的地位都很高。

（2）以日尔曼法为历史渊源。普通法系的核心——英国法，是在较为纯粹的日尔曼法——盎格鲁·撒克逊法的基础上发展起来的。

（3）法官对法律的发展所起的作用举足轻重。判例法是在法官的长期审判实践中逐渐创立出来的，法官的判决本身具有立法的意义，普通法系素有“法官造法”之称。

（4）以归纳为主的推理方法。法官和律师在适用法律时，通过对存在于大量判例中的法律原则进行抽象、概括、归纳、比较，然后才能将其最适当地运用到具体案件中去。

（5）不严格划分公法和私法。

2．英美法系的渊源

（1）英国法的渊源。

1）判例法。判例法是英国法的主要渊源，它是由高等法院的法官以判决的形式发展起来的立法规则。判例法的一个重要特点是，法官的判决中的判决理由必须得到遵循，即对做出判例的法院本身和对下级法院日后处理同类案件均具有约束力，因此形成了“先例约束力原则”。

2）成文法。成文法也是英国法的重要渊源，它包括由立法机关制定的法律和行政机关按照法律制定的条例。按照英国的传统理论，判例法是基础，成文法是对判例法所作的补充和修正，成文法只有通过判例法才能起作用。

（2）美国法的渊源。美国也属于判例法国家，判例是美国法的主要渊源。此外，成文法的数量也在迅速增加，并且发挥着越来越重要的作用。尽管如此，美国至今仍强调判例法，其成文法也要通过法院的判决才能发挥作用。

1）判例法。19 世纪以来，在英国形成的“先例约束力原则”，在美国同样适用。主要表现在：① 在州法方面，州的下级法院需受其上级法院判例的约束，特别是受州最高法院判例的约束；② 联邦法方面，均受联邦法院的判例的约束，特别是受美国最高法院判例的约束；③ 联邦法院在审理涉及联邦法的案件时，须受其上级联邦法院判例的约束，而在审理涉及州法的案件时，则须受相应的州法院判例的约束，但以该判例不违反联邦法为原则；④ 联邦和州的最高法院不受他们以前确立的先例的约束，他们可以推翻过去的先例，确立新的法律原则。

2）成文法。美国的成文法，包括联邦的成文法和各州的成文法。在联邦法律中，宪法占有十分重要的地位。美国联邦最高法院对宪法有解释权，凡是违反宪法的法律和判例，美国各法院都有权不予执行。

1.2.3　两大法系的区别

两大法系的区别包括以下六点。

（1）法律渊源不同。大陆法系是成文法系，其法律以成文法即制定法的方式存在，英美法系的法律渊源既包括各种制定法，也包括判例。

（2）法律适用不同。大陆法系习惯用演绎形式，英美法系习惯用归纳的形式。

（3）判例地位不同。判例在大陆法系不是正式渊源，在英美法系是法。

（4）法律分类不同。大陆法系分为公法和私法，英美法系分为普通法、衡平法。

（5）法律编纂不同。大陆法系倾向法典形式，英美法系倾向单行法。

（6）诉讼程序不同。大陆法系的诉讼程序以法官为重心，具有纠问程序的特点，英美法系的诉讼程序以原告、被告及其辩护人和代理人为重心，具有抗辩式的特点，同时还存在陪审团制度。

1.3 世界贸易组织及其基本法律原则

1.3.1 世界贸易组织

世界贸易组织成立于 1995 年 1 月 1 日，其前身是关税和贸易总协定（General Agreement on Tariffs and Trade, GATT）。由于 GATT 存在的不足，在乌拉圭回合谈判于 1993 年 12 月 15 日正式结束的最后时候，由美国提议，成立世界贸易组织。1994 年 4 月 15 日，104 个参加乌拉圭回合谈判方政府代表签署了《建立世界贸易组织协定》，经美国、欧共体和其他一些国家的国内立法程序的批准，所有协议 1995 年 1 月 1 日生效，同日世界贸易组织在日内瓦成立，其总部就设在日内瓦。WTO 是世界上最大的多边贸易组织，与世界银行、国际货币基金组织被并称当今世界经济体制的“三大支柱”。我国于 2001 年 12 月 11 日正式加入 WTO，成为世界贸易组织的第 143 个成员国。

根据 WTO 协议第 8 条的规定，世界贸易组织具有法人资格，享有执行其职责所需要的法律资格及为履行职责所需要的特权和豁免。世贸组织官员及各成员代表在独立行使世贸组织有关职责时，享有必要的特权和豁免权。

1. 世界贸易组织的宗旨与职能

（1）世界贸易组织的宗旨。在《建立世界贸易组织协定》的序言部分中规定，世界贸易组织的宗旨是：提高生活水平，保证充分就业和大幅度稳步提高实际收入和有效需求；扩大货物与服务的生产和贸易；以可持续发展为目的扩大对世界资源的充分利用，保护和维护环境，并以符合不同经济发展水平下各自需要的方式，加强采取各种相应的措施；进一步承认有必要做出积极的努力，以确保发展中国家，尤其是最不发达国家，在国际贸易增长中获得与其经济发展相适应的份额，通过达成互惠互利的安排，切实降低关税和其他贸易壁垒，在国际贸易关系中消除歧视待遇。

（2）世界贸易组织的职能。依据 WTO 协议第 3 条的规定，WTO 具备以下职能。

1）制定和规范国际多边贸易规则。

2）组织多边贸易谈判。

3）解决成员之间的贸易争端。

4）管理实施贸易政策评审机制，与国际货币基金组织、国际复兴开发银行及附属机构进行合作，更好地协调制定全球的经济政策。

2．世界贸易组织的组织机构

（1）部长会议。部长会议是世贸组织的最高权力机构，它由所有成员主管外经贸的部长、副部长级官员或全权代表组成。部长会议至少每两年举行一次，具有广泛的权力，其中包括立法权和准司法权。

（2）总理事会。部长会议休会期间由全体成员代表组成的总理事会代行部长会议的职能。总理事会可视情况需要随时开会，自行拟定议事规则及议程。总理事会下设货物贸易理事会，负责《1994 年关贸总协定》及其他货物贸易协议的有关事宜；服务贸易理事会，监督执行服务贸易总协定及分部门协议的有关事宜；知识产权理事会，监督执行与贸易有关的知识产权协定。这些理事会可视情况自行拟定议事规则，经总理事会批准后执行。所有成员均可参加各理事会。

（3）各专门委员会。部长会议下设立专门委员会，以处理特定的贸易及其他有关事宜。现已设立贸易与发展委员会，国际收支限制委员会，预算、财务与行政委员会，贸易与环境委员会等 10 多个专门委员会。

（4）秘书处。世贸组织成立由一位总干事领导的世界贸易组织秘书处，总干事由部长会议选举确定。世贸组织秘书处设在瑞士日内瓦。由于 WTO 的决议是由成员自己做出的，所以秘书处是办事机构，没有做出决议的权力。

1.3.2　WTO 的基本法律原则

WTO 的基本原则由 GATT 发展而来，主要包括非歧视待遇原则（表现为最惠国待遇原则、国民待遇原则）、减少贸易壁垒原则（表现为逐步削减关税原则、一般取消数量限制原则）、公平竞争原则、透明度原则。

1．非歧视待遇原则

非歧视待遇原则（Trade Without Discrimination）的含义是：一国在国际贸易问题上，不应在其贸易伙伴之间造成歧视，他们都应平等地被给予“最惠国待遇”；一国也不应在本国和另一 WTO 成员的产品、服务或国民之间造成歧视，要给予他们“国民待遇”。因此，非歧视待遇原则具体表现为最惠国待遇原则和国民待遇原则。

（1）最惠国待遇原则。

1）最惠国待遇原则的基本含义。最惠国待遇，是国际经济贸易关系中常用的一项制度，又称“无歧视待遇”。它通常指的是缔约国双方在通商、航海、关税、公民法律地位等方面相互给予的不低于现时或将来给予任何第三国的优惠、特权或豁免待遇。条约中规定这种待遇的条文称“最惠国条款”。

最惠国待遇可分为无条件最惠国待遇和有条件最惠国待遇两种。前者指缔约国的一方现在或将来给予第三国的一切优惠，应无条件地、无补偿地、自动地适用于缔约国的另一方；后者指缔约国的一方现在或将来给予第三国的优惠，缔约国的另一方必须提供同样的补偿，才能享受。

最惠国待遇范围广泛，其中主要的是进出口商品的关税待遇。最惠国待遇源于自由贸易原则，即各国在世界市场上享有平等的、不受歧视的贸易机会，是用来作为对付重商主义保护关税政策的一种手段，到自由资本主义时期为各资本主义国家普遍采用。后来帝国主义国家往往利用他们签订的最惠国条款，在殖民地、附属国中享受各种特殊优惠，而后者则由于所处的从属地位，实际上难以享受到相应的优惠。第二次世界大战后，许多发展中国家为了改变这种不合理状况，要求发达国家对所有发展中国家的出口商品实行单方面的、普遍的关税减免，即实行关税普遍优惠制。WTO 协议明确规定，各国一般不得在其贸易伙伴之间造成歧视。一国给予另一贸易伙伴的贸易优惠，必须给予其他所有 WTO 的成员方。

确立最惠国待遇的目的，是为了消除各成员之间在贸易地位上的任何不平等，以便各方可以有平等的贸易机会，公平地开展贸易竞争，推动自由贸易的发展。

2）最惠国待遇原则的适用领域包括：① 在货物贸易领域的适用。根据 GATT 文本第 1 条和第 3 条的有关规定，各成员在对输出或输入、有关输出或输入及输出入货物的国际支付转账所征收的关税和费用方面，在征收上述关税和费用的方法方面，在输出或输入的规章手续方面，在直接或间接征收的国内税或其他费用方面，在关于产品的国内销售、推销、购买、运输、分配或使用的全部法令、条例的规定方面适用最惠国待遇。② 在服务贸易领域的适用。《服务贸易总协定》第 2 条第 1 款规定，有关本协议的任何措施方面，每一成员给予任何其他成员的服务和服务提供者的待遇，应立即和无条件地不低于它给予任何其他成员相同服务与服务提供者的待遇。③ 在与贸易有关的知识产权领域的适用。与贸易有关的知识产权协定中关于最惠国待遇的规定体现于第 4 条，即在知识产权保护方面，任何成员对另一成员国民所给予的优惠、特权和豁免，应无条件地给予其他成员的国民。④ 在与贸易有关的投资措施领域的适用。与贸易有关的投资措施协定规定，为了实现 GATT 第 3 条及第 11 条规定的目标，任何成员都不得维持或采取歧视进口产品的投资措施，也不得维持或采取限制产品进出口数量的投资措施。

3）最惠国待遇原则适用的例外。尽管 WTO 体制规定了一成员必须主动给予其他成员无条件的多边最惠国待遇，但允许在特定情况下可以背离最惠国待遇原则。因此，掌握各种例外是运用最惠国待遇的重要前提。最惠国待遇原则适用的例外主要有：① 最惠国待遇原则在货物贸易领域的例外和实行例外的条件。《关贸总协定》第 1 条第 2、第 3、第 4 款规定了关于最惠国待遇的例外和实行例外的条件。② 最惠国待遇在服务贸易领域的例外和执行例外的条件。《服务贸易总协定》同时规定了关于最惠国待遇的例外的豁免安排，允许成员方在特定条件下维持某些与最惠国待遇原则不一致的管理措施，不受最惠国待遇原则的管辖和约束。协定规定了两种合法的豁免，一是第 2 条第 3 款规定的过境服务贸易，限于当地生产和消费的服务贸易；二是第 2 条第 2 款规定的成员方自行列入《免除第 2 条义务附件》的措施。③ 最惠国待遇在与贸易有关的知识产权领域的例外和实行例外的条件。《与贸易有关的知识产权协定》第 4 条规定，在知识产权保护方面，某一成员提供给其他成员国民的任何利益、优惠、特权或豁免，均应立即无条件地给予全体其他成员国的国民，但一成员国提供其他成员国民的任何下述利益、优惠、特权或豁免不在其列。

（2）国民待遇原则。

1）国民待遇原则的含义。国民待遇是国际上关于外国人待遇的最重要的制度之一，其基本含义是指一国以对待本国国民之同样方式对待外国国民，即外国人与本国人享有同等的待遇。传统的国民待遇所涉及的权利义务关系仅局限在民事领域，随着国际经济交往的日益频繁，其内容逐渐延伸到国际投资领域，并成为该领域普遍遵守的基本法则。

2）国民待遇原则的适用范围包括：① GATT 1994 关于国民待遇原则的适用。GATT 体制的国民待遇的适用范围较小，仅适用于货物贸易，更具体地说，仅适用于对进口商品的国内税收和政府对进口商品的法规、规章等管理措施方面。② 服务贸易方面。服务贸易总协定规定每一成员方应在其承诺表所列服务部门或分部门中，根据该表内所述任何条件和资格，给予其他成员方的服务和服务提供者。就所有影响服务提供的措施而言，其待遇不低于给予其本国相同的服务和服务提供者。③ 知识产权保护方面。在乌拉圭回合达成的《与贸易有关的知识产权协定》的总则和基本原则中，明确规定了有关知识产权的国民待遇原则。它规定在保护知识产权方面，成员一方对其他成员方国民提供的待遇不得低于对本国国民所提供的待遇。这一规定将 GATT 仅适用于外国进口产品的国民待遇扩大适用到包括商标权、专利权和版权等内容的知识产权领域。④ 投资措施方面。在乌拉圭回合达成的《与贸易有关的投资措施协定》中明确而又具体地规定了使用关贸总协定的国民待遇原则，即任何成员方都不应使用与《关贸总协定》第 3 条或第 11 条不一致的任何与贸易有关的投资措施，并在该协议中列举了与国民待遇不相符的与贸易有关的投资措施，这些措施包括：要求企业购买或使用国内产品或来源于国内渠道供应的产品，不论这种具体要求是规定特定产品、产品数量或价值，还是规定购买与使用当地产品的数量或价值的比例；或者限制企业购买或使用进口产品的数量，或与其出口当地产品的数量或价值相联系。

3）不适用国民待遇原则的例外包括：① 一般例外。GATT 第 20 条规定了一般例外，成员方可依据该条款的规定，为维护公共道德和保障人民或动植物的生命和健康，对进口产品实施有别于本国产品的待遇；在国内原料的价格被压到低于国际价格水平时，作为政府稳定计划的一部分，为了保证国内加工工业对这些原料的基本需要，有必要采取限制这些原料出口的措施。② 国民待遇在服务贸易领域的例外。服务贸易总协定将国民待遇作为成员方经谈判而承担的具体义务，而不是必须遵守的一般义务，这一规定与总协定的其他原则规定是有区别的，成员方谈判承担义务时可在承诺表中列出不按照国民待遇的安排，包括那些有关服务提供者或服务产品的条件、标准或许可等。③ 国民待遇在与贸易有关的知识产权领域的例外。《与贸易有关的知识产权协定》也规定了不少例外，如有关保护知识产权方面的《巴黎公约》、《伯尔尼公约》、《罗马公约》及《有关集成电路知识产权条约》中的各自有关国民待遇例外的规定均构成该协议的例外。④ 国民待遇在与贸易有关的投资措施领域的例外。《与贸易有关的投资措施协定》关于国民待遇例外的规定的范围更广，它不仅规定所有例外规定都适用于该协议的各项规定，而且规定发展中国家成员可以暂时自由地背离适用国民待遇原则和数量限制规定，即发展中国家成员和最不发达国家成员的这一期限分别为5年和7年。

2. 减少贸易壁垒原则

根据WTO协议，WTO各成员方必须减少贸易壁垒，推进国际贸易自由化。这一原则具体表现为逐步削减关税原则和一般取消数量限制原则。

（1）逐步削减关税原则。关税是一国政府设置在关境的海关依国家有关法律，对进出本国关境货物的所有人征收的一种税收。WTO允许成员方使用关税手段的同时，又要求成员方逐渐下调关税水平并加以约束，关税约束指成员方承诺将进口关税限定在某个水平并不再提高。缔约方通过谈判减让关税，大幅度降低关税和其他进出口费用水平，以促进贸易自由化，如成员方因实际困难要提高关税，必须谈判。在WTO体制下，成员方之间无论是采用多边谈判或双边谈判所达成的关税减让协议，均以减让表的形式公布，并按无条件的最惠国待遇原则适用于所有成员方。

逐步削减关税原则适用的例外：

1）免责条款的运用。

2）发展中国家例外。发展中国家根据自身情况，依据WTO规则，享有的优惠例外。

3）缔约国依法进行的修改或撤销。在满足一定条件下，成员方可以对减让表中的约束关税提出修改或撤销，但修改或撤销应按WTO规则规定的程序进行。

（2）一般取消数量限制原则。

1）一般取消数量限制原则的含义与适用范围。这项原则是指任何缔约国除征收税捐或其他费用外，不得设立或维持配额、进出口许可证或其他措施以限制或禁止其他缔约国领土的产品的输入，或向其他缔约国领土输出或销售出口产品。各成员方对本国的产业只能通过关税来加以保护，至于进口限额及许可证制度等保护措施均在禁止之列。

2）一般取消限制原则适用范围的例外。在实施一般取消数量限制原则时，根据WTO的规定，也可以有一些例外。这些例外情况主要包括：① 普遍取消的例外。② 为保障国际收支实施的进口数量限制。③ 保障条款。该条款规定在《关贸总协定》第 19 条中，根据该条规定，当一成员方关税减让造成进口产品大量增加，以致对国内生产造成严重损害或严重损害威胁时，该成员方可以实施临时性限制措施（保障措施），以保护相关产业。④《服务贸易总协定》规定的例外。

3．公平竞争原则

（1）公平竞争原则的含义。公平竞争原则又称公平贸易原则，其基本含义是：各成员方和出口经营者均不应采取不公平的贸易手段进行国际贸易竞争或扭曲国际贸易的公平进行。贯彻公平竞争原则，有利于世界资源的充分利用，有助于世贸组织各项目标的实现。

（2）公平竞争原则的实施。为了贯彻公平竞争原则，世贸组织采取了如下措施：

1）通过反倾销、反出口补贴来防止因倾销和出口补贴而形成的不公平竞争。WTO 特别强调各成员方不得实行补贴的贸易策略，出口商不得采用倾销的方式在其他成员方销售其产品。如果倾销或补贴的商品给某一进口成员方的相应工业造成损害或损害的威胁，该进口成员方可以采取反倾销和反补贴措施。

2）将纺织品、服装和农产品贸易纳入了 WTO 体制管辖范围之内。纺织品、服装和农产品贸易，一直未纳入 1974 年关贸总协定的多边自由贸易体制内，因而存在着严重的不公平竞争。在乌拉圭回合谈判中，经过各成员方的努力，达成了纺织品、服装和农产品协议，逐步实现公平竞争。

3）通过加强对知识产权的保护，打击假冒、仿制、剽窃和盗窃等不公平竞争行为，维护正当竞争秩序。在乌拉圭回合谈判中，经过各成员方的努力，达成了与贸易有关的知识产权协定，对涉及该领域的不公平竞争行为规定了排除措施，以保护公平竞争。

4）通过约束政府采购金额，扩大公平竞争的机会。乌拉圭回合谈判使 1979 年东京回合谈判达成并于 1981 年 1 月 1 日生效的《政府采购协议》进一步自由化，而且把范围扩大到服务，包括建筑服务、地方一级和公用事业单位的采购。

4．透明度原则

（1）透明度原则的含义。透明度原则是 WTO 的各缔约国正式实施的有关进出口贸易的政策、法令和条例，以及缔约国政府或政府机构与另一缔约国政府或政府机构之间签订的影响国际贸易政策的现行协定，都必须予以公布。透明度原则还规定，鉴于对海关行政行为进行检查和纠正的必要，要求各成员应保留或尽快建立司法的或仲裁的或行政的机构和程序。这类法庭或程序独立于负责行政实施的机构之外，除进口商在所规定允许的上诉期内可向上级法庭或机构申诉外，其裁决一律由这些机构加以执行。

（2）透明度原则的基本内容。透明度原则是世界贸易组织追求的贸易自由化、透明度和稳定性三大目标之一，是要保证 WTO 有关机构及其所有成员方及时、全面地了解由各成员方政府制定的、影响国际贸易条件的国内贸易规则与行政规定。WTO 成员方要想履行该义务，让自己的贸易法律制度达到“透明”，应首先做好两方面的工作：一是公布，二是通知，这两方面同样重要。

1）公布。依照《关税与贸易总协定》（GATT 1994）第 10 条的规定， WTO 所有成员方政府应“及时地”公布所有涉及产品的海关分类或海关估价、关税税率、国内税率以及影响产品销售、分销、运输、保险、仓储、检验、展览、加工或其他用途的法律、法规、司法判决和行政裁定；公布与其他成员方政府或政府机构之间签订并实施的影响国际贸易的协定。但那些一旦公布即有碍执法或违背公共利益或损害特定公私企业合法商业利益的机密信息除外。此外，任何成员方政府制定的有关提高进口产品关税税率或其他费用、对进口货物及其支付转账规定限制性或禁止性的措施时，非经正式公布，不得实施。

2）通知。通知是保证成员方贸易法律制度“透明”的另一措施，除 WTO 的有关协定外，还广泛地规定在其他协定中。如《服务贸易总协定》第 3 条第 3 款就要求：“各成员方应立即或至少每年一次向服务贸易理事会通知由该成员方制定的、可能严重影响其在本协定项下所做出承诺的任何新的法律、法规、行政规章或对现有法律、法规及行政规章的任何修改。”“每一成员方还应设立一个或多个咨询点，此类咨询点应在《建立世界贸易组织协定》生效之日起 2 年内设立。”不仅如此，第 3 条第 5 款又赋予各成员方一项新的权利：“将其认为影响本协定实施的、任何其他成员采取的措施通知服务贸易理事会。”

（3）透明度原则适用的例外。透明度原则与 WTO 其他基本原则一样，在适用时也有许多例外。透明度原则的例外主要是：允许各成员方对那些会妨碍法令的贯彻执行，会违反公共利益或会损害某一公私企业的正当商业利益的机密资料，可不适用透明度原则。这些例外既适用于货物贸易领域，也适用于服务贸易和知识产权领域。

本章小结

国际商法最早出现于 11 世纪的意大利，但商法真正发展起来是在 20 世纪 60 年代以后。从广义上看，国际商法是调整国际商事关系的各种法律规范的总和，是一个独立的法律部门。从狭义上看，国际商法是调整国家之外的，平等主体的商事组织及其商事交易的各种关系的法律规范的总和。

具有法人资格的公司、企业及其他非法人商事组织在国际商事交易中地位显著，作用突出，是国际商事交易活动最主要、最积极的参与者，是国际商事关系的基本主体。

国际商事条约和国际商事惯例是国际商法的主要国际渊源，国内商事法律规范是其主要国内渊源。

大陆法系和英美法系在特点上、渊源上有很大不同。

世界贸易组织是当前世界上影响最大的国际商事组织，享有执行其职责所需要的法律资格及为履行职责所需要的特权和豁免。世界贸易组织设有部长会议、总理事会、各专门委员会和秘书处。WTO 的基本法律原则由 GATT 发展而来，主要包括非歧视待遇原则（表现为最惠国待遇原则、国民待遇原则）、减少贸易壁垒原则（表现为逐步削减关税原则、一般取消数量限制原则）、公平竞争原则、透明度原则。

复习思考题

1. 名词解释

国际商法　国际商事条约　国际商事惯例　最惠国待遇原则　国民待遇原则

2. 单项选择题

（1）中国是世界贸易组织的第（　　）个成员国。

A. 141　B. 142　C. 143　D. 144

（2）英国法的主要渊源是（　　）。

A. 学理　B. 判例法　C. 成文法　D. 习惯

（3）世界贸易组织部长会议至少每（　　）年举行一次。

A. 一　B. 二　C. 三　D. 四

（4）根据 WTO 协议，各国一般不得在其贸易伙伴之间造成歧视。一国给予另一贸易伙伴的贸易优惠，必须给予其他所有 WTO 的成员方。这是（　　）原则规定的。

A. 最惠国待遇　B. 国民待遇　C. 公平竞争　D. 透明度

3. 多项选择题

（1）在国际上从事国际商事交易的主体基本上是（　　）。

A. 国家　B. 企业　C. 公司　D. 国际组织

（2）国际商法的国际渊源包括（　　）。

A. 国际商事条约　B. 国际商事惯例

C. 国内商事法律规范　D. 商事判例

（3）世界贸易组织的组织机构包括（　　）。

A. 总干事　B. 总理事会

C. 各专门委员会　D. 秘书处

（4）大陆法的渊源包括（　　）。

A. 法律　　B. 习惯　　C. 判例　　D. 学理

4．判断题

（1）“国际商法”中的“国际”是指“跨越国界”的意思。（　　）

（2）大陆法国家强调成文法的作用，原则上承认判例具有与法律同等的效力。（　　）

（3）WTO的透明度原则有些例外规定，这些例外既适用于货物贸易领域，也适用于服务贸易和知识产权领域。（　　）

（4）英美国家以判例作为法的唯一渊源。（　　）

（5）按照WTO的法律原则，各缔约国必须严格遵守国民待遇原则，任何时候都没有例外。（　　）

5．简答题

（1）国际商法有哪些渊源？

（2）英美法与大陆法的主要区别是什么？

（3）WTO基本法律原则的主要内容有哪些？

第2章

国际商事组织法

本章学习目标

1. 掌握个人企业、合伙企业和公司的设立条件、公司的组织机构、股份与债券的发行与转让的基本法律规定；
2. 了解个人企业、合伙企业和公司的解散与清算，外国公司的进入与撤离等内容。

引导案例

1993 年 3 月，派拉蒙通信有限责任公司（以下简称“派拉蒙”）决议与维阿康姆有限责任公司（以下简称“维阿康姆”）“联姻”。为了防止第三方的进入，派拉蒙与维阿康姆签订了《防御协议》，其中针对派拉蒙三项最厉害的防御措施是：第一，排除竞争者——派拉蒙不得随意与第三方再商谈兼并之事；第二，支付违约金——派拉蒙如中途反悔则必须向维阿康姆支付 1 亿美元的违约金；第三，套取现金——维阿康姆可以向派拉蒙出售自己的股票。

条款签订后，QVC 通信有限责任公司（以下简称“QVC”）也看中了派拉蒙，并以收购要约发起攻势。但若想收购成功，必须首先至少解除上述三项防御措施。于是 QVC 要求一审州法院发出先行禁止令，禁止派拉蒙和维阿康姆使用这些措施。州法院一审后发出了禁止令，派拉蒙不服，上诉至州最高法院。州最高法院终审后认为派拉蒙董事会违反了其信托义务，有必要发出禁止令，维持原判。

在此案中，派拉蒙的董事会违反了相关法律：一是程序违法——兼并没有通过股东会，未得到派拉蒙股东批准，如果通过股东会决议那就没有问题了。二是方法违法——通过防御措施把标的控制权锁定，违反了公司高管的勤谨、忠诚义务。通俗地说，就是派拉蒙把收购权只给了维阿康姆一家，虽然后者出价尚可，但它抑制了潜在的投标者，当第三方出价高于维阿康姆时，标的控制权的锁定显然就损害了派拉蒙股东的利益。派拉蒙董事们的首要任务就是谋求股东可以合理得到的最高价格；而既然有机会为股东得到最高价格，前述的联盟就不攻自破了。因此，法官确认该防御协议违法。

2.1 国际商事组织法概论

2.1.1 国际商事组织

在国际商法中，商事组织又称商事企业，是指能够以自己的名义从事商事经营活动，并具有一定规模的经济组织。商事组织是市场经济的基本主体，以法律明确其权利、义务是维护其合法利益、保护第三人利益、保障社会交易安全的必要方式，各国都通过民事立法或商事立法对企业的法律地位加以明确。

国际商事组织具有如下特征。

1. 国际商事组织能够以自己的名义从事商事经营活动

依各国民商法的规定，能够以自己的名义从事商事经营活动的组织，应是具有必要的财产或经费，有自己的名称、组织机构和活动场所，能够独立地享有民事权利、承担民事义务，并经法定程序依法成立的经济组织。这些商事组织具有一定规模的资金、较为健全的组织机构和经营活动场所，可依法独立进行生产经营活动，并能以自己的名义享有和承担由其法律行为产生的各项权利、义务，承受由其生产经营活动所产生的利益和风险。

2. 国际商事组织应是具有一定规模的经济组织

一些国家的民商法除规定法人成立的一般条件和程序外，还依据法人创立目的和活动内容的不同，分为企业法人、事业法人和社团法人等。企业法人多是从事生产经营活动、以营利为目的各类经济组织；事业法人多为从事事业活动的社会组织；社团法人则是由具有相同目的的一定数量成员共同组织的团体。在商事领域从事生产经营活动的主要为企业法人。企业法人作为专门从事生产经营活动的商事组织，其自身性质的经营性和活动目的营利性，都要求其组织形式达到一定规模。因此，参与国际商事活动的商事组织多为各种形式的企业和公司。

2.1.2 国际商事组织的主要形式

在西方国家，商事组织有各种各样的组织形式，不同类型的商事组织在法律地位、设立程序、投资者的收益与责任、资金的筹措、管理权的分配、税收等方面均有很大不同。选择适当的企业形式，对于实现投资者的期望值有着极为重要的意义。

一般来说，西方国家的商事组织主要有三种基本的法律形式，即个人企业、合伙企业和公司。

1．个人企业（Individual Proprietorship）

个人企业即独资经营企业，是由一名出资者单独出资并从事经营管理的企业。从法律性质来说，个人企业不是法人，不具有独立的法人资格。个人企业的财产与出资人的个人财产是相通的，出资人就是企业的所有人，他以个人的全部财产对企业的债务负责。出资人对企业的经营管理拥有控制权，尽管个人企业有时聘用经理或其他职员，但经营的最高决策权仍属于出资人，出资人有权决定企业的停业和关闭等事项。个人企业是西方国家中数量最多的企业形式。个人企业大多属于中小型企业，对国民经济不起主要作用。在日本等国家，个人企业不得从事银行和保险等金融事业。

2．合伙企业（Partnership）

合伙企业是两个或两个以上的合伙人为经营共同事业、共同投资、共享利润及共担风险而组成的企业。合伙企业是一种“人的组合”，合伙人与合伙企业紧密联系，合伙人的死亡、退出或破产等都将导致合伙的解散。合伙人对合伙的债务负无限连带责任。大多数国家法律规定，合伙企业原则上不具有独立的法律人格，不属于企业法人。但法国、荷兰等大陆法国家及苏格兰的法律则规定合伙企业也可具有法人资格。合伙企业在西方国家中属于数量较多的企业形式。但由于其规模、组织及资金来源等方面的限制，一般归类于中小型企业，特别是家族企业，因而对社会经济生活的影响也不是很大。

3．公司（Corporation）

公司是依公司法的规定设立的，以营利为目的的法人组织。各国法律均规定，公司具有独立的法人资格，有权以自己的名义拥有财产，享受权利和承担义务。公司是一种“资本的组合”，股东与公司之间是相互分离的，股东的死亡、退出一般不影响公司的存续，股东对公司通常只负有限责任。公司的经营主要由专门的经营管理人员负责。在现代西方社会中，以股份有限公司为代表的公司企业已成为国民经济的主要支柱，对社会经济生活具有举足轻重的影响。

4．选择商事企业形式应注意的事项

作为一个商人，在选择从事商业活动的企业形式时，应注意的事项是多方面的，但主要集中在两个方面：第一，投资者对商业活动中产生的债务是承担无限责任还是有限责任；第二，税法是否把该类企业划入适合投资者纳税的类别。但是两者相比，税法的考虑往往优先于责任的考虑。在美国，新的企业形式，如有限合伙（LP）、有限责任公司（LLC）或有限责任合伙（LLP）则把投资者的有限责任与税收优惠结合起来考虑。

企业的纳税考虑是比投资者是否承担有限责任更加重要的另一个原因，因为在某类企业中，即使投资者需要承担无限责任，但这只是一种可能性、一种风险，这种风险和可能性也许永远也不会变成真正的现实。此外，保险也有利于帮助投资者避免最可怕的侵权赔偿。所有的无限责任的风险可以通过努力予以躲避，即使无法避免，也可以用不是自己的资产或通过责任保险转移出去。但是，纳税则是一件不同的事，它是现实的，只要企业被列入二次所得税制的公司系列，就得每年支付实实在在的现金作为税负，这对投资者来说是最现实的考虑。

在选择企业形式时，除了要特别重视有限责任及纳税考虑之外，还应重视下述因素。

（1）考虑商业活动的性质是否适合此类企业形式投资者的数目及其相互关系。

（2）考虑其内部运作的有效性及从事业务活动的费用。

（3）在成立企业前筹措资金及其他经济资源的可能程度。

（4）考虑企业未来发展是否方便融资。

2.2 个人企业

2.2.1 个人企业的概念与特征

1. 个人企业的概念

个人企业又称“独资企业”或“个人业主制企业”，是指由一个人单独出资设立并从事经营管理的企业。为规范这类企业，我国于1999年8月30日九届人大常委会第11次会议通过了《中华人民共和国个人独资企业法》，该法第2条规定：“本法所称个人独资企业，是指依照本法在中国境内设立，由一个自然人投资，财产为投资人个人所有，投资人以其个人财产对企业债务承担无限责任的经营实体。”

2. 个人企业的特征

（1）企业的投资主体具有单一性。个人企业仅有一个投资者，而且该投资者必须是自然人，不能是法人或其他经济组织，这是个人企业区别于合伙企业和公司的显著特征之一。作为投资者的自然人，一般应具有完全民事行为能力。

（2）企业财产由投资人个人所有。个人独资企业的财产是指在该企业名义下的财产，包括投资人对企业的实际出资和以企业名义取得的一切收益。投资人对本企业的财产依法享有所有权，其有关权利可以依法进行转让或继承。

（3）投资人对企业债务承担无限责任。由于投资人对企业财产及企业经营管理享有绝对权利，因而企业的义务也与投资人不可分离。当企业的财产不足以清偿企业到期债务时，投资人应以其个人或其家庭共有的全部财产用于清偿。另外，无限责任还表现在即便企业解散后，投资人对未能清偿的企业债务仍有依法继续偿还的责任。

案例 2-1

王某从自己拥有的 180 万元资产中拿出 100 万元开办了一家个人独资企业。若该企业经营失败而未获收益，并且欠下 150 万元的债务，当债权人主张债权时，企业的 100 万元财产显然不足以清偿其 150 万元的债务，那么，对其不能清偿的 50 万元企业债务，王某应从其另外 80 万元个人财产中再拿出 50 万元来偿还。投资人的这种责任，即为无限责任。

（4）个人企业为非法人企业。个人企业实际上是自然人从事商事经营活动的一种组织形式，虽然个人企业可以有商号名称，但企业本身并不具有独立于投资者之外的主体资格，不能以企业的名义享有权利和承担义务，投资者即业主以个人名义对企业的经营行为负责。企业的义务就是业主个人的义务，企业的债务实际上就是投资者个人的债务。但是，在商法上，个人企业也是独立的经营实体，依法可以以自己的名义独立从事经营性活动并进行独立核算，因而是一种独立的企业类型，也是一种特定的商事主体。

（5）内部结构简单，经营灵活，法律限制较少。受投资者资格所限，个人独资企业一般都规模较小，关系国计民生及公众利益也较小。因此，国家无须对其组织机构、决策机制和经营方式等进行干预，因而来自这方面的法律限制较少，从而赋予了个人独资企业简单、灵活的特点。

我国和西方国家在个人企业的立法模式上有很大的不同。在西方国家，个人企业法不独立，一般没有关于个人企业的专门法律，而是在民法、商法中做相应的规定。主要原因是个人企业与企业主在法律主体上是重合的，个人企业的权利与义务就是企业主的权利与义务，规范商人的商业行为也就起到规范个人企业的目的，因此，没有必要单独制定个人企业法。下面主要介绍我国的《个人独资企业法》。

2.2.2　个人独资企业的设立

1. 个人独资企业的设立条件

（1）投资人为一个自然人，且只能是一个具有完全民事行为能力的中国公民，法律禁止从事营利性活动的人不能成为投资人。

（2）有合法的企业名称。个人独资企业应有独立于投资人的名称，从而使该经营实体特定化；个人独资企业的名称应当与其责任形式和所从事的营业相适应，其名称中不得使用“有限”、“有限责任”和“公司”等字样。

（3）有投资人申报的出资。在出资方式上，投资人出资的方式可以是货币，也可以是能折算成货币数额的实物、土地使用权、知识产权或其他财产权利；在出资数额上，要求投资人申报的出资额应当与企业所申请从事的经营活动相适应；在出资的性质上，投资人可以其个人财产出资，也可以以其家庭共有财产作为其个人的出资，但后者应当在企业设立或变更登记的申请书上予以注明。

（4）有固定的生产经营场所和必要的生产经营条件。个人独资企业应有确定的住所和开展其业务所必备的相关条件，企业应以其主要办事机构所在地为其法定住所，并应有开展业务所需的必要环境和设施等。

（5）有必要的从业人员。个人独资企业应有适量的从业人员，其人数应与企业的生产经营范围和规模相适应。

2. 个人独资企业的设立程序

（1）提出设立申请。设立个人独资企业，应由投资人或其委托的代理人向个人独资企业所在地的登记机关提出书面申请，一般应提交下列文件。

1）设立申请书，该申请书应载明企业的名称和住所、投资人的姓名和居所、投资人的出资额和出资方式、企业经营范围等事项。

2）投资人身份证明，如身份证和户籍证等。

3）生产经营场所使用证明，如房屋产权证书、土地使用证书、房屋及土地的租赁合同等。

另外，委托代理人申请设立登记时，还应当出具投资人的委托书和代理人的合法证明；企业拟从事法律、行政法规规定须报经有关部门审批的业务的，还应当在申请登记时提交有关部门的批准文件。

（2）核准登记。登记机关应当在收到设立申请文件之日起15日内，对符合上述法定条件的，予以登记，发给营业执照；对不符合法定条件的不予以登记，并应当给予书面答复，说明理由。个人独资企业以营业执照的签发日期为企业成立日期，在领取营业执照前，投资人不得以个人独资企业的名义从事经营活动。

个人独资企业设立分支机构的，应当由投资人或其委托的代理人向分支机构所在地的登记机关申请登记，领取营业执照。分支机构经核准登记后，应将登记情况报该分支机构隶属的个人独资企业的登记机关备案，其民事责任由设立该分支机构的个人独资企业承担。

2.2.3 个人独资企业的事务管理

1. 个人独资企业事务管理的方式与权限

个人独资企业的投资人可以自己管理企业事务，也可以委托或聘用其他具有民事行为能力的人负责企业事务的管理。有权管理个人独资企业事务的人，即为该企业的负责人。投资人自己管理企业事务的，在法律赋予企业的权利与承担的义务的范围内对外代表该企业，其行为后果归属该企业；投资人委托或聘用他人管理个人独资企业事务的，应当与受托人或被聘用的人签订书面合同，明确委托具体内容和授予权利范围，但是，投资人对受托人或被聘用人员的职权限制，不得对抗善意第三人。

2. 受托人或受聘人的义务

受托人或被聘用的人员应当履行诚信、勤勉义务，按照与投资人签订的合同负责个人独资企业的事务管理，并且不得有下列行为。

（1）利用职务上的便利，索取或收受贿赂。

（2）利用职务或工作上的便利侵占企业财产。

（3）挪用企业的资金归个人使用或借贷给他人。

（4）擅自将企业资金以个人名义或他人名义开立账户存储。

（5）擅自以企业财产提供担保。

（6）未经投资人同意，从事与本企业相竞争的业务。

（7）未经投资人同意，同本企业订立合同或进行交易。

（8）未经投资人同意，擅自将企业商标或其他知识产权转让给他人使用。

（9）泄露本企业的商业秘密。

（10）法律、行政法规禁止的其他行为。

2.2.4　个人独资企业的解散和清算

1. 个人独资企业的解散

个人独资企业有下列情形之一时，应当解散。

（1）投资人决定解散。

（2）投资人死亡或被宣告死亡，无继承人或继承人决定放弃继承。

（3）被依法吊销营业执照。

（4）法律、行政法规规定的其他情形。

2. 个人独资企业的清算

个人独资企业解散，由投资人自行清算或由债权人申请人民法院指定清算人进行清算。投资人进行清算的，应当在清算前 15 日内书面通知债权人，无法通知的，应当予以公告。债权人应当在接到通知之日起 30 日内、未接到通知的应当在公告之日起 60 日内，向投资人申报其债权。清算期间，个人独资企业不得开展与清算目的无关的经济活动。在清偿企业债务前，投资人不得转移、隐匿财产。

个人独资企业清算偿债时，其财产应当按照下列顺序清偿。

（1）所欠职工工资和社会保险费用。

（2）所欠税款。

（3）其他债务。

前一顺序的债务未偿清的，不得偿还后一顺序的债务。个人独资企业的财产不足以清偿债务的，投资人应当以其个人的其他财产予以清偿；投资人在申请企业设立登记时明确以其家庭共有财产作为个人出资的，应当以其家庭共有的其他财产清偿。

对清算时未能清偿的个人独资企业存续期间的债务，在企业解散后，原投资人仍应承担偿还责任；但债权人在 5 年内（该 5 年为不变期间，不适用于民法上关于时效的中止、中断和延长的规定）未向债务人提出偿债请求的，该责任消灭。

个人独资企业清算结束后，投资人或人民法院指定的清算人应当编制清算报告，并于 15 日内到登记机关办理注销登记。注销登记即由登记机关缴销企业的营业执照，企业的法律主体资格因此而消灭。

2.3 合伙企业

2.3.1 合伙企业的概述

1. 合伙企业的概念

合伙企业是一种人们以合伙的形式进行共同经营的企业组织形式。《简明不列颠百科全书》将合伙解释为：“合伙企业是两个或两个以上的人，为了经营企业并分享其盈亏的自愿联合。”在大陆法国家，合伙分为民事合伙和商事合伙，分别适用民法典和商法典或有关的商事法规。两者的主要区别在于，商事合伙必须是达到一定的经营规模并专门从事营利性活动的合伙企业，而民事合伙在上述两方面则具有更多灵活性。本章主要介绍商事合伙的法律特征。

2. 合伙企业的特征

（1）合伙企业的基础是合伙协议。合伙人之间签订的合伙协议，规定各合伙人在合伙中的权利和义务。即使合伙企业设有一定的组织机构负责日常的业务，其内部关系仍然主要适用合伙协议的有关规定。

（2）合伙企业属于人合企业。合伙企业是“人的组合”，而不是“资本的组合”。合伙人的变化，如合伙人死亡、破产或退出，都会影响合伙企业的存续。

（3）合伙人对合伙企业的债务承担无限连带责任。合伙人以个人的全部财产作为合伙债务的担保，一旦合伙企业的财产不足以清偿其债务，债权人有权向任何一位合伙人请求履行全部债务。

（4）合伙人原则上均享有平等参与管理合伙企业的权利。除合伙协议另有规定以外，每个合伙人均有权对外代表合伙企业从事合伙的正常业务活动。

（5）合伙企业一般没有法人资格。许多国家法律对合伙企业的性质都加以规定，多数国家规定合伙企业不具有法人资格，但法国、荷兰和比利时等国法律则规定合伙企业是法人。英美国家虽不承认合伙企业的法人资格，但在某种特定场合也把合伙企业视为法人。

3．合伙企业的利弊

作为一种企业形式，合伙企业对于投资者既有有利的一面，也有不利之处。

（1）合伙企业的有利之处。

1）设立合伙企业的手续比较简单，费用较少。

2）通过合伙可以集中起比个人企业更多的资金和更广泛的业务联系。

3）每个合伙人均有参与管理的权利。

4）在英、美等国家，合伙企业不是法人，因而也不是独立的纳税单位，合伙企业本身无须缴纳企业所得税，实行“先分利后纳税”原则，而公司除股东所得交纳个人所得税外，公司本身还必须缴纳公司所得税，采取“先纳税后分利原则”，属于“双重纳税”。

5）各国政府对合伙企业的监督和管理比较宽松，不要求合伙企业公开企业账目和年度报告，合伙企业的经营有较大的自由和灵活性。

（2）合伙企业的不利之处。

1）合伙企业的合伙人数量有限，难于募集大量资本，因而规模一般不大。

2）合伙人对合伙企业债务承担无限连带责任，投资风险较大。

3）每一合伙人都有权参与管理，不利于企业管理的集中和统一，不利于实行有效管理。

4）合伙企业存续时间不稳定，一旦有合伙人死亡或退出，合伙一般即告解散，这不利于合伙企业的稳定发展。

从以上合伙企业的利弊分析可以看出，合伙企业主要是一种适合于中小规模企业或家族企业经营的商事组织形式。

2.3.2　合伙企业的设立

1．设立条件

（1）有两个或两个以上的合伙人。合伙人应当是具有完全民事行为能力的自然人、法人和其他组织。

（2）有书面的合伙协议。

（3）有各合伙人实际缴付的出资。合伙人可以用货币、实物、土地使用权、知识产权或其他财产权利缴纳出资。中国《合伙企业法》规定，普通合伙企业的合伙人也可以劳务出资，但在有限合伙企业中有限合伙人不得以劳务出资。

（4）有合伙企业的名称。合伙企业在名称后不得使用“有限”和“有限责任”字样。

（5）有营业场所和从事经营的必要条件。

2. 合伙协议

合伙协议是合伙企业成立的法律基础。设立合伙企业，合伙人应遵循自愿、平等、公平和诚实信用的原则订立合伙协议。合伙协议是确定合伙人在出资、利润分配、风险及责任的分担、企业的宗旨及经营管理方式等方面的基本依据，所以，订好合伙协议是合伙企业得以顺利稳定发展的前提。合伙协议应采用书面形式，依法应载明下列事项：

（1）合伙企业的名称和主要经营场所的地址。关于合伙企业的名称，各国法律都有严格要求。例如，英国合伙法要求合伙企业的商号名称应以合伙人的姓氏或者其姓氏的开头字母命名，在商号名称中不得加上“有限”字样，否则每天罚款5英镑；我国合伙企业法规定，合伙企业名称中不得含有国家禁止使用的内容和文字，如果合伙企业在其名称中使用“有限”或“有限责任”字样的，责令限期改正，并可处以2 000元以下的罚款。

（2）合伙目的和合伙企业的经营范围。

（3）合伙人的姓名及其住所。

（4）合伙人出资的方式、数额和缴付出资的期限。合伙人出资的方式比较灵活，包括货币、实物、土地使用权、知识产权、专有技术、劳务及其他财产权利。

（5）利润分配和亏损分担的办法。

（6）合伙企业的经营管理方式。

（7）入伙与退伙。

（8）合伙企业的解散与清算。

（9）违约责任。

（10）合伙的期限。

3. 登记注册

合伙企业注册登记手续一般比较简便，各国对此规定不一。如美国统一合伙法规定，合伙依合伙人的协议而成立，无须政府批准，但必须有合法的目的；德国则要求合伙企业必须在政府的商业登记册上办理登记；我国要求设立合伙企业必须向企业登记机关办理登记，领取营业执照后方能开业。如果法律、行政法规规定须报经有关部门批审的，还应当在申请设立登记时提交批准文件。

2.3.3　合伙企业的财产

合伙企业存续期间，合伙人的出资和所有以合伙企业名义取得的收益均为合伙企业的财产。对合伙企业财产的管理使用，通常由法律加以规定。如中国《合伙企业法》规定，合伙人的出资、以合伙企业名义取得的收益和依法取得的其他财产，均为合伙企业的财产；合伙企业的财产由全体合伙人依法共同管理和使用；除法律另有规定外，合伙企业清算前，合伙人不得请求分割合伙企业的财产；除合伙协议另有约定外，合伙人向合伙人以外的人转让其在合伙企业中的全部或部分财产份额时，须经其他合伙人一致同意；合伙人之间转让在合伙企业中的全部或部分财产份额时，应当通知其他合伙人；合伙人以其在合伙企业中的财产份额出质的，须经其他合伙人同意；未经其他合伙人一致同意，其行为无效，由此给善意第三人造成损失的，由行为人依法承担赔偿责任。

2.3.4　合伙企业的事务执行

1．合伙企业事务执行的形式

普通合伙企业的合伙人对合伙企业事务执行享有同等权利，有限合伙企业中的有限合伙人不执行合伙事务，不得对外代表有限合伙企业。合伙企业事务执行既可以采用由全体合伙人共同执行合伙事务的形式，也可以采用由合伙协议约定或全体合伙人决定，委托一名或数名合伙人执行合伙事务的形式。执行合伙企业事务的合伙人，对外代表合伙企业。其执行合伙企业事务的收益归全体合伙人，所产生的亏损或民事责任，由全体合伙人承担。

2．合伙人在执行合伙事务中的权利和义务

（1）合伙人在执行合伙事务中的权利。

1）平等的合伙事务执行权。如果依照规定或约定，委托一名或数名合伙人执行合伙事务，其他人就不再执行合伙事务。但有限合伙企业中的有限合伙人不执行合伙事务。

2）合伙执行人对外代表合伙企业的权利。但有限合伙企业中的有限合伙人不得对外代表有限合伙企业。

3）对执行合伙事务的监督权。

4）了解合伙企业经营状况和财务状况，查阅账簿的权利。

5）对其他合伙人执行事务提出异议的权利。提出异议时，应暂停该项事务的执行，如果发生争议，可以由全体合伙人共同决定。

6）对不按协议执行合伙事务的合伙人有撤销委托权。

7）对合伙事项决议时的表决权，除另有规定或约定外，可以实行一人一票的表决办法。

（2）合伙人在执行合伙事务中的义务。

1）合伙事务执行人向其他合伙人报告的义务。执行人应按约定向其他不参加执行事务的合伙人报告事务执行情况及合伙企业的经营情况和财务状况。

2）合伙人不得自营或同他人合作经营与本合伙企业相竞争的业务。

3）除合伙协议另有约定或经全体合伙人同意外，合伙人不得同本合伙企业进行交易。

4）合伙人不得从事损害本合伙企业利益的活动。

3．须经全体合伙人同意的合伙事务

（1）改变合伙企业的名称。

（2）改变合伙企业的经营范围、主要经营场所的地点。

（3）处分合伙企业的不动产。

（4）转让或处分合伙企业的知识产权和其他财产权利。

（5）以合伙企业名义为他人提供担保。

（6）聘任合伙人以外的人担任合伙企业的经营管理人员。

2.3.5　合伙企业的解散与合伙人退伙

1．合伙企业的解散

合伙企业的解散包括自愿解散和依法解散两种。所谓自愿解散，是指依合伙企业全体合伙人的决定或约定而解散。所谓依法解散，是指合伙企业依照有关法律规定而解散。

一般来说，合伙企业有下列情形之一的，应当解散。

（1）合伙期限届满，合伙人决定不再经营。

（2）合伙协议约定的解散事由出现。

（3）全体合伙人决定解散。

（4）合伙人已不具备法定人数满30天。

（5）合伙协议约定的合伙目的已经实现或无法实现。

（6）依法被吊销营业执照、责令关闭或被撤销。

（7）法律、行政法规规定的其他原因。

合伙企业解散后应当进行清算，并通知和公告债权人。清算结束后，应当编制并向登记机关报送清算报告，并办理合伙企业注销登记。合伙企业注销后，原普通合伙人对合伙企业存续期间的债务仍应承担无限连带责任。

2．合伙人退伙

除解散外合伙人原则上有权提出退出合伙，但各国合伙法对此项权利都有一定的限制，

以保证合伙企业的稳定发展。如《德国民法典》第 723 条规定，合伙契约如果订有期限，合伙人只有在有重大事由发生时，方可提出退伙。所谓“重大事由”，是指其他合伙人已严重违反合伙协议所规定的义务。如果无此重大事由发生，合伙人退伙，应对其他合伙人赔偿由此而遭受的损失。法国法律则规定，合伙人退伙不得损害第三人的权利和利益。

2.4 公司

2.4.1 公司概述

1. 公司的概念与特征

各国的公司立法，对公司的定义都集中在法定性、营利性和法人资格上，即公司是指依照公司法规定的程序而设立的、以营利为目的的企业法人。如《美国标准公司法》（1999 年）对公司下的定义为：公司是按公司法的规定而设立的，以营利为目的的法人组织。英国公司法对公司的定义也基本一样。但大陆法系国家，由于法国和德国的公司法分成有限责任公司法和股份公司法，所以没有对公司下统一的定义，但内容是一致的。在英文中，公司可以用“Corporation”表示，也可以用“Company”表示。根据各国公司的定义，公司具有如下基本特征。

（1）公司是具有法人资格的企业。公司作为企业法人，应当具备以下法人成立的基本条件。

1）依法设立。由于公司类型不同，所以不同类型的公司，其设立标准、设立程序并不完全相同，通常由公司法加以规定。

2）有必要的财产和经费。公司的财产来自股东的投资。股东依据公司章程将投资的财产移交给公司，从而形成公司财产。股东投资后，将丧失对投资财产的直接支配权，他们根据公司章程规定，享有股东的相应权利。

3）有自己的名称、组织机构及经营场所。各国公司法对此大多有明确的规定和要求。各类公司的设立须符合相应的法律规定。

4）能够独立承担民事责任。公司作为独立法人必须具有民事权利能力和民事行为能力，依法独立享有民事权利和承担民事义务。包括公司以自己的名义享受权利、承担义务，以自己的名义起诉、应诉等。

（2）公司是以营利为目的的企业法人。所谓以营利为目的，是指公司必须通过其经营活动追求经济效益，获得经济上的利益，并通过合理的利润分配制度使股东获得收益，最大限度地保障投资者的利益。以营利为目的从事经营活动是公司又一重要特征，这一特征使它同从事社会管理活动的国家机关，从事文化、教育、卫生、体育活动的事业单位和从事社会公益活动的社会团体区别开来。公司按照市场需求自主组织生产经营，以提高经济效益、劳动生产率和实现资产保值增值。

（3）公司股东对公司承担有限责任。公司股东以其出资额为限对公司承担有限责任，这是各国公司法的共同规定，也是公司区别于其他企业形式的关键。例如，《美国标准公司法》规定，公司股东就其购买的股份，除了支付发行股份的对价外，或者支付其认缴协议中规定的对价外，对公司及其债权人不承担额外的责任。各国公司法把股东对公司的风险只限于其允诺承担的责任（认缴的出资额）之内，这是商事组织法上历史性的进步。

（4）公司有独立的经营管理权。公司作为现代企业的重要形态，实行所有权与经营权相分离的制度，公司有独立、健全的组织机构。作为公司投资人的股东，大多数并不直接参与公司的日常经营管理。公司的初始财产来源于股东的投资，但一旦股东将投资的财产移交给公司，这些财产从法律上便属于公司所有，而股东则丧失了直接支配、使用这些财产的权利，他们所换来的则是按照出资比例享受一系列的权利，如参与股东大会并投票的权利、分取红利的权利等。但公司对因股东出资而形成的公司财产及在以后经营中增加的财产具有独立的所有权，具有直接的使用权和处置权，并以公司的全部资产对公司的债务承担有限责任。在这方面，股份有限公司最为典型。

（5）公司实行统一的集中管理制。公司的管理体制应由公司章程具体规定，但必须与公司法的原则规定相一致，即应采取股东大会、董事会（监事会）及经理三位一体的统一的集中管理体制，而不能采用合伙企业的合伙人分别管理的管理方式。

2．公司的分类

（1）按股东对公司债务所承担责任的形式划分，可以分为以下四种。

1）无限责任公司（Unlimited Liability Company）。无限责任公司是由两个以上股东组成，股东对公司的债务负无限连带清偿责任的公司。无限责任公司与合伙类似，但具有独立的法人地位。在资本主义发展初期，无限责任公司发展很快，数量较多，但随着商品生产社会化的出现，无限责任公司在资本集中过程中显得力不从心，而股东的投资风险又太大，使得无限责任公司日趋衰落。目前，各国的无限责任公司数量很少。

2）有限责任公司（Limited Liability Company）。有限责任公司是由法定数量的股东所组成，股东对公司债务所负的责任仅以其出资额为限的公司。有限责任公司 1892 年首创于德国，在所有公司形式中产生最晚，但是因其实行有限责任制，股东投资的风险小、设立简便、资金规模不大而又相对稳定，比较适合中小型企业的发展和家族企业需要，因此，有限责任公司在其产生后发展很快。在现代西方国家，有限责任公司已成为一种主要的公司类型，并且被越来越多的投资者所采用。

3）股份有限公司（Publicly Held Corporation）。股份有限公司是由法定数量的股东组成的，公司全部资本划分为等额股份，股东以其所认购的股份对公司债务承担责任的公司。由于资本募集的社会化，特别是股东的有限责任制、股份的自由转让及合理的利润分配制度，能够最大限度地降低投资风险，获得较高的投资收益，使股份有限公司成为最佳的集资工具，加速了社会资本的集中，适应了社会化大生产的需要；股份有限公司完善的内部组织机构，有利于公司实行现代化管理，使公司的经营管理达到高度民主化和科学化，取得最佳的经济效益，从而极大地促进了国民经济的发展。因此，股份有限公司在现代社会经济生活中所起的作用是其他任何公司无法取代的。股份有限公司已成为当今世界各国最重要、最有代表性的企业组织形式。

4）两合公司。两合公司是由无限责任股东和有限责任股东共同组成的公司。其中无限责任股东对公司债务负连带无限责任，有限责任股东以其出资额为限对公司债务承担责任。在这种公司中，至少有一个股东对公司的债务承担无限连带责任和至少一个股东对公司债务承担有限责任。由于无限责任股东和有限责任股东所负的责任不同，所以，他们在公司中的地位和权利也不一样。有限责任股东不得代表公司对外执行公司的业务，公司的业务只能由无限责任股东负责。

两合公司是大陆法国家所特有的一种公司形式，兼有无限责任公司和有限责任公司的特点。虽然两合公司是一种历史悠久的公司形态，但由于其内部有两种股东，关系比较复杂，稳定性远不如有限责任公司，使得两合公司在现代社会中逐渐被淘汰，一些国家实际上已经不存在这种公司了。

（2）根据公司对外信用基础划分，公司可以分为人合公司与资合公司。人合公司是以股东个人的信用、地位和声望作为公司信用基础的公司；资合公司是以资本结合作为公司信用基础的公司。

（3）根据公司间的控制与依附关系，公司有母公司和子公司之分。母公司和子公司都具有独立的法人资格。

（4）依据公司在管辖与被管辖关系中所处位置的不同，公司有总公司与分公司之分。分公司不具有独立的法人资格。

（5）根据公司国籍的不同，可以分为本国公司与外国公司。本国公司多为依据本国公司法的规定，在本国登记注册的公司，但也有的国家将由本国人实际控制的公司或主要由本国人出资的公司视为本国公司；外国公司多为依据外国公司法的规定，在本国境外登记设立的公司。

3．公司法

公司法是指规定公司企业的设立、组织、经营、解散、清算及调整公司对内和对外关系的法律规范。

（1）公司法规定的对象是具有法人资格的公司企业，而不是所有企业。企业（Enterprise）的范围比较广泛，主要包括个人企业（Proprietorship or Individual Enterprise）、合伙企业和公司企业，此外，还包括为数不多的合作企业（Cooperative Enterprise）和其他各种商业性经济实体。而公司法适用的范围，仅仅是公司企业，不包括其他类型的企业。

（2）公司法是公司企业的最基本的规范准则。一个国家的公司法可以认为是该国家所有公司企业的总章程。一国之内的所有公司章程都不应违反公司法的规定，而且应在公司法的指导下建立自己的章程。

（3）公司法规定了公司内部的及对外的法律关系。公司的内部法律关系，主要包括两方面的内容，一是指公司股东、董事、高级职员和一般雇员之间的权利和义务关系。二是指公司各行政机构之间，如股东大会、董事会、执行委员会、注册办事处和工会之间的职责分工。公司的对外法律关系也包括如下两方面：一是公司与政府之间的关系。政府在保证国家政局稳定、有利于整个社会经济繁荣的前提下，保护公司业务的正常开展。二是调整公司与第三人的关系。公司法比较强调保护第三人利益，同时，也要保护公司不受第三者的欺诈，保证它们之间签订的合同能切实履行。

多数国家的公司法目前采用单行法规的形式，如法国、德国、比利时、丹麦、爱尔兰、卢森堡及英联邦国家，如加拿大、澳大利亚、新西兰和印度等国。也有少量国家，公司法是被包含在民法或商法之中的，如日本公司法就被包括在商法之中，意大利的公司法是包含在民法典中的，瑞士公司法被包括在契约法之中，瑞典公司法则被包括在商法典中等。

中国《公司法》于1993年12月29日由第八届全国人大常委会第五次会议通过并发布，于1994年7月1日施行。1999年和2004年分别进行了修订，2005年10月27日，在经过大规模修订后重新颁布了《公司法》，并于2006年1月1日起施行，新《公司法》共13章219条。

2.4.2 有限责任公司

1. 有限责任公司的概念和特征

各国公司法关于有限责任公司的定义大都有明确规定。有限责任公司是指依据公司法的有关规定设立的，股东以其出资额为限对公司承担责任，公司以其全部资产对公司的债务承担责任的企业法人。有限责任公司具有以下七个主要特征。

（1）责任有限性。这是有限责任公司的基本特征，也是它与无限责任公司、两合公司、股份两合公司最主要的区别。“有限责任”体现在两方面：一是公司只以其全部资产为限，对公司债务承担责任；二是股东仅以其出资额为限，对公司承担责任。但是少数国家的有限责任公司股东在一些特殊情况下，可能承担出资额以外的财产责任，如德国有限责任公司股东有填补出资的义务等。

（2）资本不分为等额股份。这是有限责任公司与股份有限公司最主要的区别。有限责任公司不得公开发行股票，其公司股东出资份额的权利证书称做出资证明书或股单，而不是股票。

（3）股东人数有法定限制。有限责任公司的股东人数在一些国家受到最高和最低人数的双重限制。如法国、比利时规定一般为 2～50 人；有的国家只规定了最高人数限制，如日本、英国规定有限责任公司的股东人数不得超过 50 人；中国《公司法》规定有限责任公司由 50 人以下的股东共同出资设立；还有少数国家如德国，对股东人数没有限制。

（4）转让出资有严格限制。公司法通过公司章程及内部细则规定，任何股东转让其一部分或全部股份，都有一定的限制。在同等条件下，其他股东对被转让的股份具有优先购买权，因而股东之间的关系比较稳定。在转让股份问题上还有一些其他规定，如德国公司法规定，转让股份务必要经过公证形式，或者符合公司细则规定的其他形式要求；在英国，公司内部细则往往规定转让股份还得经公司董事会同意，我国《公司法》第 72 条也有类似规定。

（5）设立程序及组织机构简单。有限责任公司的设立方式只有发起设立而没有募集设立，设立程序较为简单。同时，有限责任公司的机构设置具有一定的随意性，如股东人数较少，规模较小，可以不设董事会。

（6）资合性与人合性相统一。有限责任公司是一种人合兼资合公司，同时具有人合公司与资合公司的特点。其人合性体现在：股东是基于相互间的信任而集合在一起的，股东之间的关系较为紧密，出资份额的转让必须征得其他股东的同意。其资合性表现在：公司注册资本为全体股东缴纳股本的总和，股东的出资以现金及财产为限，不得以信誉及劳务出资，股东必须以自己的出资对公司负责。

（7）财务状况可以不公开。由于有限责任公司股东人数有限且相对稳定，其经营状况不涉及社会公众的利益，所以其财务状况可以不公开。

2．有限责任公司的设立

（1）设立有限责任公司的条件。根据各国公司法的规定，设立有限责任公司，应当具备以下条件。

1）股东符合法定人数。作为一般的有限责任公司其股东人数为 2～50 人。股东可以是自然人，也可以是法人。中国《公司法》规定，有限责任公司股东人数为 50 人以下，可以成立一人有限责任公司，国家授权投资的机构和国家授权的部门可以单独投资设立国有独资的有限责任公司。

2）股东出资达到法定注册资本最低限额。有限责任公司的注册资本为在公司登记机关登记的全体股东实缴的出资额。为防止滥设有限责任公司，各国公司法对有限责任公司的注册资本总额都有最低限制。如法国公司法规定不得少于 2 万法郎，澳大利亚公司法规定不得少于 10 万澳元，日本规定不得少于 10 万日元。中国《公司法》规定有限责任公司的注册资本的最低限额为人民币 3 万元，一人有限责任公司的注册资本的最低限额为人民币 10 万元；特定行业的有限责任公司注册资本最低限额需高于前款所定限额的，由法律、行政法规另行规定。

3）股东共同制定公司章程。公司章程是指规范公司的宗旨、业务范围、资本状况、经营管理及公司与外部关系的公司准则。公司章程是组建公司的必备和核心文件，必须提交政府的登记部门核准并备案。根据英国和德法等国的公司法，公司章程里还应包括内部细则，在向注册登记部门递交公司法律文件时，必须同时提交公司章程和内部细则。公司章程是公司活动的行为准则，股东应当在公司章程上签名、盖章。公司章程对公司、股东、董事、监事和经理具有约束力。

公司章程主要具有如下四个特点：① 合法性。第一，公司章程的内容必须符合公司法的规定；第二，公司章程的形式也必须合法，如只有经核准、公告或必须公告（如在德法）才能生效，又如章程的制定及修改也必须合乎法律规定等。② 公开性。公开性章程必须公开。各国公司法都要求公司章程以指定的方式予以公开并置于固定地点供查阅，以便公众了解。③ 真实性。公司章程的内容，尤其是涉及公司的资本数额、出资的方式以及管理机构及管理人员的职权等必须真实。凡做虚假披露的都会直接导致公司的设立无效，而且可以要求责任人承担严重的后果。④ 权威性和严肃性。公司章程一旦生效，必须保持一定的权威性和严肃性，即章程必须作为公司行为的准则。

4）有公司名称，建立符合有限责任公司要求的组织机构。公司名称是某一公司区别于其他公司的特定标志，可以由以下四部分组成：① 公司所处行政区域；② 公司的字号或商号；③ 公司所属行业或经营特点；④ 公司的组织形式。公司名称须经登记主管机关预先核准登记后方可使用。公司一般应设立股东会、董事会、监事会和经理等组织机构。

5）有公司的住所。

（2）公司的设立程序。股东的全部出资经法定的验资机构验资后，由全体股东指定的代表或共同委托的代理人向公司登记机关申请设立登记，并提交公司登记申请书、公司章程和验资证明等文件。按规定需要经有关部门审批的，应当在申请设立登记时提交批准文件。公司登记机关对符合公司法规定条件的，予以登记，发给公司营业执照；对不符合公司法规定条件的，不予以登记。有限责任公司经公司登记机关核准登记后正式成立，并取得法人资格。

（3）有限责任公司的组织结构。有限责任公司的组织结构主要包括股东会、董事会、经理和监事会。

1）有限责任公司的股东会。有限责任公司可以设立股东会，也可以不设立股东会。设立股东会的有限责任公司，股东会由全体股东组成，股东会是公司的权力机构。股东会的职权通常由公司法加以规定。

2）有限责任公司的董事会。有限责任公司设立董事会，其成员人数通常由公司法规定出最高人数和最低人数，具体人数则在法律规定的限度内在公司章程中确定。有限责任公司，股东人数较少和规模较小的，可以设一名执行董事，不设立董事会，执行董事为公司的法定代表人。董事会为公司的执行机构，对股东会负责。董事会的职权通常由公司法加以规定。

对于董事的任期，各国法规规定不同，一般为 3～5 年，也有的国家不作具体规定，可以终身担任。中国《公司法》规定，董事任期由公司章程规定，但每届任期不得超过 3 年。董事任期届满，连选可以连任。

3）有限责任公司的经理。有限责任公司设经理，经理对董事会负责，由董事会聘任或解聘。有限责任公司依法不设立董事会而设一名执行董事的，执行董事可以兼任公司经理。

4）有限责任公司的监事会。监事会是公司经营活动的监督机构。各国对公司监督机构设置与否规定不完全一样。有的国家规定，监督机构为有限责任公司的必设机构，如日本公司法的规定；有的国家法律则不作强制性规定，公司可以根据需要任意设置；还有的国家则规定，监督机构在一些中小有限责任公司，可以任意设置，但在具有一定规模的有限责任公司则必须设立，如德国法律规定，小型或中等有限责任公司，可以但并非必须设立监事会，雇员超过 500 人的有限责任公司必须设立监事会。中国《公司法》规定，有限责任公司经营规模较大的，设立监事会，其成员不得少于 3 人。有限责任公司股东人数较少和规模较小的，可以不设监事会，只设 1～2 名监事。

2.4.3　股份有限公司

1. 股份有限公司的概念和特征

股份有限公司是指全部资本划分成等额的股份，股东以其所持股份为限对公司承担责任，公司以其全部资产对公司承担责任的一种公司形式。股份有限公司的基本法律特征为：

（1）全部资本分为等额股份。股份有限公司的注册资本都是以股票为计量单位的，即每股股票在注册资本中所代表的金额是一致的、相等的，整个注册资本在某种意义上说，也可以用股份数来表示。因此，在股份有限公司中，股票是均分股东权益的凭证，股东是以其握有的股票数（或占注册资本的比例）来享有股东权益的。

（2）股份以股票形式公开发行并自由转让。股份有限公司向社会公开发行股票，任何人均可通过购买股票成为公司股东，公司股票一般可以自由转让。

（3）实行所有权和经营权相分离。股份有限公司是典型的资合公司，股东作为公司的所有权人，与公司的董事会及管理层是分离的，即由董事会和管理层负责股份有限公司的决策和管理活动。公司法对股东大会、董事会、管理人员及监事会各自的职权均有较为具体的规定。

（4）公司的财务必须公开。公司法规定，以募集设立方式成立的股份有限公司必须公告其财务会计报表。财务会计报表主要包括资产负债表、损益表、股东权益变动表、现金流量表、财务情况说明书及利润分配表等。

（5）股东有最低人数的限制。各国公司法对股份有限公司股东最低人数的规定不尽相同。如法国和日本规定为7人，意大利为2人，德国为5人，中国为2人。

2. 股份有限责任公司的设立

各国政府对股份有限责任公司的设立条件要求都比较严格。就设立程序而言，就比其他类型的企业要复杂得多。

（1）股份有限责任公司的设立条件。根据各国公司法的规定，设立股份有限公司，一般应当具备下列条件。

1）发起人符合法定人数。发起人是指倡议、参与并负责筹建公司的人员，他们对公司的设立活动负责。发起人一般应在公司章程中载明。各国公司法对股份有限公司发起人的人数和资格都有具体规定。关于发起人的法定最少人数，德国规定至少为5人，法国规定至少为7人，美国大多数州要求至少为3人，英国公司法则按公司是否上市为标准，规定上市公司的发起人至少为7人，不上市公司的发起人至少为2人。中国《公司法》规定，设立股份有限公司，应当有2人以上200人以下为发起人，其中须有过半数的发起人在中国境内有住所。关于发起人的资格，可以是自然人，也可以是法人，法律上一般不加以限制。许多国家法律规定，外国的法人或自然人都可以充当公司的发起人。

2）发起人认缴和募集的股本达到法定资本最低限额。中国《公司法》规定，股份有限公司注册资本的最低限额为人民币500万元。股份有限公司注册资本最低限额需高于该限额的，由法律、行政法规另行规定。中国《公司法》规定，全体发起人的首次出资额不得低于注册资本的20%，也不得低于注册资本的最低限额，其余部分由股东自公司成立之日起2年内缴足；其中投资公司可以在5年内缴足。在缴足前，不得向他人募集股份。发起人可以用货币出资，也可以用实物、工业产权、非专利技术和土地使用权等财产作价出资。对作为出资的实物、工业产权、非专利技术或土地使用权，必须进行评估作价，核实财产，并折合为股份。发起人以工业产权、非专利技术作价出资的金额不得超过股份有限公司注册资本的一定比例。发起人、认股人缴纳股款或交付抵作股款的出资后，除未按期募足股份、发起人未按期召开创立大会或创立大会决议不设立公司的情形外，不得抽回其股本。

3）股份发行、筹办事项符合法律规定。股份有限责任公司必须由发起人或社会上的其他投资者认购股份，筹足必要的资本才能设立。从认购股份的角度看，公司的设立有两种认股的方式：① 发起设立，也称一次认股设立，是指由发起人认购公司应发行的全部股份而设立公司。以发起设立方式设立股份有限公司的，发起人应当书面认定公司章程规定其认购的股份。② 募集设立，也称招股设立，是指由发起人认购公司应发行股份的一部分，其余部分向社会公开募集而设立公司。各国法律对发起人认购股份的数额均有一定的要求，有的规定每个发起人必须认购的最低数额，有的规定全体发起人须认购全部股份的一定比例等。

4）发起人制定公司章程。股份有限公司的章程一般由发起人制定。有的国家法律规定，公司章程须经创立大会通过，有的规定要经法院或公证机关认证，公司章程一般需呈报政府主管机关登记或备案，并在指定的报刊上予以公告。

在许多大陆法国家，公司章程是由一份单一的文件构成，其内容包括：① 绝对记载事项，如公司名称、法定地位、经营范围和资本总额等，缺少此种条款，公司章程无效；② 相对记载事项，如股份的种类和实物出资的折价等，缺少此类条款，不影响公司章程总的效力，只是该项条款不发生效力；③ 任意记载事项，只要不被法律禁止即可。

在英美法国家，公司章程由两个文件组成，其中包括：① 组织大纲（英国称为 Memorandum of Association，美国称为 Article of Incorporation）。该文件规定的是使公司的投资者及与公司进行交易的第三人知晓的公司的基本情况，如公司的名称、资本和经营范围等。发起人必须将组织大纲报请有关政府部门批准并登记注册。组织大纲的修改与废除须经股东大会决议。② 内部细则（英国称为 Articles of Association，美国称为 By-Laws）。根据组织大纲的规定，订立处理公司内部关系的细则规定。该细则一般由董事会制定、修改或废除，内部细则的内容不得与组织大纲相冲突，且一般只能在公司内部有效，不得用于对抗善意的第三人。

5）有公司名称，建立符合股份有限公司要求的组织机构。股份有限公司名称必须符合公司法的有关规定，在公司名称中须标明“股份有限公司”字样。

6）有固定的生产经营场所和必要的生产经营条件。

（2）股份有限公司设立的程序。

1）申请设立登记。股份有限责任公司的设立必须向政府有关主管部门办理注册登记。注册登记是取得法人资格的关键步骤，是公司成立并开展业务的必要条件。日本认为，只要依法履行了手续，公司就已经成立，注册登记只起对抗第三人的作用，而法国、德国、英国和美国等国家则将注册登记作为公司设立的必经程序，非经此程序，公司不成立。我国《公司法》规定，设立股份有限公司，应当由董事会向公司登记机关申请设立登记。

2）审查核准。公司登记机关自接到股份有限公司设立登记申请后，依法对申请设立的公司进行审查，然后做出是否予以登记的决定。对符合公司法规定条件的，予以登记，发给公司营业执照；对不符合公司法规定条件的，不予以登记。

3）公告。公司成立后，应当进行公告。公司营业执照签发日期，为公司成立日期。

3．股份有限公司的组织机构

股份有限公司的组织机构包括股东大会（有的国家称股东会）、董事会、经理和监事会。

（1）股东大会。

1）股东大会的组成、性质和职权。股份有限公司由股东组成股东大会。股东大会是公司的权力机关。关于股东大会的权限，各国公司法的规定不完全相同。

2）股东大会的召开。股东大会分为股东年会和股东临时会两种。股东年会又称普通股东会，应当每年召开一次。股东临时会，又称特别股东会，是在必要时召开的股东会，通常是为了在两次股东年会之间为讨论决定公司的一些重大决策问题而召开。所谓必要时，通常由股东会的召集人根据公司事务的需要而决定，或者由公司法明文规定。例如，中国《公司法》规定，有下列情形之一的，应当在两个月内召开临时股东大会：① 董事人数不足公司法规定的人数或者公司章程所定人数的 2/3 时；② 公司未弥补的亏损达股本总额 1/3 时；③ 单独或合并持有公司股份 10%以上的股东书面请求时；④ 董事会认为必要时；⑤ 监事会提议召开时；⑥ 公司章程规定的其他情形。

3）股东大会会议由董事会依照公司法规定负责召集，由董事长主持。董事长因特殊原因不能履行职务时，由副董事长主持。副董事长不能履行职务或不履行职务的，监事会应当及时召集和主持；监事会不召集和主持的，连续 90 日以上，单独或合计持有公司 10%以上股份的股东可以自行召集和主持。按照各国公司法的规定，股东大会必须达到法定人数才能开会。但各国对法定人数有不同的要求。如美国许多州的公司法规定，股东年会须有全体股东人数的 50%出席；法国规定，只要有代表股本总值 25%的股东出席即可；有的则没有规定人数的要求，只要按规定程序召集即可。

（2）董事会。

1）董事会的设立和组成。董事会是股份有限公司的执行机关，对外代表公司，对内负责公司生产经营活动和行政管理。董事会的组成、权限等由公司法加以规定。股份有限公司设董事会，董事由股东在股东大会上选举产生，其人数各国规定不同。如德国公司法规定，董事会至少由 3 人组成，最多不得超过 21 人，法国为 3～12 人，中国为 5～19 人。关于董事的资格，有的国家规定董事必须由股东担任，有的国家则允许由非股东担任董事。多数国家的公司法规定，公司的董事可以由自然人担任，也可以由法人担任，但法人担任董事的须指定有行为能力的自然人担任代理人。但有的国家公司法规定，董事会只能由有行为能力的自然人担任。董事会一般设董事长一人，可以设副董事长 1～2 人。董事长和副董事长由董事会以全体董事的过半数选举产生。董事长为公司的法定代表人。董事任期由公司章程规定。

2）董事会的职权。董事会具有十分广泛的权限，许多国家公司法规定，除公司法或公司章程规定应由股东会行使的权力外，其他事项都可由董事会决定和执行。也有的国家明确规定董事会的职权。

董事长作为董事会的召集人，其职权主要是：主持股东大会和召集、主持董事会会议；检查董事会决议的实施情况；签署公司股票、公司债券。公司根据需要，可以由董事会授权董事长在董事会闭会期间，行使董事会的部分职权。副董事长协助董事长工作；董事长不能履行职权时，由董事长指定的副董事长代行其职权。

3）董事会的决议。董事会必须定期或不定期地召开董事会会议。董事会会议应由 1/2 以上的董事出席方可举行。董事会做出决议，必须经超过半数的董事通过。董事应当对董事会的决议承担责任。董事会的决议违反法律、行政法规或公司章程，致使公司遭受严重损失的，参与决议的董事对公司负赔偿责任。

（3）经理。经理是股份有限公司必设的主持公司日常经营和管理工作的辅助业务执行机构。经理由董事会聘任或解聘，对董事会负责。经理依法行使职权，但不得改变董事会的决议或者超越授权范围。

（4）监事会。有的国家称监事会为监察人会，是负责对公司的经营管理实施监督的机构。

1）监事会的设立和组成。许多国家公司法规定，股份有限公司必须设立监事会或监察人会。有的国家则要求设立监察人或审计人。对监事会的人数，各国规定不同，一般与公司规模的大小有关，如德国《股份有限公司法》规定："监事会由 3 人组成，最高不得超过 21 人，其中须有 1/3 的职工代表。"法国实行监事会与执行会两级体制，监事会由 3 ~ 12 人组成，由股东大会选举产生并对股东大会负责，其成员必须是股东，其主要任务是选任执行会成员，并对执行会的工作进行监督，监事会的成员不得兼任执行会成员。英美国家则没有监事会或监察人制度，对公司财务的监督检察主要由审计人或有关外部机关负责。中国《公司法》规定，股份有限公司设监事会，其成员不得少于 3 人。监事会应在其组成人员中推选一名召集人。监事会由股东代表和适当比例的公司职工代表组成，具体比例由公司章程规定。监事会中的职工代表由公司职工民主选举产生。董事、经理及财务负责人不得兼任监事。监事的任期每届为 3 年，监事任期届满，连选可以连任。

2）监事会的职权。监事会或监察人的职权依各国法律规定。如日本法规定，股份有限公司应设置"监察役"一人或数人，独立行使其对公司会计的"会计检查"权。中国《公司法》规定的监事会职权则包括：① 检查公司的财务；② 对董事、经理执行公司职务时违反法律、法规或公司章程的行为进行监督；③ 当董事和经理的行为损害公司的利益时，要求董事和经理予以纠正；④ 提议召开临时股东大会；⑤ 公司章程规定的其他职权。监事可以列席董事会会议。

4．股份有限公司股份的发行和转让

（1）股份和股票的概念及种类。股份是均分股份有限公司全部资本的最基本的计量单位，是资本的组成部分，每一股份代表一定的金额，每股的金额相等。股份也是股东在公司中享有权利和承担义务的基本依据。

股份有限公司的股票是公司签发的证明股东所持股份的凭证，是股份的法律表现形式。股份采取股票的形式，便于持有和转让，也便于股东行使股权。

股份有限公司的股份（股票），根据不同的标准可划分成不同的种类。

1）依据股份所代表的股东权的内容不同，股份可分为普通股和优先股。普通股是指股东的权利和义务完全平等、无差别待遇的股份。普通股是股份有限公司最重要的一种股份，是构成公司资本的基础。优先股是普通股的对称，是指在分派公司的红利和在公司终止时分配剩余财产两方面享有优先权的股份。这种股份大多是在公司增募资本时发行的。优先股虽然比普通股享有优先分配权，但其股息是固定的，而且没有表决权。

2）根据股票是否记载股东的姓名，可分为记名股与无记名股。记名股是指股票上记载股东的姓名或名称，并在公司的股东名册登记的股份。无记名股票上不记载股东的姓名。我国《公司法》规定，凡向发起人、国家授权投资的机构、法人发行的股票应当为记名股；向社会公众发行的股票，可以是记名股，也可以是无记名股。

3）根据股票票面上是否记载一定的金额，可分为面额股与无面额股。我国《公司法》明确规定，股份有限公司发行的股票必须载明股票的金额。

（2）股份的发行。股份发行是指发行人或其指定的承销机构销售股票的行为，包括设立发行和增资发行两种情况。

1）股份发行的原则。股份的发行实行公开、公平、公正的原则，必须同股同利、同股同权。

2）股票发行的价格。股份有限公司发行股票，可以按票面金额发行，也可以按超过票面金额的价格发行，但不得低于票面金额。以超过票面金额的价格发行股票的，称溢价发行，须经国务院证券监督管理部门批准，所得溢价款列入公司资本公积金。

3）发行新股的条件。已成立的股份有限公司，为了增资可以发行新股，新股的发行必须符合《公司法》规定的条件：① 前一次发行的股份已募足，并间隔 1 年以上；② 公司最近 3 年内连续营利，并可向股东支付股利；③ 公司在最近 3 年内财务会计文件无虚假记载；④ 公司预期利润率可达同期银行存款利率。

（3）股份转让。股份转让是指股份有限公司的股份持有人将自己的股份转让给他人，从而使他人成为公司股东的行为。股东可以按自己的意愿转让其持有的股份，但必须遵守下列法律规定。

1）股份的转让，必须在依法设立的证券交易所进行。

2）记名股的转让，必须由股票持有人以背书的方式或法律、行政法规规定的其他方式进行，并由公司将受让人的姓名或名称及住所记载于股东名册。

3）无记名股的转让，由股票持有人在依法设立的证券交易所将股票交付给受让人即发生法律效力。

4）股份有限公司发起人认购的股份，自公司成立之日起 1 年内不得转让。

5）公司的董事、监事和经理等高级管理人员，必须向公司如实申报所持有的本公司的股份，在任职期间每年转让的股份不得超过其所持有本公司股份总数的 25%；所持本公司股份自公司股票上市交易之日起 1 年内不得转让。

6）除减少公司注册资本、与持有本公司股份的其他公司合并、将股份奖励给本公司职工和股东因对股东大会做出的公司合并、分立决议持异议，要求公司收购其股份的以外，股份有限公司不得收购本公司的股票。

5. 公司债券发行与转让

（1）公司债券的概念与特征。公司债券是指公司依照法定程序发行的、约定在一定期限还本付息的有价证券。公司债券具有与股票不同的法律特征：

1）股份的持有者是公司的股东，是组成公司的成员；而公司债券的持有人则仅仅是公司的债权人，与公司是债权债务关系。

2）股份投资是一种永久性投资，股东不得要求公司返还股金；而公司债券则有一定的清偿期，届时公司必须返还本金。

3）股份（普通股）通常没有固定的红利率，只有当公司营利后才能进行分红，且红利随着营利的多少而浮动；而公司债券则有固定的利息率，无论公司营利与否，公司债权人均有权请求支付利息。

4）股东作为公司成员有权参加股东大会并进行投票，对公司的经营决策有参与权；而公司债券持有人则一般无权参与公司的经营。

5）当公司解散时，公司债券持有人优先于股东得到清偿。

所以，股份投资的风险大于公司债，但股东对公司的事务有较大的发言权和影响力，其营利的机会及幅度也较高。

（2）公司债券的种类。依据不同的标准，可以对公司债券进行不同的分类，一般可分为以下两种。

1）记名公司债券与无记名公司债券。记名公司债券是指在公司债券上记载债权人姓名或名称的公司债券，无记名公司债券是指在公司债券上不记载债权人姓名或名称的公司债券。

2）可转换公司债券与非转换公司债券。可转换公司债券是指可以转换成公司股票的公司债券，非转换公司债券是指不得转换为公司股票的公司债券。

（3）公司债券的发行。股份有限公司发行公司债券，由董事会制定方案，股东大会做出决议。然后报经管理部门批准。获批准后，公司应当公告债券的筹集办法。股份有限公司、国有独资公司和两个以上的国有企业或其他两个以上的国有投资主体投资设立的有限责任公司，为筹集生产经营资金，可以依照《公司法》发行公司债券。发行公司债券，必须符合下列法定条件。

1）股份有限公司的净资产额不低于人民币3 000万元，有限责任公司的净资产额不低于人民币6 000万元。

2）累计债券总额不超过公司净资产额的40%。

3）最近3年平均可分配利润足以支付公司债券1年的利息。

4）筹集的资金投向符合国家产业政策。

5）债券的利率不得超过国务院限定的利率水平。

6）国务院规定的其他条件。

（4）公司债券的转让。公司债券的转让应当在依法设立的证券交易场所进行。公司债券的转让价格由转让人与受让人约定。债券转让方式依债券种类而定，其中记名债券，由债券持有人以背书方式或法律规定的其他方式转让，并由公司将受让人的姓名或名称及住所记载于公司债券存根簿。无记名债券，由债券持有人在依法设立的证券交易场所将该债券交付给受让人后即发生转让的效力。

2.4.4 公司的合并、解散和清算

1. 公司的合并

公司的合并又称并购，是公司法的一个重要组成部分，严格地说，公司合并可分为新设合并、吸收合并和收购。

（1）新设合并。新设合并（Consolidation）是指两个或两个以上的公司合并成一个新公司的商业交易，又称联合。新设合并具有如下特征。

1）在新设合并中，参与合并的公司全部消失，新设公司（New Corporation）获得消失公司（Disappearing Corporation）的全部财产并承担它们的全部债务及其他责任。

2）在新设合并中，每个消失公司的股票（份）都转化成新设公司的股票（份）、债务或其他证券，或者全部或部分地转换成现金或其他财产。

3）新设合并的条件是参与合并的公司的董事会必须制定合并计划（该计划须经股东批

准），并由新设公司报政府工商管理部门存档。

4）在新设合并中，合并章程将成为新设公司的设立章程。

5）如果公司的股东有权对合并提出反对，则新设公司有义务向持异议者的股东支付现金。

（2）吸收合并。吸收合并又称兼并（Merger），是指一个或几个公司并入另一个存续公司（Surviving Corporation）的商业交易。因此，吸收合并也可称存续合并。吸收合并具有如下特征。

1）在吸收合并中，存续公司获得消失公司的全部业务和资产，同时承担各个消失公司的全部债务和责任。

2）在吸收合并中，消失公司的股份得转换成存续公司或其他公司的股份、债务或其他有价证券，或者全部或部分地转换成现金或其他财产。

3）吸收合并的条件是实施合并公司的董事会制定有效的合并计划，根据原先的规定经股东的批准并由存续公司将合并章程呈递政府工商部门。

4）如果规定公司合并必须经过股东大会批准，但少数股东不同意合并，则公司有责任以现金支付上述不同意合并股东的股份。

在现实的吸收合并中，外国投资者往往需要在投资所在国先设立一个子公司，然后再以子公司的名义合并其所要吸收的所在国公司。因此，吸收合并又分为三角合并及反转式三角合并两种主要形式。

1）三角合并（Triangular Merger）。在三角合并中，收购公司首先设立一个其独资拥有的子公司，投入现金或自己的股票，然后，再把被收购公司合并入其子公司。

三角合并的好处在于：① 可以避免必须由收购公司股东表决，从而决定是否合并的复杂手续。因为新设立的子公司是独立的法人，股东就是母公司。母公司董事会有权决定子公司的兼并事宜。② 收购公司对消失公司的债务只承担间接责任。

2）反转式三角合并（Reverse-triangular Merger）。这类合并比较复杂，其做法是：首先，收购公司设立一个全资拥有的子公司；其次，该子公司合并入被收购的公司中。收购公司用其持有的子公司的股票交换被收购公司的新发行的股票，同时被收购公司的股东获得现金或收购公司的股票，以交换被收购公司的股票。其结果是被收购公司成为收购公司全资拥有的子公司。这类合并的好处是被收购公司的名称可予以保留，被收购公司原先的未完成的合同及税款经合并后并不受到什么影响。这类合并还可以把合并带来的债务债权的转让，把有关专利权、租赁、财务、金融方面的费用降低并使手续简便。

在反转式三角合并中，收购公司通常是一个股票上市的股份有限公司，其股票在证券市场上一般属于适销股票；其子公司只是为了实现其收购目标公司而设立的。显然，该子公司的股票一般不是属于适销的，其股票只是为了交换被收购公司而设计的。

在一些西方国家，尤其是英美法系国家，习惯于把新设合并和吸收合并统称法定式合并（Statutory Merger）。法定式合并是指存续公司或新设公司自动地获得消失公司的全部资产并承担其全部债务的一类合并，涉及此类合并的所有公司股东都有权获得在合并计划中确定的对价。

（3）收购（Acquisition）。收购是指由收购公司通过其高级管理人员发出收购要约（Tender Offer），购买某个目标公司的部分或全部股票（份），以便控制该公司的法律行为。收购目标公司的对价，可以是现金、收购公司或其他公司的有价证券，但通常是现金。在现金收购中，目标公司的收购价格往往要高出其市场价格的 25%～50%。在收购中，如果目标公司无力顶住收购者对其股票出价的诱惑，只能把自己的股票出售给收购公司，从而实现收购公司兼并目标公司的目的。

目前收购公司的行为主要有友善式收购和敌对式收购两类。

1）友善式收购（Friendly Acquisition）。友善式收购是指对目标公司有利的，至少不损害其经营管理的一类合并。这类合并往往由合并双方董事会相互接触、相互协商之后，制定一个合并计划。

2）敌对式收购（Hostile Acquisition）。敌对式收购是指受到被收购公司董事会反对的兼并。在这类兼并中，收购公司直接向目标公司的股东发出收购股票要约，公开地收购目标公司的股票。所谓直接收购股票要约，是指由收购公司直接向目标公司股东发出的收购其股票（份）的要约。该要约可以通过在报纸上刊登广告，也可以按照被收购公司的股东名册分别向他们邮寄。在要约中，通常习惯于把被收购公司（Acquired Corporation）称为目标公司（Target Corporation）。

2. 公司的解散

公司的解散（Dissolution），在公司法上就是指公司法人资格的消失。随着公司的解散，公司就丧失了进行业务活动的能力，所以公司解散时应终止一切业务经营活动。但公司法人资格的消失不能被理解为公司已经解散，而只有在公司终止了业务活动，结束了对内对外的法律关系，清算了其全部资产以后，才能真正地解散。

公司解散的原因有以下五类。

（1）公司存续期满。许多西方国家公司法都明确规定了公司存在的最高期限，或者要求公司章程具体确定该公司的存续时间，如果存续期满，公司应予解散（到期申请延长者除外）。如法国公司法规定，一个公司最长的存续时间为 99 年，如要延长，构成公司章程的重要修改，须经特殊股东大会通过决议，并经政府部门批准。比利时公司法规定，比利时股份有限公司的存续限期为 30 年。意大利公司法规定，意大利股份有限公司的章程必须声明其存续期限，虽然这个国家法律上没有规定最长的期限。在实践中，意大利股份有限公司的存在期限一般是通过公司章程规定远期的具体日期作为公司的解散时间。总之，在西方国家公司法中，因公司存续期满而被解散是常见的和正常的。

（2）公司据以设立的宗旨业已完成，或者根本无法实现其宗旨。

（3）公司合并。由于公司与其他公司合并，尤其是新设合并，合并双方的法人资格都归于消失，这又是解散公司的一种原因。

（4）公司宣告破产。因公司破产而必须解散公司，是西方国家公司法的一条共同规定。但因破产而解散公司的程序应适用破产法。

（5）经法院命令解散。

3．公司的清算

（1）公司的清算概念。公司的清算（Liquidation），是指公司在解散过程中了结公司债务，并在股东间分配公司剩余资产，最终结束公司的所有法律关系的一种法律行为。

清算的一般做法，首先，确定清算人，由其负责清理公司债权债务；其次，根据债权人的先后次序偿还债务；最后，在优先股和普通股之间根据发行时各类别股票所规定的条件，分配剩余资产。

（2）清算人（Receiver）。清算人是指公司解散过程中从事清理公司债权、债务和公司财产事宜者。西方国家公司法对任命清算人的规定虽然不尽相同，但归纳起来，主要有下述三类做法。

1）由公司董事会一名董事担任清算人。如《日本商法典》第 417 条规定，公司解散时，除合并和破产的情形外，董事为公司的清算人。

2）根据公司章程的具体规定，由股东大会选任清算人。

3）由法院指派清算人。

清算人就职以后，其职责主要如下。

1）立即调查公司资产的现状，制作财产目录和资产负债表，提交股东大会审查认可。上述财务报表经股东大会认可后，立即呈递法院。在这期间，凡公司内部对清算人的上述业务活动进行阻挠或清算人玩忽职守的，一般都要给以经济制裁。

2）清算人应向公众发布公告，限定期限催报债权和债务，超过期限者，不得列入清算范围。

3）催告债权人报告债权的期限。日本商法规定不得少于 2 个月，而且在此期间内债权人应当至少公告 3 次。在美国，这个期限一般规定在 4 个月内。公司对于在册的债权人，应当分别发出专门通知，催告申报其债权。

4）终结公司的营业活动，收回公司的债权，变卖公司资产。

5）清偿公司债务，把公司剩余资产分配给各类股东。

6）制作清算报告书，经股东大会追认后，清算人任务即告完成。

清算人在执行清算过程中，有权代表公司在法院起诉和应诉。清算人的报酬及业务工作中的一切费用，应优先从公司的剩余资产中取得。

2.4.5 外国公司

1. 外国公司的概念

西方国家公司法中对外国公司所下的定义都比较简单，一般是指根据其他国家公司法的规定而设立的公司。凡外国公司，如果没有经所在国家政府的批准和同意，一般不得在该国从事商业性活动。但对这个问题，各国的规定不尽相同。美国公司法的规定比较严格，如《美国标准公司法》第 106 条规定："外国公司从州务卿处获取授权证书之前，无权在该州进行业务活动。"《美国特拉华州公司法》第 371 条第 2 款也规定："如果一个外国（州）公司不向特拉华州的州务卿递交 50 美元的申请费并在州务卿办公室备案，该公司的任何人和代理人都不得在该州从事任何商业性交易活动。"

英国公司法认为，外国公司就是指根据英国以外国家的法律而组织设立的，通过在英国建立营业地或不建立营业地的方法从事商业活动的公司。此外，还根据该公司是否在英国建立营业地而分为海外公司和一般外国公司，在英国境内建立营业地的外国公司称海外公司（Overseas Company），不在英国境内设立营业地，但在英国从事业务活动的外国公司称一般外国公司（Foreign Company）。

与外国公司定义密切相关的是公司的国籍问题。如何确定公司的国籍，即如何确定一国境内的公司是本国公司还是外国公司，这涉及该公司在东道国的待遇问题，涉及这个公司的经营活动受何种法律管辖的问题，尤其是当公司参与诉讼活动时，应适用何种法律的重要问题。在确定公司的国籍问题上，存在以下三种不同的标准。

（1）依公司注册登记所在地来确定国籍。这是目前最通行的做法。这不仅在于许多国家，尤其是美、英和日等主要西方国家的公司法上有明确的规定，而且见诸于许多国家的著名案例中，并逐渐在国际法领域内得到确立。在许多国家的双边条约中，都以注册国作为该公司国籍的依据。如 1953 年签订的《日美通商条约》第 22 条第 3 款明确规定：在缔约国一方的领域内根据该国有关法令成立的公司，即被确认为该缔约国的公司。国际法院在 1970 年 2 月 5 日对巴塞洛纳电力有限公司的判决中明确了"公司的国籍一般依其注册所在地而定"的法律原则。

（2）以能控制该公司的股份持有者的国籍来作为确定该公司国籍的依据。一些国家法律是这么规定的。但用此标准来确定该公司的国籍，进而确定该公司属于何国的法人，显然是有不少弊病的。一方面，如果一个公司在东道国注册和经营，但由于其主要股东是外国人，因而它是一家外国公司而不属于公司所在国的法人，不受所在国法律管辖，其结果必然导致削弱东道国的主权权利；另一方面，这又会给该公司的营业活动设置很多障碍。另外，在股份有限公司中，股票是可以自由转让的，这就给以此标准来确定公司国籍的实际工作带来许多困难，而且会造成公司国籍不确定和不稳定的局面。

（3）以公司主要营业地的所在地作为确定公司国籍的标准。采取这种标准的弊端首先在于主要营业地的确定比较困难，有的公司以真实的决策中心作为主要营业地，但决策中心不等于主要的具体业务活动地。这样确定的结果会给公司主要的具体业务活动带来一些不便。此外，主要营业地可能会发生变化，而且有些公司为了逃税或规避某一国家的法律管辖，欺骗性地转移主要营业地，政府往往很难调查和识破这种行径，因而会给东道国的司法管辖带来一定的困难。

2. 外国公司的进入

外国公司进入所在国进行商业性交易活动，必须完成一定的法律手续。一般来说，必须在所在国设立办事处（代理人）、分公司或子公司，以便取得营业执照。在这方面，虽然总的原则都是一致的，但各国的具体规定是很不同的。

（1）美国法。美国各州公司法普遍规定，外州（国）公司为了获取在本州从事业务活动的营业执照，应向州务卿申请，申请书应声明：

1）公司名称及该公司据以设立的法律所属的州名或国名。

2）公司设立日期及公司存在期限。

3）公司在其据以设立的法律所属的州或国家的办公地址。

4）公司拟在本州设立的注册办事处的地址，以及在本州拟任命的注册代理人姓名。

5）公司在本州从事业务活动的宗旨。

6）公司各董事、高级职员的姓名及地址。

7）公司授权发行的股份总额，并详细列明股份类别、股份的票面值及无票面值股份的数目。

8）已发行的股份总数，并详细列明股份类别、股份的票面值及无票面值股份的数目。

9）依本法令规定的，以美元表示的公司设定股本数额声明。

10）以美元表示的公司在下一年度所拥有的全部财产的估价与在该年度公司将设置于本州的全部财产的估价，以美元表示的公司在该年度从事业务活动的营业总额的估价与公司在该年度就本州范围内从事业务活动的营业总额的估价。

11）必要与合适的附加资料，以便于州务卿决定该公司是否应有权在本州获取营业许可证书，以及确定和征收该公司应支付的本法令规定的费用与特种税。该申请书应用州务卿规定和提供的表格做出，而且应由公司的总经理或一名副总经理及公司秘书或助理秘书代表该公司签署两份副本，并由签署该申请书的一名职员核证。

州务卿审核后认为上述申请是合法的，在公司支付了本法令规定的全部费用及特种税后，应给该公司颁发在本州营业的许可证。公司一旦获得州务卿所颁发的营业许可证，它便有权在该州从事正当的营业活动。此外，每个被许可在本州从事业务活动的外州（国）公司应在本州具有并始终保持：

1）一个注册办事处，该办事处可以但并不必与在该州的业务活动地点相同。

2）一个注册代理人，该代理人可以是居住在本州的个人，其业务活动地点和该注册办事处相同，或是某个本州（国）公司或被授权在本州从事业务活动的外州（国）公司，它们的办事地点与注册办事处相同。

上述手续均合乎要求后，该外国公司便在本州享有和本州（国）公司的同类或同行业公司同样的但又不是更特殊的权利和特权。而且，除法律另有规定外，该公司也应承担本州（国）公司的同样的义务。

（2）英国法。英国公司法对外国公司这一概念有两种不同的定义，在英国境内具有固定的营业所的外国公司称海外公司。这类公司要获准在英国从事商业性交易活动，必须满足下述法定条件。

1）必须向英国公司登记注册局递交：① 该公司的公司章程和内部细则的复印件各一份，如果上述文本不是英语写成的，必须附上经核准的英文译本；② 该公司的董事及其秘书的名册；③ 有权代表公司接受诉讼文书和通知书的居住在英国的人员的姓名和地址。如果上述三项内容发生变化，必须立即把该变化通知公司登记注册局。

2）必须向公司登记注册局递交每个年度的资产负债表和损益表，如果该海外公司是控股公司，则必须递交含有在英国注册的子公司的账目。如果上述报表不是标准的英文会计表，而是以非英文书写的，则必须将其译成标准的英文。海外公司必须将其位于英国境内的财产进行登记。

3）公司在邀请认购其股票或债券的招募书中，必须声明其所属国的国名，并应用十分醒目的方式列举其在英国各地从事营业活动的地点，必须以一目了然的方式在其所有形式的通知书、信纸和全部其他出版物上标明公司的名称和该公司所属国的国名。海外公司还应同在英国注册的所有公司一样严格遵守英国有关招募书的全部法律规定。

4）必须指定一个居住在英国的有权代表该公司接收法院诉讼文书和其他通知书的人并注明其姓名和地址。

不服从上述规定、进行欺骗活动的海外公司及其每个高级职员或代理人，则必须承担被罚款的责任。

一般外国公司是指在英国没有固定的营业所，但从事经营活动的外国公司。这类公司不受英国公司法的管辖，但是，并不意味着它可以不遵守英国法律。如果一般外国公司是一个“居民”，英国法对它也是适用的。如果一般外国公司是属于主权国家的分支或实体（即属于国有的），则它对诉讼有豁免权，也有权不在英国法院出庭。但目前，英国法院对豁免权问题通过下述方法予以解决。

1）如果该外国公司是代表外国主权并为公共利益服务的，则应享有豁免权。

2）如果该公司是代表主权国家但为私人利益服务的，则不应享受此豁免权。

3）如果一般外国公司以海外公司的名义注册，则该外国公司签订的合同将是非法的，无效的。

（3）日本法。《日本商法典》的公司篇第六章是有关外国公司的规定，其主要内容如下。

1）外国公司在日本进行交易，应当选定其在日本的公司的代理人，并应设置营业所。外国公司对其营业所须进行登记和公告，此项登记和公告应按照在日本成立的同类业务的或最相类似的分公司的登记和公告的规定办理。在办理此项登记时，外国公司在日本的代理人的姓名和地址，必须同时进行登记。外国公司在进行上述登记之前，不得在日本从事交易活动，违反此规定而进行交易者，公司应负连带责任。

2）外国公司在日本发行股票和债券，或者进行股份的转让或抵押，或者转让公司债，一般按日本公司法上有关日本公司的规定办理。

3）经登记注册的外国公司在适用法律上，除法律另有规定外，应同在日本成立的同种类的或最相类似的公司一视同仁。

（4）德国法。德国法规定，外国公司一般可以通过在东道国建立子公司和分公司这两种形式进行交易活动。如果通过子公司的形式，尤其是采用建立有限责任公司形式的子公司，其手续就非常简单。这样的子公司在各方面将与东道国本国的公司受到同等待遇。如果外国公司在东道国建立分公司，则必须向商务部注册。股份有限公司形式和大型有限责任公司形式的外国公司必须向东道国商务部呈递年度会计报表，但该公司所属国的法律禁止这么做的除外。德国公司法对外国公司在东道国建立子公司和分公司进行业务活动，一般都无限制，但对外国公司在东道国从事营业活动的范围都有一定的限制。

3．外国公司的撤离

西方国家公司法对外国公司撤离的规定，一般分两种情况：第一种情况是由于被强制吊销营业执照而被迫撤离；第二种情况是主动撤离。

（1）外国公司的被迫撤离。东道国政府（法院）强令外国公司撤离该国，一般都是由于外国公司严重违反东道国的公司法令或其他法律。例如，美国各州公司法规定，凡在本州从事业务活动的外州（国）公司，在下列情况下，州务卿有权撤销其所颁发的营业执照，命令外国公司撤离。

1）公司未能在本法令规定的期限内提交年度报告或未支付本法令规定的到期应付的

任何费用、特种税或罚款。

2）公司没有在本州任命和保持一位由本法令规定的注册代理人。

3）公司更换注册办事处或注册代理人后，没有按本法令规定将更换声明书呈递州务卿办公室。

4）公司在本法令规定的期限内没有把章程的修改条款或合并条款呈递州务卿办公室。

5）该公司曾就本法令所规定提交的任何申请书、报告、宣誓书或其他文件的任何本质事项做出虚伪的陈述。

（2）外国公司主动要求撤离。这种情况一般发生在外国公司已经完成了在东道国从事营业活动的预定目标，需要转移营业地而采取的一种正常方式。例如在美国，凡外国公司要撤离该州，必须首先向州务卿递交含有下述内容的撤离申请书。

1）公司名称及公司据以设立的法律所属的州或国家。

2）公司当时不在本州从事业务活动的事实。

3）公司放弃了在本州从事业务活动的权利。

4）公司撤销其在本州的注册代理人接受诉讼文书的权利。

5）州务卿可将送达给他的对公司的诉讼文书的副本寄往公司的另外通信地址的通知。

6）在提出上述申请时，公司授权发行的股份总数，并详细列明股份类别、股份的票面值、无票面值的股份。

7）在提出上述申请时已发行股份的总额，并详细列明股份类别、股份的票面值、无票面值的股份。

8）在提出上述申请时以美元表示的、公司设定股本的数额的声明。

州务卿经审核，认为上述申请书属实，就可以直接向该公司颁发撤销营业执照的通知。在州务卿正式颁发上述通知后，公司应立即撤离该州。其他西方国家公司法也都有类似的法律规定。

本章小结

商事组织又称商事企业，是指能够以自己的名义从事商事经营活动，并具有一定规模的经济组织。商事组织是市场经济的基本主体，西方国家的商事组织主要有三种基本的法律形式，即个人企业、合伙企业和公司。

个人企业是由一名出资者单独出资并从事经营管理的企业，不具有独立的法人资格，出资人就是企业的所有人，他以个人的全部财产对企业的债务负责，出资人对企业的经营管理拥有控制权。个人独资企业的投资人可以自己管理企业事务，也可以委托或聘用其他具有民事行为能力的人负责企业事务的管理。但是，投资人对受托人或被聘用人员的职权限制，不得对抗善意的第三人。投资人对企业债务承担无限责任，个人企业解散时其业财产不足以清偿全部债务的，由投资人继续承担清偿责任。

合伙企业是两个或两个以上的合伙人为经营共同事业、共同投资、共享利润及共担风险而组成的企业。合伙企业是一种“人的组合”，合伙人与合伙企业紧密联系，合伙人的死亡、退出或破产等都将导致合伙的解散。合伙人对合伙企业的债务承担无限连带责任。合伙企业一般没有法人资格。合伙协议是合伙企业成立的法律基础。设立合伙企业，合伙人应遵循自愿、平等、公平和诚实信用的原则订立合伙协议。合伙企业存续期间，合伙人的出资和所有以合伙企业名义取得的收益均为合伙企业的财产。合伙企业的财产由全体合伙人依法共同管理和使用。合伙企业的债务，首先应以合伙企业的财产清偿，债权人不能直接向合伙人请求清偿，当合伙企业的财产不足以清偿到期债务时，由合伙人以个人所有的财产承担连带无限责任。

公司是依公司法的规定设立的，以营利为目的的法人组织。各国法律均规定，公司具有独立的法人资格，有权以自己的名义拥有财产，享受权利和承担义务。公司是一种“资本的组合”，股东与公司之间是相互分离的，股东的死亡、退出一般不影响公司的存续，股东对公司通常只负有限责任。按股东对公司债务所承担责任的形式，可以分为无限责任公司、有限责任公司、股份有限公司和两合公司。当前最典型的是有限责任公司和股份有限公司。

复习思考题

1. 名词解释

合伙企业　有限责任公司　股份有限公司　公司债券　收购

2. 单项选择题

（1）依我国法律，公司是依法设立的以营利为目的的（　　）。

A. 合伙企业　B. 独资企业　C. 企业法人　D. 非法人企业

（2）依一般法理，个人独资企业的投资者要对企业债务承担（　　）。

A. 有限责任　B. 无限责任　C. 连带责任　D. 无限连带责任

（3）依大陆法，合伙人之间如对任何一个合伙人的权利有所限制，不得用以对抗（　　）。

A. 不知情的第三人　B. 知情第三人

C. 恶意第三人　　　　　　　　　　D. 知情第三人的代理人

（4）下列关于个人企业的表述，不正确的是（　　）。

A. 由一名出资者单独出资

B. 不具有独立的法律人格

C. 可以是法人组织

D. 出资者以其个人全部财产承担企业债务

3．多项选择题

（1）依公司法原理，优先股与普通股相比，享有的优先权是（　　）。

A. 分派公司的红利　　　　　　　　B. 公司清算时分派公司剩余财产

C. 行使表决权　　　　　　　　　　D. 检查公司账册

E. 参加股东大会

（2）依公司法原理，有限责任公司具有（　　）等明显特征。

A. 责任有限性　　　　　　　　　　B. 资本分为等额股份

C. 股东人数有法定限制　　　　　　D. 转让出资有严格限制

（3）某有限责任公司注册资本为100万元，股东人数为4人，董事会成员为9人，监事会成员为3人。按照我国公司法，该公司出现下列情形应当召开临时股东会的有（　　）

A. 表决权资本28万元的股东提议召开

B. 未弥补的亏损为35万元

C. 4名董事提议召开

D. 1名监事提议召开

4．判断题

（1）在确定公司的国籍问题上，目前最通行的做法是以能控制该公司的股份持有者的国籍来作为确定该公司国籍的依据。（　　）

（2）公司债的持有人与公司股东一样，也有权参加公司的股东大会，参与公司的经营决策。（　　）

（3）多数国家法律规定个人企业不具有法人资格，投资人对企业债务负无限责任。（　　）

（4）我国合伙企业法规定合伙人对合伙企业债务负无限连带责任。（　　）

（5）两合公司是由有限责任股东和股份有限责任股东共同出资设立的。（　　）

（6）股份有限公司的章程由全体股东共同制定。（　　）

（7）我国公司法规定股份有限公司的发起人为5人以上200人以下。（　　）

（8）公司解散时，公司债券持有人优先于股东得到清偿。（　　）

（9）清算人在执行清算过程中，有权代表公司在法院起诉和应诉。（　　）

5. 简答题

（1）合伙企业具有哪些特征？

（2）公司债券与股票有哪些不同？

（3）有限责任公司与股份有限公司有什么区别？

（4）三角合并与反转式三角合并各有哪些好处？

（5）两大法系和中国《公司法》对外国公司的管理做了怎样的规定？

实训题

某股份有限公司是上市公司，经济效益良好。为了进一步筹集生产经营资金，该公司准备发行公司债券，由董事会制定了方案，做出了决议。经过向国务院证券管理部门申请，获得批准。公司于是一次性发行可转换为股票的公司债券 3 000 万元人民币，此时公司的净资产额为 6 000 万元人民币。债券发行后，由于市场竞争激烈，公司产品积压，销售不旺，出现亏损，公司便将筹集的债权用于弥补亏损，但仍然不能扭转亏损的局面。董事会于是决定，向社会公开发行新股，以募集资金，并决定采取溢价发行、平价发行和折价发行三种方式，由公司成立销售部，专门负责销售所发行的股票。另外，考虑到将来公司债券到期后还要还本付息，公司于是要求所有债券持有人转换为公司的股票，从而与公司共担风险。

? 问题

（1）该股份有限公司发行公司债券有无不妥之处？为什么？

（2）该股份有限公司发行公司债券筹集的资金可否用于弥补公司亏损？为什么？

（3）该股份有限公司发行新股的决定和方式有无不妥之处？

（4）该股份有限公司能否发行新股？为什么？

（5）该股份有限公司可以要求所有债券持有人将债券转换成公司股票吗？为什么？

第3章 合同法

本章学习目标

1. 掌握合同的订立、效力、主要条款、履行、抗辩权的行使、保全、担保、变更与转让、终止、违约及相关的救济措施；
2. 了解合同的形式、订立合同的基本原则、对使用格式条款的限制。

引导案例

河北省某县箱包厂生产的皮箱式样美观，结实耐用，用料考究，于2005年打入意大利市场，很受欢迎，成为当地主要的出口创汇产品。2010年2月，意大利某商家向该箱包厂发出购买皮箱的要约，要求订购2 000只皮箱，并对皮箱的式样、用料提出了特殊要求，还要求皮箱必须在2010年5月4日之前交货。该箱包厂接受了该要约，双方于2010年2月10日正式签约。签约后，箱包厂即按照对方的要求，开始生产皮箱。2010年3月25日，箱包厂收到该意大利商家的传真，声称该箱包厂是乡镇小厂，生产能力低，不可能按时履行合同，为防止箱包厂预期违约，决定对合同宣告撤销。箱包厂收到传真后，立即给该意大利商家回电话，说明至同年3月25日已生产出900多只皮箱，按照这个生产速度，截至交货日，完全可以完成，该意大利商家仅凭推测就认定箱包厂将与其违约缺乏证据，因此无权撤销合同，考虑到双方以往的友好合作关系，希望该意大利商家按双方签订的合同履行自己的义务。该意大利商家对此未予答复。同年4月30日，箱包厂电告该意大利商家，2 000只皮箱已按要求完全完工，请做好提货准备。但该意大利商家回传真说合同早已撤销，不准备提货。箱包厂遂于同年5月15日向中国贸易仲裁委员会提请仲裁。

本案的核心是预期违约的问题。所谓预期违约，是指在合同规定的履行期到来以前，已有根据显示合同的一方当事人将不会履行其合同义务。根据法律规定，对预期违约的救济方法是中止履行合同的义务。如果在履行合同的日期到来之前，已有明显证据显示一方当事人将根本违反合同，则另一方当事人有权中止履行合同。本案中，买方并不了解箱包厂的生产能力，而想当然地认为箱包厂将预期违约，因而单方面撤销合同，是不符合法律规定的。当箱包厂明确能履约后，意大利商家应继续履行合同，而不是撤销合同，意大利商家没有单方面撤销合同的权力。

根据以上的分析，箱包厂并未构成预期违约，而意大利商家单方面违约的行为是没有法律依据的，应当履行提货和支付货款的合同义务。

3.1　合同法概述

3.1.1　合同的概念

尽管合同的历史源远流长，但世界各国对合同所下的定义并不完全相同，英美法系与大陆法系对合同一直存在着不同理解。

1．英美法

英美法关于合同的传统定义是：合同是法律为之提供救济的诺言。如美国《合同法重述》对合同下了如下定义："合同是一个许诺或一系列的许诺，对于违反这种许诺，法律给予救济，或者法律以某种方式承认履行这种许诺乃是一项义务。"英国学者盖斯特也认为："合同由可提起诉讼的一项承诺或几项承诺构成。"

现代学者对于合同是协议的观点给予了重视。《布莱克法学辞典》第6版关于"合同"（Contract）一词的定义在开头部分就用了这样的表述："合同是两个或两个以上的人之间的协议，该协议创设做或不做某特定的事情的义务。"

可是，上述现代的定义并没有揭示英美法关于合同定义的本质。英美法受传统的对价制度的影响，认为合同的本质是交易，是关于交易的协议；当诺言有了对价时，诺言与对价成为交易的对象，诺言才有了被强制执行的效力，即受诺人可以通过法院强制诺言人履行其诺言。此时，诺言才成为合同。因此，如果一方对另一方许诺，向另一方提供某种利益，而另一方许诺，作为交换，向前者提供对应的利益，则合同成立。该合同由互为交易对象的诺言构成。反之，如果一方许诺向另一方提供某种利益，后者只是表示接受这种利益，而没有表示向前者提供对应的利益，则前者的诺言因缺乏对价，即诺言的交易对象，因而不能被强制执行。在这种情况下，合同并不存在。由此可以得出结论：在英美法系国家，从原则上说，恩惠性或赠与性的协议不同于合同。

2．大陆法

大陆法认为，合同的本质是"合意"，或称协议，即合同各方的意思的一致。《法国民法典》第1101条规定："合同是一人或数人对另一人或数人承担给付某物，做或不做某事的义务的合意。"依据这样的定义，订约各方之间利益的互换并不是合同关系发生的前提条件，只要各方就合同的条件达成一致，合同就成立。基于合意的理论，大陆法系各国普遍认可当事人各方之间无利益互换的协议，如赠与协议，是有效的协议。例如，《德国民法典》第516条第1款规定："某人以其财产使另一人获得利益的，在双方对以无偿方式进行给予成立合意时，给予为赠与。"

尽管各国对合同的概念在理论上存在着不少分歧，但实际上无论是大陆法国家还是英美法国家，都把双方当事人的意思表示一致作为合同成立的要素。如果双方当事人不能达成协议，就不存在合同，在这一点上是没有实质性分歧的。

3. 中国法

1999年10月1日实施的《中华人民共和国合同法》（以下简称《合同法》）第2条规定："本法所称合同是平等主体的自然人、法人、其他组织之间设立、变更、终止民事权利义务关系的协议。"根据这一定义，合同具有以下三个特征。

（1）合同是一种民事法律行为。合同是当事人设立、变更、终止民事权利义务关系的协议，是一种民事法律行为，具有表意性和目的性，不同于事实行为。同时，合同作为一种民事法律行为，以合法性为特征。只有依法订立的合同才有效并受到法律的保护，违法订立的合同不仅无效，还要承担违约责任。

（2）合同是一种双方法律行为。合同不同于单方法律行为，单方法律行为仅由一方行为人的意思表示就能成立，无须他人的同意就能发生法律效力，如立遗嘱、债务的免除、所有权的放弃等。双方法律行为必须双方取得一致意见才成立，合同的成立必须由双方当事人在平等自愿的基础上经过协商达成一致意见，当事人意思表示一致是合同成立的基本条件。

（3）合同的目的是为了追求某种民事法律效果。合同以设立、变更和终止民事权利义务关系为目的，例如，改变先前的约定或消灭已存在的债务等。

3.1.2 合同法的基本原则

合同法的基本原则是指贯穿于整个合同法律制度，用于指导合同法的制定、解释、执行等各个方面的根本准则。大陆法系国家合同基本原则规定在其民法典或债务法典中，英美法系国家虽也有一些商事合同成文法，但主要体现在有关合同方面的判例中。尽管方式不同，但各国关于合同基本原则的核心内容却趋于一致，主要包括以下四方面。

1. 契约自由原则

契约自由原则是近代合同制度的核心精髓，其含义涉及合同行为的各个阶段，包括缔结合同的自由、选择相对人的自由、决定合同内容的自由、变更和解除合同的自由、选择合同形式的自由等。契约自由原则在大陆法系国家是民法的三大原则之一，在许多国家立法中均有体现。《法国民法典》第 1134 条规定："依法成立的合同在订立合同的当事人之间有相当于法律的约束力。"瑞士《债务法》第 19 条规定："契约的内容在法律规定范围内自由订立。"英美法系理论认为，合同法的基本目标就是实现个人意志。《国际商事合同通则》第 11 条也规定："当事人有权自由订立合同，并确定合同内容。"

2．诚实信用原则

诚实信用原则是合同法的另一条基本原则，在国际商事交易中被普遍认可。诚实信用原则的含义极为广泛，主要包括：合同订立时，当事人应诚实协商，不诈不霸；合同成立并生效后，义务人应遵守承诺，恪守信用，不得自食其言；合同发生纠纷或争议时，当事人应尊重合同精神，重视对方权益，信守商业信誉和承认交易习惯的效力。

诚实信用作为合同法的基本原则，无论大陆法还是英美法都给予了充分肯定。在大陆法系国家，诚实信用被尊奉为债法的最高指导原则，《法国民法典》第 1134 条规定："契约应当以善意履行之。"《德国民法典》第 242 条规定："债务人应依诚实和信用，并参照交易上的习惯履行给付。"《国际商事合同通则》规定："一方当事人在国际贸易中依据诚实信用和公平交易的原则行事，当事人各方不得排除或限制此项义务。"

3．公平原则

公平原则是指合同订立时应当在平等互利基础上协商一致，按公平原则设立权利和义务；当事人发生纠纷时，司法机关也应本着公平原则处理合同纠纷，从而维护合同当事人的正当权益。公平原则在我国合同法中是作为基本原则加以规定的，《合同法》第 5 条规定："当事人应当遵循公平原则确定各方的权利和义务。"第 54 条规定："在订立合同时显失公平的，当事人一方可以申请人民法院或仲裁机构予以变更或撤销。"公平原则在英美合同法、大陆法民法典中也得到确认，即规定显失公平的合同无效或不能强制执行，从而保障受害者的利益。

4．合法原则

合法原则是指合同当事人在订立与履行合同时应当遵守法律法规，遵守社会公德，不得损害社会公共利益。世界各国确认合同当事人享有契约自由的同时，又设定合法性原则对其加以限制。大陆法国家都规定订立合同必须符合法律规定，符合社会公共秩序和善良风俗，英美法国家也规定合同必须符合社会公共政策，符合法律和社会公德，否则无效。我国《合同法》也规定当事人订立合同应当遵守法律法规，遵守社会公德，不得损害国家利益和社会公共利益。总之，合法原则是基本交易活动准则，只有在社会经济活动中贯彻合法原则，才能把各项交易活动纳入法制的轨道，保障社会经济生活的正常秩序。

3.2 合同的订立

3.2.1 合同订立的方式

1. 要约

要约（Offer）在外贸实践中又称发盘、发价，是一方当事人希望和他人订立合同的意思表示。《国际商事合同通则》对要约下的定义是："一项订立合同的建议，如果十分确定，并表明要约人在得到承诺时受其约束的意旨，即构成要约。"其中发出要约的一方称要约人（Offeror），受领要约的一方称相对人或受要约人（Offeree）。要约可以用书面方式提出，也可以用口头方式提出。

（1）要约的有效要件。要约作为一种意思表示，必须具备特定的条件才能产生法律效力，这些条件分别如下。

1）要约必须明确地表达愿意按要约的内容与对方订立合同的意思。要约人发出要约的目的在于订立合同，这种订约的意图一定要由要约人通过要约充分表达出来，才能在受要约人承诺的情况下产生合同，这是要约与要约邀请的主要区别，要约邀请是希望他人向自己发出要约的意思表示。现实中，有些公司向交易对方寄送的报价单、价目表、商品目录，往往包含了主要交易条件，但因其不表示同对方订约的意图，所以属于要约邀请。普通商业广告是要约邀请，但如果其内容明确、肯定，含有与对方订约的意图，也可构成要约，对此，英美法的判例和我国《合同法》都有规定。

2）要约的内容必须明确、肯定，应当包括拟将成立的合同的主要条件。要约应当包括未来合同的主要条款，否则，受要约人难以做出承诺，即使做出承诺，也会因为内容不明确而难以履行。合同的主要条款应当根据合同的性质确定。根据我国《合同法》第12条规定，合同主要条款一般包括标的、价款或报酬、数量、履行时间、地点和方式等。但《美国统一法典》则规定要约主要应确定货物的数量或提出货物数量的确定方法，其他条件可以在以后根据合理标准确定。

3）要约必须送达受要约人才能生效。要约只有在送达受要约人以后才能为其所知悉，并作为承诺与否的决定，所以世界各国法律对此规定几乎一致。《国际商事合同通则》也明确规定，一项要约必须于其送达受要约人时，才能生效。我国《合同法》第16条规定："要约到达受要约人时生效，采用数据电文形式订立合同，收件人指定特定系统接收数据电文的，该数据电文进入该特定系统的时间，视为到达时间；未指定特定系统的，该数据电文进入收件人的任何系统的首次时间，视为到达时间。"

案例 3-1

吉布逊诉曼彻斯特议会案

1970 年，保守党占多数议席的英国曼彻斯特议会决定出让议会的房子，写信给原告吉布逊“市议会有可能出让房子，价格约有 2 725 英镑，如你想买的话，请正式写信申请”。原告写好了申请并回了信。但这时市议会重新选举，工党占了上风，决定不出让该房子了。原告遂要求法院强制执行。法院认为信中“如你想买的话，请正式写信申请”属于要约邀请，即请原告向议会提出要约，市议会后来未接受要约，所以合同没有成立，原告败诉。

（2）要约的法律效力。要约作为一种意思表示，在送达受要约人之后即产生一定的法律效力。

1）对受要约人的效力。受要约人接到要约后，便在法律上取得了承诺的权利，但不受要约拘束，没有义务承诺，也没有义务答复。但大陆法国家如日本、德国的法律规定，商人对于惯常客户的要约，如在其营业范围内，应发出承诺与否的通知，怠于通知视为承诺。

2）对要约人的效力。要约对要约人的拘束力是指要约人在要约生效后，受要约人做出承诺之前，能否将其更改或取消。对此，各国法律存在分歧。大陆法系的德国法认为，要约原则上对要约人有拘束力，除非要约人在要约中注明有不受约束的词句，否则要约人在要约的有效期内不得撤销要约；法国法原则上认为要约人可以撤销要约，但因其不适当撤销要约给对方造成损失的，应负赔偿责任。而英美法则认为要约原则上对要约人没有拘束力，要约人在受要约人做出承诺之前，任何时候都可以撤销要约，除非要约有对价或采取签字蜡封方式。我国《合同法》则采取灵活的做法，《合同法》第 18 条、第 19 条规定，要约可以撤销，撤销要约的通知应当在受要约人发出承诺通知之前到达受要约人。有下列情形之一的，要约不得撤销：① 要约人确定了承诺期限或以其他形式明示要约不可撤销；② 受要约人有理由认为要约是不可撤销的，并已经为履行合同做了准备工作。

（3）要约的撤回。要约的撤回是指在要约生效之前将其取消，使其不发生法律效力。由于要约必须送达受要约人才能生效，所以世界各国法律都规定，要约可以撤回，但是撤回要约的通知应当在要约到达受要约人之前或者与要约同时到达受要约人。

（4）要约的撤销。要约的撤销是指要约人在要约被受要约人接受之前向受要约人发出要约失效的通知，使其不再受要约的约束。关于要约人是否拥有这种权利，在传统上英美法与大陆法存在着重大分歧，但时至今日，这种分歧已部分地缓解。

依据普通法，要约作为一种诺言在被承诺之前没有对价，因而对要约人没有约束力。今天，英国对于这一传统规则做了某些变通。例如，根据 1948 年《公司法》规定，撤销认购股票或债券的要约受到一定的限制。在美国，涉及要约的可撤销性，多数州的法院的做法与普通法的原则已经有了很大的背离。《美国统一商法典》第 2-205 条规定："关于成立货物买卖的要约，如果由一个商人发出，并且是书面的和经要约人签字的，在要约规定的承诺期内，不得以无对价为理由撤销。不过，该不可撤销的期限在任何情况下不得超过 3 个月。"

大陆法系国家普遍在原则上认为，要约对要约人有约束力，要约一经生效便不能再撤销。不过为了兼顾要约人的利益，一些国家又对上述原则做了如下限制：如果要约规定了承诺期，要约人在该期限内不得撤销要约。这一限制可见于《德国民法典》第 148 条、《瑞士债务法》第 3（1）条、《日本民法典》第 521（1）条。法国法院在审判实践中也确认，如果要约中规定了承诺的期限，该方在此期限内不能撤销要约。

关于要约的可撤销性，《国际商事合同通则》兼采了两大法系的制度。它在第 2.4 条规定："在合同订立之前，要约得予撤销，只要撤销的通知在受要约人发出承诺之前送达受要约人。但是，在下列情况下要约不得撤销。

1）要约写明了承诺的期限，或以其他方式表明要约是不可撤销的。

2）受要约人有理由信赖该要约是不可撤销的，而且已基于对该要约的信赖行事。

这一规定是采纳《联合国国际货物销售合同公约》第 16 条的规定。中国《合同法》在第 18 条和第 19 条中吸收了该条的规定，只是将"已基于对该要约的信赖行事"改为"已经为履行合同做了准备工作"。

（5）要约的有效期间。要约的有效期有多长，是各国法都会面临的问题。在英美法的制度下，要约人原则上有权撤销要约，但如果他没有撤销，要约经过多久会自动失效呢？在大陆法国家，要约原则上不可撤销，那么，要约人会不会永久地受到要约的束缚呢？

一般而言，各国普遍承认以下是使要约失效的特定事由。

1）要约中规定的承诺时间已过。

2）要约被受要约人拒绝。

3）受要约人提出反要约。

4）要约人死亡或丧失能力，而受要约人做出承诺之前已知道这种情况。

在没有发生上述特定事由的情况下，英国的判例规则是：要约于合理的期间过后失效。关于什么是要约失效的合理期间，取决于每个案件的具体情况。其中，要约所采用的通信手段的快慢是一个重要因素。如果要约用电报发出，则法院有理由认为，要约人的意思是让受要约人迅速做出承诺。在这种情况下，如果受要约人没有立即做出承诺，或没有采用快捷的方式做出承诺，要约即丧失效力。交易的性质也是重要的因素。交易涉及易腐货物的买卖时，买卖的货物的价格每天波动不停时，要约的有效期间会相应缩短；涉及股票交易，要约的存续期间往往只有几秒钟。英国法的上述合理期间规则也为美国法所采纳，但对于货物买卖合同，《美国统一商法典》又进一步规定，在任何情况下，这一时间不得超过 3 个月。

在法国，有的法院判决，在要约中未规定承诺期的情况下，如果要约是向不特定的人发出的，要约人可不受限制地将其撤销；反之，如果受要约人是特定的人，法院应根据案件的具体情况，包括合同的性质和交易的习惯，确定一个合理的承诺期限。

在德国，《德国民法典》第 147 条规定："向对话的人所为的要约，承诺应立即为之"，"向非对话人为要约，承诺仅得在通常情形可期待达到的时期内为之。"显然，这一规定与英、美、法等国的规则是类似的。

关于要约的有效期间，中国《合同法》第 23 条兼采了各国法的规定："要约没有确定承诺期限的，承诺应当依照下列规定到达：① 要约以对话方式做出的，应当即时做出承诺，但当事人另有约定的除外；② 要约以非对话方式做出的，承诺应当在合理期限内到达。"

（6）要约的失效。要约的失效是指要约失去效力，要约人不再受要约的拘束。要约失效的原因很多，主要有以下三种情况。

1）要约因期间已过而失效。如果要约规定有承诺的期间，则在该期间终了时自行失效。即使要约人在承诺期间终了后表示接受，那也不是承诺，而只能算是一项新要约，须经原要约人表示承诺，才能成立合同。如果要约人在要约中没有规定承诺的期限，则有两种情况：① 如果当事人之间以对话方式进行交易磋商，则对于此种对话要约必须立即予以承诺，如不立即承诺，要约即失去其拘束力。但如果当事人双方在对话时对承诺的期间另有约定，则不在此限。所谓对话要约，包括当事人面对面的商谈、电话和电传等方式。② 如果当事人分处异地，以函电等非对话方式发出要约，则各国法律对要约的失效有不同的规定。英美法认为，如果要约没有规定承诺的时间，应在合理的时间内做出承诺，否则要约即告失效。

2）要约因要约人撤销要约而失效。

3）要约因被受要约人拒绝而失效。拒绝要约是指受要约人把拒绝要约的意思表示通知要约人的行为。要约一经拒绝即告失效，即使有效期尚未超过，也归于失效。拒绝要约的通知必须送达要约人才能发生效力，因此，在送达前可以改变主意。例如，受要约人如以信函发出拒绝通知，在该通知到达要约人之前，可以用电报表示承诺，合同可以成立。但是，如果受要约人拒绝了要约，且通知已到达要约人，则受要约人不能再改变主意表示承诺。

拒绝要约有时是表明拒绝，有时是以"有条件的承诺"或"讨价还价"的方式来表示。如在承诺中对要约的条件做了修改，其效果也视同对要约的拒绝。因为在法律上不认为它是承诺，而认为是受要约人发出一项反要约或新要约。

2．承诺

承诺（Acceptance）在外贸实践中又称接受，是指受要约人同意要约的意思表示。《国际商事合同通则》规定，受要约人做出的声明或以其他行为表示同意一项要约，即构成承诺。沉默或不作为本身不构成承诺。

（1）承诺的有效要件。一项有效的承诺应具备下列条件。

1）承诺必须由受要约人或其代理人做出。受要约人是要约人选择的订约对象，要约到达受要约人之后，受要约人便取得承诺的权利，只有受要约人或其授权的代理人才有权利做出承诺，除此以外，任何第三者即使知道要约的内容并对此做出同意的意思表示，也不是承诺，不能成立合同。而对向公众发出的要约，如悬赏寻物，则任何知道要约的人均可做出承诺。

2）承诺必须在要约的有效期内进行。要约因有效期届满而失效，如果承诺超过要约的有效期则为“迟到的承诺”（Late Acceptance），“迟到的承诺”不是有效的承诺，而是一项新的要约，须经原要约人承诺后，合同方可成立。但是如果导致承诺逾期是由于受要约人之外的原因造成的，则应另当别论。为了促进当事人达成交易，《国际商事合同通则》、中国《合同法》均规定，受要约人在要约的有效期内发出承诺，按照通常情形能够及时到达要约人，但因其他原因承诺到达要约人时超过承诺期限的，除要约人及时通知受要约人因承诺超过期限不接受该承诺的以外，该承诺有效。

3）承诺应与要约的内容一致。根据两大法系传统理论，承诺必须与要约的内容完全一致，不得做任何更改，英美法有所谓镜像原则（Mirror Rule），要求承诺同照镜子一样照出要约的内容。但随着经济的发展，要求承诺与要约内容绝对一致，实际上会阻碍合同的成立，不利于当事人进行交易。所以《美国统一商法典》对镜像原则做了适当修改，根据该法典第 207 条规定，在商人之间，如果受要约人在承诺中附加了某些条款，承诺仍可有效，这些附加条款得视为合同的一个组成部分，除非：① 要约中已明确规定承诺时不得附加任何条件；② 这些附加条件对要约的内容做了重大修改；③ 要约人在接到承诺通知后已在合理时间内做出拒绝这些附加条件的通知。我国《合同法》第 30 条、第 31 条规定，受要约人对要约的内容做出实质性变更的，为新要约。有关合同标的、数量、质量、价款或报酬、履行期限、履行地点和方式、违约责任和解决争议方法等的变更，是对要约内容的实质性变更。承诺对要约的内容做出非实质性变更的，除要约人及时表示反对或要约表明承诺不得对要约的内容做出任何变更的以外，该承诺有效，合同的内容以承诺的内容为准。

4）承诺的方式应符合要约的要求。受要约人如果同意要约的内容，应向要约人发出承诺通知，沉默不是承诺。承诺的传递方式应符合要约的要求，要约人在要约中可以对承诺的传递方式做出具体规定，如果要约人在要约中对承诺的传递方式没有做出具体的规定，则受要约人在发出承诺通知时，一般应按要约所采用的传递方式办理。如果受要约人采用了要约人指定以外的方式做出，以致较指定的方式到达的时间为迟，则要约人可以拒绝。但如果受要约人采用比要约所指定的方式或要约所采用的传递方式更为快捷的通信方法，在要约有效期内做出承诺，要约人不能拒绝。根据交易习惯，受要约人还可以通过一定行为做出承诺。

（2）承诺生效的时间。承诺生效的时间即合同成立的时间，所以确定这一时间具有重要意义。关于承诺生效的时间，存在着“投邮主义”与“收邮主义”的分歧。前者指承诺于承诺的信件或电报寄出时生效，后者指承诺于承诺的文件到达要约人时生效。在英美法系国家，投邮主义几乎得到了一致的采纳。如美国《合同法重述》第 64 条规定：“除非另有规定，承诺采用要约规定的方法和传递工具发出即能生效，而不论要约人是否收到承诺。”在以德国为代表的一些大陆法系国家，收邮主义得到了遵循。德国法则采用到达生效原则，即承诺的意思表示于到达要约人时生效。《德国民法典》第 130 条规定：“在相对人以非对话方式向其为意思表示时，意思表示于通知到达相对人时发生效力。”法国法在司法实践中推定适用投邮生效原则。我国《合同法》第 25 条规定：“承诺通知到达要约人时生效，承诺不需要通知的，根据交易习惯或要约的要求做出承诺的行为时生效。”

英美法的理论关于采纳投邮主义的主要理由如下。

1）要约人通过邮局而做出要约时，邮局成了接受承诺的代理人。

2）承诺的投递使承诺脱离了受要约人的控制，再不能由该方撤回。意思是说，当承诺被投邮时，受要约人已做完了所有该做的事。

3）要约人在发出要约之后仍有权通过撤销要约阻止合同的订立。如果这一权利直到该方收到承诺时方告终止，则对受要约人会过分地不利。

投邮规则尽可能早地结束了对这种权利的行使，从而使对合同的能够成立已经发生依赖的受要约人受到保护。

上述理论强调了对受要约人利益的保护，但忽视了要约人的利益，其论据也并非无懈可击。首先，对要约人和受要约人来说，双方均可利用邮局的服务。邮局应属提供公共服务的第三人，把它视为要约人的代理人未免牵强。其次，对于要约人撤销要约的权力可以加以限制，从而使要约人和受要约人决定合同成立的机会比较对等。

目前，在国际商事领域，合同法的发展更倾向于采纳收邮主义。《国际货物销售合同公约》第 18（2）条和《国际商事合同通则》第 2.6（2）条都采纳了这一规则。其最重要的理由是，如果承诺的文件在中途丢失，依照投邮主义该合同已成立，要约人就可能在不知情的情况下受合同的约束。这种因邮件丢失而导致的风险由受要约人承担更为公平，因为该方作为文件的投递人，可以采取措施防止这种风险发生。

案例 3-2

豪威尔诉证券公司案

1971 年 10 月，被告答应卖给原告一笔财产，并说原告须在 6 个月内以书面方式把通知送到，在 6 个月内，原告写了封回信表示同意，但信件遗失了。被告把财产卖给了别人，双方在法庭上争议的焦点是邮政规则是否在此案适用。法院认为，被告在要约中注明原告应把通知送达，因此邮政规则在此案不适用，原告败诉。

（3）承诺的撤回。英美法对承诺生效的时间采用投邮生效的原则，所以承诺不能撤回。德国、法国和我国合同法则采用到达生效原则，因此承诺可以撤回，但撤回承诺的通知应当在承诺通知到达要约人之前或与承诺通知同时到达要约人。

3.2.2　合同的主要条款与格式条款

1. 合同的主要条款

各国的法律均规定，只要不违反法律规定，合同双方当事人可以将他们同意的任何条款订立在合同中，这些条款归纳起来，主要包括以下三个部分。

（1）效力部分。这部分主要包括合同的开头部分和结尾部分。开头和结尾部分规定了合同的效力范围和有效条件的主要问题，所以称效力部分。开头部分包括当事人双方的名称、住址，订约日期、地址，以及合同的名称、编号等。结尾部分一般包括生效日期、双方当事人签字、合同文本、正本份数等。

（2）权利与义务部分。这一部分通过许多条款具体规定双方当事人的权利和义务，是合同内容的主要部分。主要条款有如下。

1）标的。

2）质量和数量。

3）价款或酬金。

4）履行的期限、地点和方式。

5）违约责任。

6）免责事由。

（3）争议的解决部分。这部分是关于程序问题的规定，主要规定当事人争议解决的方法和程序。

由于合同的类型和性质不同，所以应该具备的条款也各不相同。在商业实践中，当事人应根据所订合同的类型和性质确定合同的条款，将当事人的权利明确地规定下来，以便合同能顺利得到履行。

合同当事人双方在缔约时，应尽可能将权利、义务规定得具体、明确，为正确履行提供充分的依据，但由于一项合同的履行往往涉及许多方面的细节问题，合同条款对这些问题往往难以详尽规定，这就需要由法律规定对合同的疏漏和缺陷进行补充。如《美国统一商法典》第 1-205 条规定，当事人之间的交易过程和当事人所从事之行业或贸易中的行业惯例，或当事人知道的或应该知道的行业惯例，使协议条款产生特定含义，并对协议条款起补充或限制作用。

在合同条款的补缺方面，我国《合同法》规定得较为详细。《合同法》第 61 条、第 62 条规定，合同生效后，当事人就质量、价款或报酬、履行地点等内容没有约定或约定不明确的，可以协议补充；不能达成补充协议的，按照合同的有关条款或者交易习惯确定。依照上述规定仍不能确定的，适用下列规定：

1）质量要求不明确的，按照国家标准、行业标准履行；没有国家标准、行业标准的，按照通常标准或者符合合同目的的特定标准履行。

2）价款或报酬不明确的，按照订立合同时履行地的市场价格履行；依法应当执行政府定价或者政府指导价的，按照规定履行。

3）履行地点不明确，给付货币的，在接受货币一方所在地履行；交付不动产的，在不动产所在地履行；其他标的，在履行义务一方所在地履行。

4）履行期限不明确的，债务人可以随时履行，债权人也可以随时要求履行，但应当给对方必要的准备时间。

5）履行方式不明确的，按照有利于实现合同目的的方式履行。

6）履行费用的负担不明确的，由履行义务一方负担。

2．格式条款（合同）

格式条款是当事人为了重复使用而预先拟定，并在订立合同时未与对方协商的条款。一般来说，合同应由双方协商而定，但是在现实经济交往中有许多合同并非如此，往往是一方事先就印备了一套文件，具体规定了交易双方的权利和义务，如对方同意签字，合同即告成立。这种文件称做格式条款（合同），有人称其为共同条件或一般交易条件，也有人称之为附合合同或标准合同。这种合同往往是交易双方处于不平等的谈判地位的基础上订立的，条款都是偏重于保护起草人的利益的，对方即使认为这种合同条款不够公平合理，但也很少有讨价还价的余地。对此，各国法律都加以一定限制。

（1）大陆法系国家的规定。

1）法国法。法国法主要考虑对方当事人是否知道这些条款，或者是否只要加以注意就能够知道其内容，如果回答是肯定的，则该条款就成为合同的内容。例如，购买车票、船票、飞机票的旅客，应被认为是接受了客票上印就的共同条件。但对免责条款加以限制，当事人不能在合同中免除己方严重过失的责任。另外，有关侵权行为的责任是强制性的，当事人不得排除，否则即属无效。

2）德国法。按照德国法，某些经济行业制定的格式合同，必须经过有关政府行政部门的批准，这些行业主要包括空运、保险、银行等。至于其他行业所拟定的共同条件，则由法院进行监督和解释。德国法院一般承认共同条件是合同的一部分，并认为当事人应当受共同条件的拘束。在解释格式条款的含义时，对意义含糊的条款，做不利于制定该条款的一方当事人的解释；对限制自己责任的条款，应做狭义的解释；如某项条款有几种不同的意义时，应做对制定该条款的一方最为不利的解释，凡格式条款不能按照诚信原则妥善安排双方当事人的利益的，一律无效。

（2）英美法系国家的规定。

1）英国法。英国法认为，如果共同条件已经写进合同本文中，就可以成为合同的组成部分，如果共同条件没有写进合同的文本，则必须采取必要的措施，使订约对方注意到这些共同条款，才能成为合同的组成部分。英国对格式合同的限制主要集中于其中的免责条款，1960年《公路运输法》规定，免除公共承运人对旅客人身伤害与死亡的责任的免责条款是无效的；1973年《货物供应默示条款法》规定，在消费性合同中，限制对货物的瑕疵提出请求救济的权利的条款应属无效。除成文法的规定外，英国法院认为，凡是根本违约的一方当事人，即基本上没有履行合同义务的当事人，不得援引免责条款来免除自己的责任。

2）美国法。美国的法律和判例都强调，合同的格式条款必须清楚载明于合同的书面文件中。并强调用小字体印刷的条款必须使人容易看得清楚，对于某些重要的条款，特别是免责条款，必须“惹人注目”。美国法院认为，凡是违反公共政策的共同条件都是无效的。美国法院有权以格式条款的内容违反公共政策或“不公正”为理由，宣告这种条款无效。另外，美国法律允许法官不执行他认为是“不公正”的合同或合同中的某些条款，所谓“不公正”一般是指片面维护一方利益的合同或条款。

（3）中国法律的规定。我国《合同法》第39条规定：“采用格式条款订立合同的，提供格式条款的一方应当遵循公平原则确定当事人之间的权利和义务，并采取合理的方式提请对方注意免除或限制其责任的条款，按照对方的要求，对该条款予以说明。”第40条规定：“格式条款具有本法第52条和第53条规定情形的，或者提供格式条款一方免除其责任、加重对方责任、排除对方主要权利的，该条款无效。”第41条规定：“对格式条款的理解发生争议的，应当按照通常理解予以解释。对格式条款有两种以上解释的，应当做出不利于提供格式条款一方的解释。格式条款和非格式条款不一致的，应当采用非格式条款。”在格式条款（合同）解释方面，我国综合采用了表示说和意思说，《合同法》第125条规定：“当事人对合同条款的理解有争议的，应当按照合同所使用的词句、合同的有关条款、合同的目的、交易习惯以及诚实信用原则，确定该条款的真实意思。合同文本采用两种以上文字订立并约定具有同等效力的，对各文本使用的词句推定具有相同含义。各文本使用的词句不一致的，应当根据合同的目的予以解释。”

3.2.3 合同的形式

从订立合同的形式看，合同可以分为要式合同和非要式合同。要式合同是指必须按照法定的形式和手续订立的合同。近代资本主义各国的法律，在合同形式的问题上，都采取“不要式”原则，只是对某些合同才要求必须按照法律规定的特定形式来订立。

1. 法国法

法国法把要式合同分为以下两种情况。

（1）以法定形式作为合同有效的要件。

（2）作为证据要求。

第一种情况是法院有权不依当事人的申请，而依其职权宣告不按法定形式订立的合同无效。按照《法国民法典》的规定，赠与合同、夫妻财产制合同、设立抵押权合同等这些合同都要以公证人的文书作为合同有效成立的形式要件。第二种情况是把某种法定形式作为证据。《法国民法典》第 1341 条规定：“一切物件的金额超过 50 新法郎者，均需于公证人前做成证书，或双方签订做成私证书后，当事人不得再主张与证书内容不同或超出证书所载以外的事项而以证人证。”

2. 德国法

《德国民法典》在总则中明确规定，不依法律规定方式的法律行为无效。如法律规定须由书面做成人亲自签名，或用指印或由法院或公证人认证。德国法强调当事人意思表示必须严肃认真，并以是否遵守法定形式作为意思表示是否严肃认真的标志。如果合同没有按照法定形式办理，说明当事人缺乏严肃认真的订约意思，则合同归于无效，而不问当事人能否提出证据证明合同的存在，这是德国法与法国法不同之处。但是，这并不是说，德国法律要求一切合同都必须具有特定的形式。如上所述，德国法也同其他资本主义国家的法律一样，在合同形式问题上，都以不要式合同为原则，要式合同仅属例外。

3. 英国法

英国法规定合同可采取以下三种形式。

（1）必须按签字蜡封形式订立的合同。签字蜡封的合同是一种特定形式的合同。制作签字蜡封合同的手续是做成书面、当事人签字盖章并相互交付给对方。这些合同如未以签字蜡封形式订立，均属无效。

（2）以书面形式作为合同成立要件的合同。如海上保险合同等如不以书面做成，则属无效。

（3）以书面文件或备忘录作为证据的合同。如有关土地买卖或处分土地权益的合同等，这些合同如不以书面形式做成，不是无效，只是不能强制执行。但如双方当事人自愿执行，合同仍然有效。

4．美国法

美国法规定下述合同必须以书面做成，以作为证据，否则，不能请求法院强制执行。

（1）不动产买卖合同。

（2）从订约时起一年之内不予履行的合同。

（3）为他人承担债务的合同。

（4）价金超过 500 美元的货物买卖合同。

5．《联合国国际货物销售合同公约》的规定

《联合国国际货物销售合同公约》对于国际货物买卖合同的形式，原则上不加以任何限制。无论当事人采用口头方式还是书面方式，都不影响合同的有效性，也不影响证据力。该公约第 10 条明确规定："买卖合同无须以书面订立或证明，在形式方面不受任何方法证明。"

该公约的上述规定是为了适应当代国际贸易的特点，因为许多国际货物买卖合同是以现代通信方法订立的，不一定存在书面合同。但该公约为了照顾到某些国家买卖合同必须以书面订立为条件，特规定公允缔约国对该条提出声明的，予以保留。

6．中国法

我国《合同法》第 10 条规定："当事人订立合同有书面、口头形式或其他形式，法律、行政法规规定采用书面形式的，应当采用书面形式，当事人约定采用书面形式的，应当采用书面形式。"

3.2.4 合同的效力

合同的效力是指合同具有法律约束力，即合同对合同当事人甚至第三人有约束力。合同的效力体现了国家对已成立的合同的评价。如我国《合同法》第 8 条规定："依法成立的合同，对当事人具有法律约束力，受法律保护。"《法国民法典》第 1134 条也规定："依法订立的契约，对于缔约当事人具有相当于法律的效力。"要想使一项合同有效地成立，达到当事人预期的目的，除了要具备前面所述的当事人必须具有订立合同的能力、必须通过要约与承诺而达成、必须具有对价或合法的约因、必须符合法定的形式要求外，还应做到当事人意思表示真实、合同的标的和内容合法，否则合同将是无效的或是可撤销的。

1. 合同的生效

合同生效是指已经成立的合同，具备法律规定的生效要件，在合同当事人之间及对第三人产生一定的法律拘束力。依照世界各国法律规定，一项合同必须具备法定的条件才能产生效力，这些条件综合起来，主要有以下四项。

（1）合同当事人具有订立合同的行为能力。这项原则又称主体合格原则。当事人的行为能力是指自然人、法人通过自身的行为取得民事权利承担民事义务的资格。合同是以当事人的意思表示为基础的，并且能产生一定的法律效果，所以各国法律都要求订立合同的当事人必须具有相应的民事行为能力。

1）自然人。各国法律对于哪些人具有订立合同的行为能力，哪些人没有订立合同的行为能力，都有具体的规定。一般来说，未成年人和精神病患者没有订立合同的能力或受到一定的限制，这些人所订立的合同，根据不同的情况，有的是无效的，有的是可以撤销的。这些人或由于年龄太小或由于神志不清，缺乏判断力或经验，不能理解自身行为的后果，所以法律上需要给予特别的保护。成年人除法律另有规定外，都具有订立合同的能力，但各国对成年人的法定年龄规定不一。过去，大多数国家的法律，如英、美、德、法、荷兰、葡萄牙、西班牙、比利时、意大利、丹麦、瑞典和奥地利等国，都以年满 21 岁作为成年的标准。但近年来，有些国家的法律有把成年人的年龄标准降低的趋势，如德国、英国都把成年的年龄从过去的 21 岁降为 18 岁，也有一些国家以 20 岁（日本、瑞士）为成年的标准。

① 法国法的规定。法国法只有无行为能力的法律规定。根据《法国民法典》第 1124 条的规定，无订立合同能力的人包括：未解除亲权的未成年人；受法律保护的成年人，包括器官功能衰退者和因挥霍浪费、游手好闲以致陷入贫困者。法国法把订约当事人的行为能力作为合同有效成立的必要条件，如当事人没有订立合同的能力，其所签订的合同不产生法律效力。未成年人和受法律保护的成年人订立合同必须取得其监护人或管理人的同意，否则无效；有订立合同能力的人则不得以与其订立合同的对方无行为能力而主张合同无效。

② 德国法的规定。德国法区别无行为能力与限制行为能力两种情况。依据《德国民法典》第 104 条的规定，凡有下列情况之一者，即属于无行为能力的人：第一，未满 7 岁的儿童；第二，处于精神错乱状态，不能自由决定意志，而且按其性质此种状态并非暂时者；第三，因患精神病被宣告为禁治产者。上列无行为能力的人所订立的合同不产生任何法律效力。所谓限制行为能力的人，是指年满 7 岁的未成年人，他们的行为能力受到法律上的一定限制。根据《德国民法典》的规定，未成年人所做的意思表示，须取得其法定代理人的同意。凡未成年人未经其法定代理人的同意所订立的合同，须经法定代理人追认后才能生效。

③ 英美法的规定。英美法采用未成年人、精神病者和酗酒者等具体概念，来判定不同的人的订约能力。根据英美法，未成年人、精神病者、酗酒者，都属于缺乏订约能力的人，对于他们所订立的合同，根据以下不同情况，可能产生以下三种不同的结果：具有拘束力、可以撤销和无效。

第一，未成年人。原则上，未成年人没有订立合同的能力。未成年人对其订立的合同，在其成年之后，可以予以追认，也可以要求撤销。但是，上述原则有一个重要的例外，那就是必需品的合同。按照英美的判例，未成年人所订立的有关必需品的合同是有拘束力的。所谓必需品不仅包括衣服、食物等维持生存所必需的物品，而且还包括按该未成年人的社会地位所合理需要的东西，如手表、自行车、参加高尔夫球俱乐部的活动费用，以及教育、医疗费用等。

第二，精神病人。精神病人在其被宣告精神错乱以后所订立的合同，一律无效。至于在宣告精神错乱以前所签订的合同，则可要求予以撤销。

第三，酗酒者。一般来说，确定酗酒者是否有订立合同的能力是比较复杂的。依照美国的判例，酗酒者订立的合同，原则上应有强制执行力，但如酗酒者在订立合同的时候，由于醉酒而失去行为能力，则可要求撤销合同。

④ 中国法的规定。我国《合同法》第 9 条规定："当事人订立合同，应具有相应的民事权利能力和民事行为能力。"按照我国《民法通则》，只有具有行为能力的公民才能独立进行民事活动。判断公民是否具有订立合同的能力，就是看公民是否具有民法规定的行为能力。

我国《民法通则》按照人们智力发育的不同阶段和精神健康状况，对公民的民事行为能力做如下规定。

第一，完全行为能力。《民法通则》第 11 条规定："已满 18 周岁的公民是成年人，具有完全行为能力，可以独立进行民事活动，是完全行为能力人。16 周岁以上不满 18 周岁的公民以自己的劳动收入为主要生活来源的，视为完全民事行为能力人。"

第二，限制行为能力。按照我国《民法通则》第 12 条和第 13 条的规定："10 周岁以上的未成年人和不能完全辨认自己行为的精神病人是限制民事行为能力人。他们可以进行与其年龄、智力相适应的民事活动；不适于他们进行的民事活动应由其法定代理人代为进行，或征得其法定代理人同意后进行。否则，其行为无效。"

第三，无行为能力。我国《民法通则》第 12 条和第 13 条规定："不满 10 周岁的未成年人和不能辨认自己行为的精神病人是无民事行为能力人。"不能辨认自己行为的精神病人，精神不正常，对事物无判断力，不理解自己行为的后果，不仅不能保护自己的利益，还可能危害社会秩序，所以法律也视其为无行为能力人。无行为能力人的民事活动，由其法定代理人代理。

2）法人。法人是指拥有独立的财产，能够以自己的名义享受民事权利和承担民事义务，并且依照法定程序成立的法律实体。法人是由自然人组织起来的，它必须通过自然人才能进行活动。最常见的法人是公司，经济活动主要也是通过各种公司来进行的。因此，主要是介绍公司的订约能力。

根据大陆法系各国公司法的规定，公司必须通过它授权的代理人才能订立合同，而且其活动范围不得超出公司章程的规定。《英国公司法》在公司的行为能力问题上，也强调公司的行为不得越权。按照《英国公司法》的规定，公司的订约能力须受公司章程的支配，不得越出公司章程规定的范围，如果公司订立的合同超出了公司章程规定的目的，即属于越权行为，这种合同在法律上是无效的。

（2）意思表示真实。所谓意思表示是指行为人将其产生、变更和终止民事权利和民事义务的意思表示于外部的行为。意思表示真实是指表意人的表示行为应当真实地反映其内心的意思。合同是当事人意思表示一致的结果，应该是当事人内心真实意愿的体现，所以意思表示真实是合同生效的重要构成要件。如果当事人是由于误解，或在受欺诈、受胁迫的情况下订立合同，这种合同不能体现当事人真实的意愿，而且往往损害一方当事人的利益，所以世界各国法律都规定这种合同是无效的或可以撤销的。

（3）合同必须有对价或约因的支持。有些国家的法律规定，一项在法律上有效的合同，除当事人意思表示一致以外，还必须具备另一项要素。这个要素，英美法规定为“对价”，法国法称之为“约因”。

1）对价（Consideration）。英美法从合同的形式上把合同划分为两类：一类是签字蜡封式合同；另一类是简式合同，包括口头合同和非以签字蜡封做成的一般书面合同，这类合同必须有对价，否则无效。所谓对价，是指根据协议已经履行或将要履行义务的当事人由此得到某种利益，或者接受义务履行的当事人为此而遭受某种损失的事实要素，是对履行义务一方当事人的某种回报。通俗的理解，就是合同双方当事人须为购买对方的许诺而相互支付对应的“代价”，即合同须存在“相互给付”（Counterpart）。例如，在租赁合同中，出租方提供租赁物的使用权和承租方支付租金是合同的对价。按照英美法规定，对价必须合法，具有某种真实的价值，是待履行的或已经履行的，过去的对价不构成对价，已经存在的义务或法律上的义务不能作为对价。但随着社会经济的不断发展，英美法的对价制度不能适应商业交往的需要，英美法通过判例和成文法逐渐改变传统的对价制度，即通过成文法限制签字蜡封式合同的特殊作用，取消这类合同与一般书面合同的差异。由此，一般书面合同无对价支持就可有效，使对价制度与现代商业的某些习惯做法协调起来，以适应社会经济的发展。

2）约因（Cause）。法国法把约因作为合同有效的要素之一。按照法国法的解释，债的约因是指订约当事人产生该项债务所追求的最接近和直接的目的。如买卖合同中，卖方交货是买方付款的约因，买方付款是卖方交货的约因。《法国民法典》第1131条规定："凡属无约因的债，基于错误约因或不法约因的债，都不发生任何效力。"德国法在合同生效问题上，没有采用约因的概念，但有不当得利制度。《德国民法典》第812条规定："无法律上原因而受领他人的给付，或以其他方式由他人负担费用而受到利益者，负有返还该利益于他人的义务；或者虽有法律上的原因，但后来该原因已经消灭，或依法律行为的内容未发生给付目的所预期的结果时，亦有返还已得利益的义务。"德国法的不当得利制度和英美法的对价、法国法的约因制度的法律效果是相同的，就是使缺乏法律上的原因的合同关系不能成立，受益人必须归还从对方取得的不当利益。

（4）合同的标的和内容必须合法。任何有订约能力的人，都可以按照他们的意愿自由地订立合同。但各国法律都规定，当事人订立的合同必须合法，符合善良风俗与公共秩序，或符合社会公共政策与公共道德，否则无效。如《法国民法典》规定，任何个人都不得以特别约定违反有关公共秩序和善良风俗的法律。《德国民法典》则规定，法律行为违反法律上的禁止者，无效。违反善良风俗的法律行为亦无效。英美法的判例法认为，一个有效的合同必须具有合法的目标或目的。凡是没有合法目标的合同是非法的，因而是无效的。我国法律亦要求当事人订立合同必须合法，不得违反法律和社会公共利益。如我国《民法通则》第55条规定："民事法律行为不得违反法律或者社会公共利益。"《合同法》第7条亦规定："当事人订立履行合同，应当遵守法律、行政法规，尊重社会公德，不得扰乱社会经济秩序，损害社会公共利益。"

2. 无效合同

无效合同是最典型的违反生效要件的合同。所谓无效合同，是指合同虽然已经成立，但因其在内容和形式上违反了法律、行政法规的强制性规定，或违反了社会公共利益、公共秩序或善良风俗、公共政策或公共道德等，因而应被确认为无效。关于无效合同的种类和范围，世界各国规定不尽相同。

（1）法国法。法国法认为构成合同非法主要有两种情况：一种是合同标的物违法，即交易的标的物是法律不允许进行交易的物品；另一种是合同的约因不合法。基于不法约因的债，不发生任何效力。

（2）德国法。德国法则概括性规定："法律行为违反法律上的禁止者无效。"并规定："违反善良风俗的法律行为也无效。"

（3）英美法。英美法中，学理上将违法合同归纳为三类，分别是违反公共政策的合同、不道德的合同和违法的合同。违反公共政策的合同是指损害公众利益，违背某些成文法所规定的政策或目标，或旨在妨碍公众健康、安全、道德以及一般社会福利的合同；不道德的合同是指违反社会公认的道德标准，如予以承认将会引起正常人的愤慨的合同；违法的合同则包括违反法律的全部合同。

（4）中国法。我国《合同法》第 52 条规定，无效合同包括下列五种。

1）以欺诈、胁迫的手段订立合同，损害国家利益的。这一规定体现了对国家利益的保护。从实践来看，欺诈和胁迫行为可能直接损害国家利益，把损害国家利益的合同规定为无效合同，有利于国家机关主动干预此类合同，追究行为人的行政责任乃至刑事责任，从而有效地维护国家利益。

2）恶意串通，损害国家、集体或第三者利益的合同。此类合同的双方当事人非法串通在一起，订立某种合同，造成国家、集体或第三者利益的损害。行为人主观出于恶意，客观上非法串通，行为具有明显的不法性，所订立的合同应归为无效。

3）以合法形式掩盖非法目的的合同。此类合同又称隐匿合同，当事人在形式上所达成的协议，并非其真正的意思，而非法目的才是其追求的真正目标，其合法形式是掩盖其非法目的的一种手段，且将造成对国家、集体或第三者的损害，所以应归于无效。

4）损害社会公共利益的合同。凡订立合同危害国家公共安全和秩序，损害社会公共道德、危害公共健康和环境及其他损害社会公共利益的行为，应确认无效。

5）违反法律、行政法规的强制性规定的合同。此类合同属于最典型的无效合同。这里的法律是狭义上的法律，是指由全国人大及其常委会制定的法律；行政法规是指由国务院制定的法规。

3．可撤销的合同

可撤销的合同又称可变更的合同，它是指当事人在订立合同时意思表示不真实，或合同显失公平，法律允许有撤销权的人将其撤销，使之归于无效。这类合同一般包括意思表示不真实的合同和显失公平的合同。意思表示不真实的情形主要有错误、欺诈、胁迫、乘人之危、显失公平。

（1）错误（Mistake）。各国法律都一致认为，并不是任何意思表示的错误都足以使表意人主张合同无效或撤销合同，因为要是这样的话，交易安全就缺乏必要的保障。但与此同时，各国法律也都承认，在某些情况下，做出错误的意思表示的一方可以主张合同无效或要求撤销合同，这是为了使某些并非故意做出错误的意思表示的当事人不致承担过重的义务。至于在什么情况下有错误的一方可以要求撤销合同或主张合同无效，各国法律有不同的规定和要求。

1）法国法。法国法将错误分为关于标的物的本质方面的错误和关于涉及与其订立合同的双方当事人所产生的错误两种。法国法院对何谓“本质”错误往往作广泛和灵活的解释。法国的法官和学者有时把“本质”说成“基本品质”、“决定性的考虑”或“买方非此不买的品质”等。这里重要的是根据什么标准来确定当事人对标的物的“基本品质”有错误的理解，是按主观标准还是按客观标准来确定？在这个问题上，法国法院采用的是主观标准。对于关于涉及与其订立合同的双方当事人所产生的错误，法国法认为，如果仅仅是在认定订立合同的对象上产生错误，是不能构成合同无效的原因的。但是，如果对订约对象的考虑是订立该合同的主要原因，而在订约时错认了订约对象，那就可以作为合同无效的原因。

2）德国法。《德国民法典》第 119 条规定："表意人所做的意思表示的内容有错误时，或表意人根本无意为此种内容的意思表示者，如可以认为，表意人若知其情事并合理地考虑其情况而不会做此项意思表示时，表意人得撤销其意思表示。"《德国民法典》第 119 条第 2 款还规定："关于人的资格或物的性质的错误，如交易上认为重要者，视为意思表示内容的错误。"德国法强调的是意思表示"内容"的错误，而不管该内容是涉及合同的标的物的本质、合同的对方当事人还是意思表示的动机。

在对待错误的问题上，德国法与法国法不同，德国法所采取的是客观标准，即以该项错误的性质在交易上是否重要为条件，而不像法国法那样采取主观标准。

3）英国法。英国法认为，订约当事人一方的错误原则上不能影响合同的有效性，只有当该项错误导致当事人间根本没有达成真正的协议，或者虽已达成协议，但双方当事人在合同的某些重大问题上都存在同样错误时，才能使合同无效。这主要包括：① 在合同性质上发生错误；② 在认定当事人上发生错误，但须当事人是订立合同的要素，而且对方也明知有此种误会时，才可以使合同无效；③ 在认定合同的标的物时，当事人双方都存在着错误；④ 在合同的标的物存在与否或在合同的重大问题上，双方当事人发生共同的错误；⑤ 允诺一方已经知道对方有所误会，在这种情况下，对方可以主张合同无效。

按照英国的判例，下列错误都不能使合同无效：① 一方当事人意思表示的错误；② 一方在判断上发生差错；③ 一方当事人对自身的履约能力估计错误；④ 在凭说明的买卖中，对说明的含义的理解发生错误。

案例 3-3

威伯斯特诉塞西案

原告以 2 000 英镑买被告的一桩财产，被告不肯。后原告又说以 1 250 英镑买，被告同意了。原告要求被告履行合同。法院认为，原告明知被告误解而佯装不知，故该合同无效。

4）美国法。美国法同样认为，单方面的错误原则上不能要求撤销合同。至于双方当事人彼此都有错误时，也仅在该项错误涉及合同的重要条款、认定合同当事人或合同标的物的存在、性质、数量或有关交易的其他重大事项时，才可以主张合同无效或要求撤销合同。美国法院在审理涉及错误的案件时，往往考虑到各方面的情况。如果法院认为，对方由于信赖合同已有效成立而积极准备履约，从而改变了他的地位，以致难以恢复原状或不可能恢复原状时，有错误的一方就不能撤销合同。总之，美国法院的态度是，宁愿让有错误的一方蒙受自身错误所造成的后果，而不把损失转嫁给对方。

5）中国法。我国《合同法》第 54 条规定："因重大误解订立的合同，当事人可以申请变更或撤销。"误解可以是对合同性质的误解，如把借贷认作赠与；可以是对合同标的物的认定有误解，如误以甲物为乙物。这些法律行为应予以撤销，其理由是如果没有误解，合同就不会成立。但只有存在重大的误解，才可以撤销合同。

（2）欺诈（Fraud）。欺诈是指以使他人发生错误为目的的故意行为。各国法律都认为凡因受欺诈而订立合同时，蒙受欺骗的一方可以撤销合同或主张合同无效。如《德国民法典》第 123 条规定："凡因被欺诈而为意思表示者，表意人得撤销其意思表示。"《法国民法典》第 1116 条规定："如当事人一方不实施欺诈，他方当事人绝不会订立合同者，则此种欺诈可以构成合同无效的原因。"

英美法把欺诈称为"欺骗性的不正确说明"，指的是一方在订立合同之前，为了吸引对方订立合同而对重要事实所做的一种虚假的说明。它既不同于一般商业上的吹嘘，也不同于普通的表示意见或方法。英国 1976 年《不正确说明法》把不正确说明分为两种：故意的不正确说明和欺诈性的不正确说明。

按照英国法的解释，如果做出不正确说明的人是出于诚实的相信真有其事而做，则属于非故意的不正确说明。对于非故意的不正确说明，英国法区别两种情况：故意但有疏忽（Negligent）的不正确说明和非故意且没有疏忽的不正确说明。在前一种情况下，蒙受欺骗的一方有权请求赔偿，并可撤销合同，但法官或仲裁员有自由裁量权，他们可以宣布合同仍然存在，并裁定以损害赔偿代替撤销合同。两者的主要区别是：在后一种情况下，蒙受欺骗的一方无权主动要求损害赔偿，而只能由法官或仲裁员根据具体情况酌定是否可以以损害赔偿代替撤销合同。但无论在什么情况下，都只有受欺骗方才能要求撤销合同。

（3）胁迫（Duress）。胁迫是指以使他人发生恐怖为目的的一种故意行为。各国法律都一致认为，凡在胁迫之下订立的合同，受胁迫的一方可以撤销合同。因为在受胁迫情况下所做的意思表示，不是自由表达的意思表示。

大陆法认为，胁迫是指当事人施加心理上的压力，但不是身体上的强制。因此，大陆法把胁迫与绝对强制区别开来，二者的法律效果有所不同。在胁迫的情况下，受胁迫的一方可以撤销合同；而在绝对强制的情况下，受强制的当事人已失去人身自由，其所订的合同应归于无效。

英美法不区分胁迫与绝对强制。因为按照英美法普通法的解释，胁迫本来就是指对他人的人身施加威吓或施加暴力或监禁。按照英美法，受威胁者不仅包括订约当事人本身；而且还包括该当事人的丈夫、妻子或近亲，如果对后者施加威胁，迫使当事人不得不订立合同的，也构成胁迫，当事人可以撤销合同。

关于来自订约双方当事人以外的第三者所施行的胁迫，各国法律的处理略有不同。德国认为胁迫较欺诈更为严重，应当让受胁迫者更容易从合同的拘束中解脱出来。因此，德国法认为，如胁迫是第三者所为，即使合同的相对人不知情，受胁迫的一方也有权撤销合同。法国、意大利、西班牙等国的法律也有类似的规定。但英美法则把第三人所做的胁迫与第三者所做的欺诈同样对待，也就是说，对于来自第三者的胁迫，只有在合同的相对人知道有胁迫情事时，受胁迫的一方才能撤销合同。

（4）乘人之危。乘人之危是我国法律特有的规定。根据最高人民法院的司法解释，乘人之危是指一方当事人乘对方处于危难之机，为牟取不正当权益，迫使对方做出不真实的意思表示而与之订立合同的行为。《合同法》第54条规定："一方乘人之危，使对方在违背真实意思的情况下订立的合同，受损害方有权请求人民法院或者仲裁机构变更或撤销。"

（5）显失公平。显失公平制度起源于罗马法，在大陆法系国家的民法中得到继承，《法国民法典》第1674条规定："如出卖人因低价所受损失超过不动产价金7/12时，有权请求取消买卖。"《德国民法典》第138条规定："法律行为系乘他人穷困、无经验、缺乏判断能力或意志薄弱，使其为对自己或第三人的给付做财产上的利益的约定或担保，而此种财产上的利益比之于给付，显然为不相称者，该法律行为无效。"在英美法国家，特别强调对显失公平合同中的受害人的保护。《美国统一商法典》第2-302条明确规定："如果法院发现合同或合同的任何条款在制定时显失公平，法院可以拒绝强制执行，或仅执行显失公平部分之外的其他条款，或限制显失公平条款的适用。"

我国法律也确定了显失公平制度，《合同法》第54条规定："在订立合同时显失公平的，当事人一方有权请求人民法院或者仲裁机构变更或撤销。"根据最高人民法院的司法解释，一方当事人利用优势或对方没有经验，致使双方的权利与义务明显违反等价有偿原则的，可以认定为显失公平。从以上规定看出，我国法律规定的显失公平制度隐含了当事人意思表示的不真实。

4. 效力待定合同

效力待定合同是指合同虽然已经成立，但因其不完全符合有关生效要件的规定，其效力尚未确定，须经有权人表示承认才能生效。此类合同主要是因为有关当事人缺乏缔约能力、代订合同的资格及处分能力造成的，主要有主体不合格的合同、欠缺代理权的合同和无处分权的合同等。

（1）无行为能力人订立的合同和限制行为能力人依法不能独立订立的合同。这类合同一般列入效力待定的合同。如《德国民法典》规定凡未成年人未经其法定代理人同意所订立的合同，须经法定代理人追认后，才能生效。英美法判例认为，未成年人订立的有关生活必需品之外的合同，在其成年之后，可以予以追认，也可以要求撤销。我国《合同法》第 47 条规定："限制民事行为能力人订立的合同，经法定代理人追认后，该合同有效，但纯获利益的合同或者与其年龄、智力、精神健康状况相适应而订立的合同，不必经法定代理人追认。相对人可以催告法定代理人在 1 个月内予以追认。法定代理人未做表示的，视为拒绝追认。合同被追认之前，善意相对人有撤销合同的权利。撤销应当以通知的方式做出。"

（2）因无权代理而订立的合同。无权代理是指欠缺代理权的人所做的代理行为。无权代理主要包括以下三种情形。

1）不具备默示授权条件的代理。

2）越出授权范围行事的代理。

3）代理权消灭后的代理。

根据各国法律规定，无权代理所做的代理行为，如与第三人订立合同或处分财产等，为效力待定的行为，非经本人追认，对本人没有拘束力。如德国、日本民法典规定，无代理权人以他人名义订立合同者，非经本人追认不生效力。在本人追认以前，无权代理人所做的代理行为处于效力不确定的状态。在发生无权代理的情况时，第三人得催告本人表示是否追认。在未经本人追认之前，第三人有权予以撤回。英美法则有追认的代理，即代理人未经授权或者超出了授权的范围而以本人的名义同第三人订立了合同，本人可以在事后予以追认，追认使该合同对本人有拘束力。我国《合同法》第 48 条也规定："行为人没有代理权、超越代理权或代理权终止后以被代理人名义订立的合同，未经被代理人追认，对被代理人不发生效力，由行为人承担责任。"并规定相对人有催告权和撤销权。

（3）无处分权的合同。无处分权的合同是指行为人在没有取得处分他人财产权的情况下签订的处分他人财产的合同。根据罗马法及欧洲早期的规则，无处分权的合同没有法律效力，但这种制度逐渐为善意取得制度所取代。善意取得是指受让人因善意而取得无权处分人所处分的他人的动产的，可以取得该动产的权利。我国《合同法》规定，此类合同为效力待定合同。《合同法》第 51 条规定："无处分权的人处分他人的财产，经权利人追认或无处分权的人订立合同后取得处分权的，该合同有效。"

5. 合同被确认无效或被撤销的后果

根据世界各国法律规定，合同被确认无效或被撤销后，合同自始无效，既不产生权利也不产生义务，任何一方均无权要求对方履行，也不能要求赔偿损失，除非当事人一方能证明受对方欺诈、胁迫，否则不能要求归还已给付的货物。我国《合同法》对此做出以下具体规定。

（1）无效的合同或被撤销的合同自始没有法律约束力。

（2）合同无效或被撤销后，因该合同取得的财产，应当予以返还；不能返还或没有必要返还的，应当折价补偿。有过错的一方应当赔偿对方因此所受到的损失，双方都有过错的，应当各自承担相应的责任。

（3）当事人恶意串通，损害国家、集体或者第三人利益的，因此取得的财产收归国家所有或者返还集体、第三人。

3.3 合同的履行

3.3.1 合同的履行概述

合同的履行是指合同当事人实现合同内容的行为。各国法律都认为，合同当事人在订立合同之后，都有履行合同的义务，如果违反应履行的合同义务，就要根据不同的情况，承担相应的法律责任。

1．大陆法系国家的规定

（1）法国法。《法国民法典》第1134条明文规定："依法成立的合同，在订立合同的当事人间具有相当于法律的效力。"这就是说，合同当事人都必须受合同的拘束，都必须履行合同所规定的义务。该法典第1147条又进一步规定："如债务人不能证明其不履行债务系由于不应归其个人负责的外来原因时，即使在其个人并无恶意，债务人对于其不履行或延迟履行债务，应支付损害赔偿。"

（2）德国法。《德国民法典》明确规定："债权人根据债务关系，有向债务人请求给付的权利。"这里所谓给付，就是指履行合同的内容。德国法还将诚实信用作为履行合同的一项基本原则。《德国民法典》第242条规定："债务人须依诚实与信用，并照顾交易惯例，履行其给付。"

2．英美法系国家的规定

英美法认为，当事人在订立合同之后，必须严格按照合同的条款履行合同。依照英美法，在履行合同的过程中，有一个重要的步骤称做提供。所谓提供，就是合同当事人旨在履行其合同义务的一种表示。在许多情况下，合同一方当事人在履行其合同义务时，必须有对方的配合才能完成。如果一方拒绝接受对方的提供，对方就无法履行其合同义务。在这种情况下，如果一方已按合同提供了自己的履约义务，而被对方所拒绝，则日后如对方指控其不履行合同，他就有权以自己已提供过履行作为抗辩的理由。提供包括提供货物或其他财产，也包括提供应支付的款项。但在提供应支付的款项时，其情况同提供货物略有不同，债权人如拒绝接受提供的款项，并不能解除债务人的债务，但可以产生以下三种重要的法律后果。

（1）如该项债务有担保利益，该项担保利益即告消灭。

（2）该项债务的利息也自债务人提供款项之日起停止计算。

（3）债权人日后就该项债务提起诉讼，不能取得高于原来提供的金额，且必须负担诉讼的费用。

但是，提供必须是无条件的，而且必须与合同规定的时间、地点和履约的方式相一致。如果债务人在债务清偿期以前做出提供，这就不能认为是适当的提供，债权人有权拒绝受领，在这种情况下，该项债务的利息仍应照常计算。

3．中国法的规定

我国《合同法》第 60 条规定："当事人应当按照约定全面履行自己的义务。"全面履行就是要履行合同的全部义务，不能只履行一部分，而且要按全同规定的标的、时间、地点履行，而不能任意变更，否则就构成违约。

3.3.2 合同履行中的抗辩权

抗辩权是对抗他人行使权利的权利，抗辩权的作用在于"对抗"、"反对"、"阻止"他人行使权利，但他人的权利并不因此而消灭。抗辩权的行使，以请求权存在并且提出请求为前提。《德国民法典》第 320 条、第 321 条具体规定了同时履行抗辩权和不安抗辩权："因双务合同而负有义务的人，在另一方当事人履行对待给付之前，可以拒绝履行自己的给付，但自己负有先行给付义务的除外；根据双务合同负有先行给付义务的人，如果另一方当事人的财产于订立合同之后明显减少，致有妨碍对待给付请求权的行使之虞时，在另一方当事人未履行对待给付或者提出担保之前，可以拒绝履行自己的给付。"我国《合同法》则把抗辩权分为同时履行抗辩权、后履行抗辩权和不安抗辩权。

1．同时履行抗辩权

同时履行抗辩权是指双方合同当事人的一方在他方未对待给付以前，有权拒绝自己的履行。但是，一方当事人并非是在他方未给付的任何情况下都可行使该权利的。大陆法主要以诚实信用原则对同时履行抗辩权的行使做出了限制。《德国民法典》第 320 条规定："他方当事人已部分给付，依其情况，特别是因迟延部分无足轻重时，当事人一方如果拒绝对待给付，有违诚实信用原则者，即不得拒绝给付。"英美法依据"分离性义务"理论，对同时履行抗辩权进行了限制，规定双方当事人对完整的、不可分割的义务必须全部履行，如果一方当事人没有履行该种义务，则另一方拒绝履行是正常的；如果一方当事人没有履行可分割的义务的一部分，则另一方不能拒绝全部履行，而只能拒绝部分履行。

《国际商事合同通则》对同时履行抗辩权分别做了以下三种情况的规定。

（1）凡当事人各方应同时履行合同义务的，任何一方当事人可在另一方当事人提供履行前拒绝履行。

（2）凡当事人各方应相继履行合同义务的，应后履行的一方当事人可在应先履行的一方当事人完成履行之前拒绝履行。

（3）对于因一方的作为或不作为或承担的风险而导致的另一方的不履行，一方不得依据另一方的不履行而拒绝履行。

同时履行抗辩权属于延期的抗辩权，即仅能使对方的请求履行权在一定期限内不能行使，但不具有消灭对方请求权的效力。其效力仅表现在当事人一方要求对方履行义务时，自己也必须同时履行义务；反之，在对方提出履行请求时，如对方未履行义务，则可以暂时拒绝履行自己的义务。

2. 后履行抗辩权

后履行抗辩权，是指当事人互负债务，有先后履行顺序的，先履行一方未履行之前，或者履行债务不符合约定的，后履行一方得拒绝履行的抗辩权。后履行抗辩权适用的条件如下。

（1）双务合同当事人双方互负债务。

（2）债务有法定或约定的先后履行顺序。

（3）先履行义务方未为给付或给付不符合约定条件。

与同时履行抗辩权一样，先履行抗辩权属延期的抗辩权，此项权利的行使权发生阻碍他方要求权的效力。我国《合同法》第67条规定："当事人互负债务，有先后履行顺序，先履行一方未履行的，后履行一方有权拒绝其履行要求。先履行一方履行债务不符合约定的，后履行一方有权拒绝其相应的履行要求。"

3. 不安抗辩权

不安抗辩权是双务合同中有先为给付义务的当事人一方，因他方当事人的财产显著减少或经营状况恶化而有难为对待给付的情形时，在他方未为对待给付或提供担保前有拒绝自己给付的抗辩权。设立不安抗辩权的目的在于预防因情况变化导致一方遭受损害。

不安抗辩权主要是大陆法的概念。根据大陆法的规定，不安抗辩权产生的原因主要是合同另一方当事人在签订合同后财产状况恶化、财产明显减少，很可能在一方当事人履行义务后，难以做出对等给付。不安抗辩权的目的在于保护先给付的一方当事人的合法权益。

我国《合同法》第68条、第69条规定："当事人互负债务，有先后履行顺序，应当先履行债务的当事人，有确切证据证明对方有下列情形之一的，可以中止履行。

（1）经营状况严重恶化。

（2）转移财产、抽逃资金，以逃避责任。

（3）丧失商业信誉。

（4）有丧失或可能丧失履行债务能力的其他情形。

当事人中止履行后，应当及时通知对方，对方提供适当担保时，应当恢复履行。中止履行后，对方在合理期限内未恢复能力并且未提供适当担保的，中止履行的一方可以解除合同。”

不安抗辩权与预期违约非常接近。英美法中的预期违约是指一方当事人在合同规定的履行期到来之前，即表示他届时将不履行合同。预期违约有明示的，即一方当事人无正当理由，明确肯定地向另一方当事人表示他将不履行合同；也有默示的，即在履行期到来之前，一方当事人有确凿的证据证明另一方当事人在履行期到来时，将不履行或不能履行合同，而另一方又不愿意提供必要的履行担保。

案例 3-4

比利时公司与韩国公司订立了一份出口精密仪器的合同。合同规定，韩国公司应在仪器制造过程中按进度预付货款。合同订立后，韩国公司获悉比利时公司供应的仪器质量不稳定，于是立即通知比利时公司：“据悉你公司供货质量不稳定，故我方暂时中止履行合同。”比利时公司受到通知后，立即向韩国公司提供书面保证：“如不能履行义务，将由银行偿付韩国公司支付的款项。”但韩国公司收到此通知后，仍然坚持暂时中止履行合同。

【问题】　韩国公司的做法是否妥当？

【评析】　宣告中止履行义务的一方当事人，必须立即通知另一方当事人，如果另一方当事人对履行义务提供了充分的保证，则必须继续履行义务。因为中止合同只是暂时停止了履行合同，而不是使合同解除。因此，只要另一方当事人提供了充分的履约担保（如银行保函），宣告中止履行合同的一方仍需继续履行其合同义务。因此，韩国公司只能继续履行合同，不能拒绝履行合同。

3.3.3　合同的保全

合同的保全，即合同履行过程中的债权保全，是指法律为防止因债务人的财产不当减少给债权人的债权带来危害，允许债权人代债务人之位向第三人行使债务人的权利，或请求法院撤销债务人和第三人的民事行为的法律制度。合同的保全是合同的对外效力的体现，是对合同相对性的突破，目的是防止债务人实施各种不正当的行为逃避债务，确保债权人的债权得以实现。合同保全的基本方法主要有代位权和撤销权两种。

1．代位权

代位权是指当债务人怠于行使其对第三人享有的权利而危及债权人的债权时，债权人为保全自己的债权，向法院请求以自己的名义代位行使债务人债权的权利。代位权最早起源于罗马法，《法国民法典》中正式确定为民法制度，根据《法国民法典》第1166条的规定："债权人得行使其债务人的一切权利与诉权，但专与人身相关的权利除外。"我国《合同法》第73条规定："因债务人怠于行使其到期债权，对债权人造成损害的，债权人可以向人民法院请求以自己的名义代位行使债务人的债权，但该债权专属于债务人自身的除外。"

当事人行使代位权，应该符合以下要求。

（1）债权人可代位行使债务人的权利，但专属于债务人自身的权利，如抚养请求权、人身伤害赔偿请求权等，不得由债权人代位行使。

（2）债权人代位权行使的范围应以保全债权的必要为限度。债权人只有在其债权具有不能实现的危险时才能行使代位权，债权人行使代位权的请求数额以债务人所负债务为限。

（3）代位权必须通过诉讼程序行使。只有通过裁判方式才能防止债权人滥用代位权，避免债权人、债务人、次债务人之间因代位权行使而发生纠纷。

债权人行使代位权的法律效力是使债务人、次债务人的相应债务得到清偿，从而使债权人与债务人、次债务人之间的债权债务关系归于消灭。根据《最高人民法院关于适用〈合同法〉若干问题的解释》，债权人向次债务人提起的代位权诉讼经人民法院审理后认定代位权成立的，由次债务人向债权人履行清偿义务，债权人与债务人、债务人与次债务人之间相应的债权债务关系也即予消灭。

2．撤销权

撤销权又称废罢诉权或撤销诉权，是指当债务人放弃对第三人的债权，实施无偿或低价处分财产的行为而有害于债权人的债权时，债权人可以依法请求法院撤销债务人的行为的权利。

根据我国《合同法》规定，债权人行使撤销权应符合下列要求。

（1）债权人的撤销权针对的是债务人放弃到期债权、无偿转让财产或以明显不合理的低价转让财产的行为。

（2）债权人应当依一定的诉讼程序行使撤销权。债权人必须向法院起诉，由法院做出撤销债务人行为的判决，才能发生撤销的效果。

（3）撤销权的行使，以保全债权的范围为限。

（4）债权人对撤销权的行使应当在法定期限内行使。债权人应在知道撤销事由之日起1年内行使撤销权。债权人无法知道撤销事由的，应在债务人的行为发生之日起5年内行使，否则撤销权消灭。

债权人行使撤销权的法律效力是使债务人的行为归于无效。根据我国《最高人民法院关于适用〈中华人民共和国合同法〉若干问题的解释》，债权人请求人民法院撤销债务人放弃债权或转让财产的行为，人民法院依法撤销的，该行为自始无效。

3.3.4 合同的担保

合同的担保是促使债务人履行其债务，保障债权人的债权得以实现的法律措施。除即时清结的合同之外，一般合同从订立到履行往往经过一段期间，债务人因故不履行合同或不完全履行合同时，债权人可以追究其违约责任，但如债务人丧失履约能力或破产时，债权人的债权最终得不到实现。通过第三人提供保证，或债务人提供定金，或第三人、债务人提供一定财产为抵押、质押等来担保债权的实现，合同的担保制度在一定程度上解除了债权人的后顾之忧。

担保作为一种促使合同履行、保障债权实现的措施，为世界各国法律所承认，但由于各国经济发展情况、法律历史传统等方面存在不同，对担保的方式规定不尽一致。

大陆法将担保规定在民法典中，主要担保方式有抵押、质押、留置、保证人、连带债务人、定金等，且分别规定在物权法、债法中，没有对担保统一做出规定。英美法中的美国对担保统一做出规定，《美国统一商法典》第九篇为担保交易篇，具体规定了通过合同设立的各种担保方式，包括质押、动产抵押、动产信托、信托契书、代办人留置权、设备信托、附条件销售、信托收据、协议留置等。

我国《民法通则》规定了保证、抵押、定金、留置四种债务担保方式，《担保法》则增加了质押，下面简单介绍这几种担保方式。

1．保证

保证是指由第三人作为保证人，和债权人约定当债务人不履行其债务时，保证人按照约定履行债务或承担责任的担保方式。保证分为一般保证和连带责任保证。一般保证是指当事人约定债务人不能履行债务时，由保证人承担保证责任的保证；连带责任保证是指当事人约定保证人与债务人对债务承担连带责任的保证。保证人履行债务后，有权向债务人追偿。

2．抵押

抵押是指债务人或第三人不转移特定财产的占有，而将该财产作为债权的担保，债务人不履行债务时，债权人有权以该财产折价或以变卖该财产的价款优先得到偿还的担保方式。第三人为债务人提供抵押担保的，在债权人以其财产折价或变卖受偿后，第三人有权向债务人追偿。

3. 质押

质押是指债务人或第三人将其动产或权利凭证移交债权人占有，而将该动产或权利作为债权的担保，债务人不履行债务时，债权人有权以该动产或权利折价或变卖优先受偿的担保方式。第三人为债务人提供质押担保的，在债权人将其动产或权利折价或变卖优先受偿后，第三人有权向债务人追偿。

4. 留置

留置是指债权人按照合同约定占有债务人的财产，在债务人不按照合同约定的期限履行债务时，债权人有权留置该财产，以该财产折价或变卖而优先受偿的担保方式。留置权是一种法定担保物权，依法律直接规定产生，如我国《担保法》规定，因保管合同、运输合同、加工承揽合同发生的债权，债务人不履行债务的，债权人有留置权。

5. 定金

定金是指合同当事人为了确保合同的履行，约定由一方当事人在订立合同之后、合同履行之前预先给付对方当事人的金钱。债务人履行债务后，定金应当抵作价款或者收回。给付定金一方不履行债务的，无权要求返还定金；接受定金一方不履行债务的，应当双倍返还定金。

3.4 合同的变更转让

3.4.1 合同的变更

本部分所述的合同变更仅指合同内容的变更，并且仅指对合同内容的部分变更，而不是全部内容或合同性质的变更，至于合同主体的变更将在合同的转让部分中述及。合同的变更是指在合同成立以后，尚未履行完毕以前，根据当事人在订立合同之前或之后的约定进行的变更，也有依据法律规定进行的变更。法律规定的允许一方当事人变更合同的事由主要包括不可抗力、另一方违约、情势变迁等。合同的变更一般不溯及既往，对已履行的合同部分不产生效力。

各国基本上都允许当事人通过协议或在出现法定事由时来变更合同，即使十分强调对价的英美法也不例外。过去，按照英国法关于对价的原则，当事人在签订合同之后，如要改变原来的合同，就会由于缺乏对价而不能成立，现在，英国法已对对价原则在合同变更中的适用做了灵活的规定，允许在变更合同某一内容时，只要针对该变更存在，即使是十分轻微的对价，都承认该变更的效力。而《美国统一商法典》第2-209条则更明确地规定，关于改变现存合同的协议，即使没有对价也具有约束力。

《国际商事合同通则》也允许合同的变更。该通则规定，合同的修改除需当事人的协议外，别无要求。但如果合同规定对合同的任何变更必须以书面形式做出，则应依合同的约定。此外，该通则第 3.10 条和第 6.2.3 条还分别将重大失衡和艰难情形作为一方当事人要求变更合同的理由。在重大失衡的情形下，依有权宣告合同无效一方当事人或收到宣告合同无效通知的另一方当事人的请求，法庭可修改该合同或其条款，以使其符合公平交易的合理的商业标准。如出现艰难情形，处于不利地位的当事人有权要求重新谈判；如果合同各方不能在合理时间内达成协议，任何一方均可诉诸法庭，而法庭则可以在认定确实存在艰难情形的条件下，"为了恢复合同的均衡"而修改合同。

3.4.2　合同的转让

合同的转让是指合同当事人一方将其合同权利和义务全部或部分转让给第三人。合同的转让实际就是合同主体的变更，不改变原合同的权利义务内容。合同的转让不仅涉及转让方与受让方的关系，而且还涉及受让方与原合同一方的关系。根据转让内容的不同，可将合同的转让划分为合同权利的转让、合同义务的转移和合同权利义务的概括转让。

1. 合同权利的转让

合同权利转让是指合同债权人将合同的权利全部或部分地转让给第三人。合同权利转让中最主要的问题，就是该转让是否须经义务人同意。对此，各国立法做出了不同规定。

（1）自由主义。此种观点认为，债权人转让其合同权利仅依原债权人与新债权人之间的合同即可成立，不必征得债务人的同意，也不必通知债务人。如果未通知债务人，则债务人仍旧向原债权人做出清偿；如果债务人被通知或知悉合同权利的转让，应向新债权人履行义务。采取这一观点的国家主要有德国、英国、美国等。《德国民法典》第 398 条规定："债权得依债权人与第三人的合同而转移于第三人，新债权人依合同的成立取得债权人的地位。"英美法也都承认债权人可以自由转让其权利，只要这些合同权利不是某些具有个人特色的权利。《美国统一商法典》规定："除当事人另有协议，买方或卖方均可以把他们的权利转让给第三人，除非这种转让会大大改变对方的义务，或者大大增加对方的负担或严重损害对方获得履行的机会。"

（2）通知主义。此种观点认为，债权人转让其债权虽不必征得债务人的同意，但必须将债权转让的事实及时通知债务人，只有在债务人接到债权转让的通知或者对债权转让做出承诺后，债权转让才对其发生效力。采取这一主义的国家有法国、日本等。例如，《法国民法典》第 1600 条规定："受让人仅按照对债务人所作之转让通知，始对第三人发生权利占有的效力。"《日本民法典》第 467 条也有类似规定。按照《法国民法典》的解释，债权转让合同须以通知债务人或债务人在公证文书上做出承诺作为对第三人发生效力的必要条件。

（3）不可任意转让的合同权利。在实践中，对于以下合同权利，许多国家的法律一般都不允许任意转让。

1）根据合同权利性质不能转让的权利，即合同只能在特定当事人之间成立，如果转让给第三人就会影响合同内容的履行，从而违背当事人的订约目的。这类合同权利包括信托权利、表演或出版权利、受聘权利等。

2）法律禁止转让的权利。

3）原合同当事人约定不得转让的权利。

2．合同义务的转移

合同义务的转移是指债权人或债务人与第三人之间达成转让债务的协议，由第三人取代原债务人承担全部债务。由此可见，债务转让有两种方法，即通过债权人与第三人之间的协议和债务人与第三人之间的协议实现。

在债权人与第三人之间订立债务转让协议的情况下，通常转让协议一经成立便生效，无须经过债务人的同意，债务人可借此免除自己的合同义务。因此，从一定意义上来说，债权人与受让人之间的这种协议事实上是一种为第三人（即原债务人）创设权益，各国立法基本上都没有要求这种合同须经债务人同意。《法国民法典》第 1271 条规定："债权人得解除归债务人的债务而由新债务人代替之。"

由于义务的履行直接关系到权利人权利的实现，具有不同的履约能力或信用的义务人会对合同履行的程度和质量产生直接的影响。因此。对于债务人与第三人达成的义务转让协议，一般都要求须经过债权人的同意。债务人与第三人达成的转让协议，一经债权人的同意即发生效力；如果债权人拒绝，则债务人与第三人订立的转让协议无效。《德国民法典》第 415 条规定："第三人与债务人约定承担债务者，须经债权人的追认始发生效力。"英国法也认为，非经债权人的同意，合同的债务不得转移。按照英国法的解释，债务转移只能通过更新的办法并经债权人的同意而实现。债务更新是债权人应债务人的请求，同意以新的债务人代替原债务人的一种新的合同。更新的效力是解除原债务人的债务，并将这些债务加之于新债务人。美国法虽然也认为合同的债务非经债权人同意不能转让，但允许在某些情况下的代行债务。即允许他人代替原债务人履行债务，但原债务人不能因此而解除自己的义务。《美国统一商法典》第 2-201 条规定："除合同当事人另有协议，或债权人对由原债务人履行合同具有重大的利害关系，债务人得通过他人代其履行义务，但替代履行并不解除债务人的履行义务或对违约所产生的责任。"

3．合同权利义务的概括转让

合同权利义务的概括转让是指由原合同一方当事人将其在合同中的权利义务一并转让给第三人，由第三人概括地继受这些债权债务。对此，各国法律基本上都要求须经另一方当事人的同意方可成立生效，在取得合同另一方的同意后，受让方将完全代替原合同当事人一方的地位，原合同当事人一方完全退出合同关系。

3.5　合同的终止

3.5.1　合同的终止概述

合同的终止是指合同由于某种原因而不复存在。合同的消灭是英美法的概念，至于大陆法系各国则把合同的消灭包括在债的消灭的范畴之内，作为债的消灭的内容之一。

1．大陆法的有关规定

大陆法各国对债的消灭的有关规定，基本上是大同小异的。大陆法各国除了认为合同的撤销、解除以及履行不可能等，均可作为债的消灭的原因之外，还在民法典或债务法典上对债的消灭的各种原因做了具体的规定。

（1）法国法。根据《法国民法典》的规定，债有下列情形之一者即告消灭：1）清偿；2）更新；3）自愿免除；4）抵消；5）混同；6）标的物的灭失；7）取消；8）解除条件成就；9）时效完成。

（2）德国法。根据《德国民法典》的规定，债的消灭原因有以下四种：1）清偿；2）提存；3）抵消；4）免除。

（3）日本法。《日本民法典》把债的消灭的原因规定为五项：1）清偿；2）提存；3）抵消；4）免除；5）混同。

2．英美法的有关规定

英美法认为，合同的消灭有以下四种方式。

（1）合同因履行而消灭。

（2）合同因双方当事人的协议而消灭。

（3）合同因违约而消灭。

（4）依法使合同归于消灭。

3.5.2　合同终止的原因

1．清偿

所谓清偿（Payment），就是向债权人履行债的内容。例如，在买卖合同中，卖方向买方交货，买方向卖方支付价金，称清偿。各国法律都一致认为，清偿是债消灭的主要原因。当债权人接受债务人的清偿时，债的关系即告消灭。

清偿一般是指由债务人向债权人履行合同规定的义务，但各国法律原则上都允许债务人以外的第三者向债权人清偿债务。清偿的标的物一般应当是合同规定的标的物，但如果债权人同意，债务人也可以用规定的标的物以外的物品来清偿其债务。

2．解除

合同的解除（Resolution）是指合同成立后，在没有履行或没有完全履行之前，当事人依照法律规定或当事人约定的条件和程序，解除合同确定的权利义务关系，从而使合同归于消灭。

（1）解除权的行使。行使解除权的方法主要有两种：一种是由主张解除合同的一方当事人向法院起诉，由法院做出解除合同的判决；另一种是无须经过法院，只需向对方表示解除合同的意思即可。

法国法采取第一种办法。《法国民法典》第 1184 条规定："债权人解除合同，必须向法院提起。但是，如果双方当事人在合同中订有明示的解除条款，则无须向法院提出。"

德国法采取第二种办法。《德国民法典》第 349 条规定："解除合同应向对方当事人以意思表示为之。"换言之，主张解除合同的一方当事人只需把解除合同的意思通知对方就可以，不必经过法院的判决。

英美法认为，解除合同是一方当事人由于对方的违约行为而产生的一种权利，他可以宣告自己不再受合同的拘束，并认为合同已经终了，而无须经过法院的判决。

（2）解除合同的法律后果。解除合同的法律后果，是消灭合同的效力。合同一经解除，合同的效力即告消灭。但这种消灭的作用是溯及既往，还是指向将来，各国法律有不同的规定。

法国法认为，解除合同是使合同的效力溯及既往的消灭。《法国民法典》第 1183 条规定："解除条件成就时，使债的关系归于消灭，并使事物回复至订约以前的状态。"德国法与法国法的处理办法基本上是相同的。《德国民法典》第 346 条规定："在解除合同时，各方当事人互负返还义务。如已履行的给付是劳务的提供或以自己的物品供对方利用者，因无法恢复原状的应补偿其代价。"

英国法认为，由于违约造成的解除合同，并不使合同自始无效，而只是指向将来，即只是在解除合同时尚未履行的债务不再履行。在这个问题上，美国法与英国法有很大的差别。美国法认为，解除合同应产生恢复原状的效果，各方当事人均应把他从对方取得的东西返归给对方，尽可能恢复原来的状态。

案例 3-5

日本某公司与我国某公司签订了出口某成套机械设备合同，合同规定分四批交货。在交付的前两批货物中都存在不同程度的质量问题，在第三批货物交付时，买方发现货物品质仍然不符合合同要求，故推定第四批货物的质量也难以保证，所以向卖方日本公司提出解除全部合同。

【问题】 我国某公司的要求是否合理？

【评析】 我国某公司所购的货物是加工生产大理石的成套机械设备，任何一批货物存在质量问题，都会导致该套设备的无法使用，也就是说，各批货物是相互依存的，因此，日本公司的行为已构成根本违反合同，买方可以通知对方解除合同。

3. 提存

提存（Deposit）是指在债务人履行债务时，由于债权人受领迟延，债务人有权把应给付的金钱或其他物品寄托于法定的提存机关，从而使债的关系归于消灭的一种行为。

（1）提存的原因。

1）债权人受领迟延。所谓受领迟延，是指在债务人提出清偿时，债权人拒绝予以接受。

2）不能确定谁是债权人。由于不知道谁有权受领给付，债务人就很难清偿其债务。

（2）提存的效力。

1）债务人一旦把应给付的物品寄存于提存所后，债权人只能向提存所收取提存物，不能再向债务人请求清偿。

2）提存物寄存于提存所后，其风险即由债权人承担，如发生损坏或灭失，债务人概不负责。

3）提存物寄存于提存所期间所产生的一切费用，均由债权人负担，但债务人取回提存物的，不在此限。

4. 抵消

抵消（Set-off）是指两个人彼此互负债务，而且债务的种类相同并均已届清偿期，双方均得以其债务与对方的债务在等额的范围内归于消灭。其优点主要有以下两个方面：一是手续方便，可以避免交换履行；二是当一方当事人破产时，采用抵消方法，可以避免交换履行所引起的不公平的结果。抵消依其产生的根据不同，可分为法定抵消和约定抵消两种。

（1）法定抵消。法定抵消是指依法律规定进行的抵消。对此，法国法采用当然抵消原则，即债务的抵消得依法律之效力当然发生。德国法、中国法则采用通知抵消原则，即抵消应由一方当事人向另一方当事人发出通知。各国法律均规定当事人须互负债务，且债务的标的物的种类、品质相同并届清偿期，当事人得主张抵消，债务按照合同性质或依照法律规定不得抵消的除外。

（2）约定抵消。约定抵消是指依当事人合同进行的抵消，当事人互负债务，但标的物的种类、品质不相同，经双方协议一致，也可以抵消。

5. 免除

免除（Release）是指债权人免除债务人的债务，即债权人抛弃其债权，这也是债的消灭的原因之一。免除是否需要债务人的同意才能生效，各国法律有不同规定。法国法和德国法认为，免除是双方的法律行为，须经债务人的同意才能成立；日本法则认为，免除是单独行为，只要债权人有免除债务的意思表示，无须债务人的同意，债的关系亦可归于消灭。

6. 依法消灭

在英美法中，有一些法律规定可以使合同在某些情况下归于消灭，主要有以下三种情况。

（1）合并。合并有两种情况，一种是以更为安全可靠的合同代替比较不那么安全可靠的合同，从而使后者并入前者，并使后者归于消灭；另一种是合同的权利与义务归属于同一个人，这种情况与大陆法的混同（Merger）相类似。

（2）破产。根据有关破产法的规定，如破产人宣布破产后，经过破产清理程序，取得了法院的解除命令，破产人即可解除一切债务和责任。

（3）擅自修改书面合同。如果一方当事人擅自对书面合同做了修改，对方即可解除责任，但这种修改必须是：

1）未经对方同意擅自对书面合同进行修改；

2）由其中一方当事人或持有该书面合同的人对其进行修改，而且这种修改是对该当事人有利的；

3）对合同的重要部分做了修改。

7. 已过时效

大多数国家都把时效完成作为消灭合同和其他债的关系的原因之一。如《法国民法典》第1234条规定："债的关系得因时效完成而消灭。"英美法系的一些国家也把诉讼时效已经完成作为合同消灭的一个重要原因。虽然各国对此有不同的解释，但一般都认为，由于时效完成，债权人的请求权即告消灭，或者至少也认为债务人得以时效完成作为抗辩的事由。根据《联合国国际货物销售合同公约》的规定，国际货物买卖合同的时效期间为4年。原则上，时效期间应自请求权发生之日起算。具体来说，由于违约而产生的请求权应从发生违约情事之日起算；由于货物有瑕疵或其他不符合同规定而产生的请求权应从货物实际交付给买方或买方拒收之日起算；由于诈欺而产生的请求权应从发现该项诈欺或在合理范围内可能发现之日起算。

3.6 违约责任

3.6.1 承担违约责任的原则

违约是指合同一方当事人，由于某种原因，完全没有履行其合同义务，或没有全部履行其合同义务的行为。除某些例外情况可以不负责任以外，都属于违约行为，违约的一方应负违约责任。在承担违约责任的原则方面，大陆法系与英美法系有着不同的规定。

1．大陆法的规定

大陆法以过失责任作为民事责任的一项基本原则。按照大陆法的解释，合同债务人只有当存在着可以归责于他的过失时，才承担违约的责任。换言之，如果仅仅证明债务人没有履行其合同义务，还不足以构成违约，而必须同时证明或推定债务人的上述行为有某种可以归责于他的过错，才能使其承担违约的责任。如《法国民法典》第 1147 条规定："凡不履行合同是由于不能归责于债务人的外来原因所造成的，债务人即可免除损害赔偿的责任。"德国法也认为，构成违约的情况必须要有可归责于该当事人的过错。《德国民法典》第 276 条规定："债务人除另有规定外，对故意或过失应负责任。"同时还规定："债务人基于故意的责任，不得预先免除。"德国法还区分重大过失与轻微过失。在某些情况下，当事人仅对故意或重大过失负责，例如，在赠与合同中，赠与人仅对其故意或重大过失负赔偿责任；但一般来说，当事人对其轻微过失原则上亦须承担责任。

2．英美法的规定

英美法不以允诺人有无过错作为构成违约的必要条件。英美法认为，一切合同都是"担保"。只要债务人不能达到担保的结果就构成违约，应负损害赔偿的责任。美国《合同法重述》第 314 条对违约下了如下定义："凡没有正当理由的不履行合同中的全部或部分允诺者，构成违约。"但实际上，英美法与大陆法在这个问题上的差别，并不像表面看起来那么大。从许多案件的处理结果看，英美法与大陆法在判断违约问题时是十分近似的。

3．中国法的规定

我国《合同法》第 107 条规定："当事人一方不履行合同义务或履行合同义务不符合约定的，应当承担违约责任。"可见我国合同法对违约责任并未采用过错责任原则。结合《合同法》分则的具体规定，实际上我国合同法是采用过错推定原则作为违约责任的一般原则。

如《合同法》分则第311条规定：“承运人对运输过程中货物的毁损、灭失承担损害赔偿责任，但承运人证明货物的毁损、灭失是因不可抗力、货物本身的自然性质或者合理损耗以及托运人、收货人的过错造成的，不承担损害赔偿责任。”在某些特殊合同中则采用过错责任原则，如委托合同、赠与合同等。《合同法》规定赠与人、受托人对违约造成的损失承担过错责任。

4．催告制度

在延迟履行合同应承担的违约责任方面，大陆法还有催告制度。所谓催告是债权人向债务人请求履行合同的一种通知。催告是大陆法上的一种制度，在合同没有明确规定确定的履行日期的情况下，债权人必须首先向债务人做出催告，然后才能使债务人承担延迟履约的责任。如《法国民法典》规定，债务人的迟延责任，须于接到催告或其他类似证书才能成立。《德国民法典》也规定，债务人于清偿期届至后，经债权人催告而不为给付者，自受催告时起负迟延责任。按照大陆法的解释，催告的作用主要有以下三点。

（1）自催告生效之日起，不履约的风险完全由违约一方承担。

（2）债权人有权就不履行合同请求法律上的救济。

（3）从送达催告之日起，开始计算损害赔偿及其利息。

如果债权人在清偿期届至后，不向债务人做出催告，就表示他不拟追究债务人延迟履约的责任。但是，如果合同已明确规定了履行的日期，或者债务人已明白表示不拟按期履行合同义务，则债权人可以不作上述催告。至于催告的方式，法国法要求必须以书面做成，并由法警送达债务人，德国法则不要求任何特定的方式，书面方式或口头方式均无不可，唯一的要求是必须把催告传达给债务人。

英美法则根本没有催告这个概念。英美法认为，如果合同规定有履行期限，债务人必须按合同规定的期限履行合同；如果合同没有规定履行期限，则应于合理的期间内履行合同，否则即构成违约，债权人无须催告即可请求债务人赔偿由于延迟履约所造成的损失。就这一点来说，英美法对于履行合同的要求比大陆法更为严格。

3.6.2 违约的形式

违约有各种不同的情况，有的是全部或部分不能履行合同，有的是没有按期履行合同，有的是没有按照合同规定的方式或其他要求履行合同等。由于违约的情况各有不同，违约方所承担的违约责任也有所区别。

1．大陆法的规定

德国民法典把违约分两类：给付不能和给付延迟。

（1）给付不能。给付不能是指债务人由于种种原因不可能履行其合同的义务，而不是指有可能履行合同而不去履行。德国民法典把给付不能分为自始不能与嗣后不能两种不同的情况。所谓自始不能是指合同成立时，该合同即不可能履行；所谓嗣后不能是指在合同成立时该合同有可能履行，但在合同成立后，由于出现了阻碍合同履行的情况而使合同不能履行。这两种不同的情况的法律后果有所不同。根据德国民法典第 303 条规定，凡是以不可能履行的东西为合同的标的者，该合同无效。换言之，凡属于自始不能的合同在法律上是无效的。但是，如果一方当事人在订约时已经知道或可能知道该标的是不可能履行的，则对于信任合同有效而蒙受损害的对方当事人应负赔偿责任。至于嗣后不能的情况，则须区别是否有可以归责于债务人的事由，而有以下两种不同的处理方法。

1）非因债务人的过失所引起的给付不能。如给付不能并不是由于债务人的过失所造成的，债务人不承担不履行合同的责任。最明显的例子在合同成立后出现了不可抗力事故，以至于合同不可能履行。

2）由于债务人的过失而引起给付不能。原则上说，如果由于债务人的过失而造成给付不能，债务人应当承担损害赔偿责任。如果不是全部不能履行，而只是部分不能履行，如果部分履行对债权人无利益时，债权人也可以拒绝部分履行而请求全部债务不履行的损害赔偿。

（2）给付迟延。给付迟延是指债务已届履行期，而且是可能履行的，但债务人没有按期履行其合同义务。这里同样要区别以下两种不同的情况。

1）债务人没有过失的履行迟延。

2）债务人有过失的履行迟延。

这两种不同情况的法律后果也有所不同。根据《德国民法典》规定，凡在履行期届满后，经债权人催告仍不给付的，债务人自受催告时起负迟延责任。但是，非由于债务人的过失而未为给付者，债务人不负迟延责任。《德国民法典》还规定，债务人在迟延中不但要对一切过失承担责任，而且对因不可抗力而发生的给付不能也应负责。除非债务人能证明即使没有迟延履约，仍不可避免要发生损害时，他才能免除责任。

还应当指出的是，按照《德国民法典》的规定，债权人必须向债务人提出催告，才能使债务人承担迟延履行的责任。除合同另有规定外，催告是债权人就履行迟延请求损害赔偿的必要条件。《德国民法典》规定，双务合同的当事人一方迟延履行其合同义务时，对方得指定一个相当的期限，并表示逾期得拒绝受领给付的意思。在这种情况下，如合同未在指定期限内履行，对方在期限届满后，得请求不履行的损害赔偿或解除合同。

《德国民法典》只规定了这两种违约形式其实是不正确的。早在 20 世纪初，德国的著名法学家斯多伯已经指出《德国民法典》的这一漏洞。他认为《德国民法典》只对债务人由于应做而没有做所引起的违约现象做出了规定，除此之外，债务人还可能由于做了不应该做的事而引起违约。对此，《德国民法典》却没有做出任何规定。这种情况称做“积极的违约”，其表现形式很多，例如，债务人在履行合同义务时粗心大意，使债权人受到损害；或者卖方交付有瑕疵的货物，使债权人遭到损失。对于积极违约的情事，德国法院都类推适用有关给付不能和给付延迟的规定来处理。也就是说，违约的一方如有过失时应赔偿对方因其违约所造成的损失。

《法国民法典》以不履行债务和迟延履行债务作为违约的主要表现形式。《法国民法典》第 1147 条规定：“债务人对于其不履行债务或迟延履行债务，应负损害赔偿的责任。对于双务合同，如果一方当事人不履行其合同义务，对方有权解除合同。”但是，此时合同并非当然解除，债权人可做如下选择：① 如果合同仍然有可能履行，他可以要求债务人履行合同；② 如果合同已不能履行，他可以请求法院解除合同并要求赔偿损害。法国法同德国法一样承认“不可能时无义务”的原则。例如，《法国民法典》第 1601 条规定，在买卖合同中，如果买卖的标的物在出售时已全部灭失，买卖合同即归无效。但法国判例对此条的适用加以若干限制，如果债务人在订立合同时已经知道或应该知道他所做的允诺是不可能履行时，债权人可以以侵权为理由请求损害赔偿。

2．英美法

英美法不同于大陆法，英美法把违约的情形区分为违反条件与违反担保两种不同的情况，并针对不同的情况给予不同的救济办法。此外，在英美法中还有预期违约（Anticipatory Breach）和履行不可能的问题，这都是英美法独有的概念。

（1）违反条件（Breach of Condition）。当事人在合同中载有各种各样的条款，它们的性质和重要性是各不相同的。其中有些是重要的，带根本性的；有些则是次要的，是从属于合同的主要目的的。按照英国法的解释，凡属合同的重要条款称为“条件”。如果一方违反了“条件”，也即违反了合同的主要条款时，对方有权解除合同。并可要求赔偿损失。至于合同规定的事项哪些是“条件”，哪些不是合同的“条件”，这是一个法律问题，应由法官根据合同的内容和当事人的意思做出决定，而不能由陪审团来决定。在英美法中，“条件”（Condition）一词还有另外一重意思，它用来指以某种不确定的事件发生与否来决定合同是否生效。从这个意义上说，英美法把条件分为以下三种。

1）对流条件（Concurrent Condition）。对流条件是指合同的双方当事人同时地履行其各自的义务，或者至少是每一方当事人都同时准备并愿意履行其各自的义务。换言之，即一方的履行与对方的履行互为条件。例如，在买卖合同中，如合同对交货和付款的时间没有做出规定，则认为卖方的交货义务与买方的付款义务是对流条件，买卖双方当事人应同时履行各自的义务。

2）先决条件（Condition Precedent）。先决条件是指一方首先履行某种行为，或以某种事件的发生，或以经过一定的时间作为对方履行义务的前提条件。例如，某些国际货物买卖合同规定，买方必须在合同规定的期间内向卖方开立相当于合同金额的不可撤销的信用证，卖方在收到信用证后若干时间内交货。在这种情况下，买方履行开证义务就是卖方履行交货义务的先决条件。

3）后决条件（Condition Subsequent）。后决条件是指在合同成立后，如发生某种事件，履行合同的义务即告消灭。例如，在租船合同中往往订有免责条款，其中规定“如遇天灾、国王的敌人、王公和统治者的行为、航行和海上的危险等，船方可以免除责任”。

在英美法中“条件”还可以用来指合同中的约定事项，从这个意义上说，英美法把合同的约定事项分为明示条件（Express Condition）和默示条件（Implied Condition）。前者是指双方当事人在合同中明文规定的条件，后者是指依照法律或按照解释当事人们的意思理应包括在合同中的条件。例如，英国 1893 年的货物买卖法规定，在凭说明的买卖中应包含卖方所交货物必须具有商销品质的默示条件；在凭样品的买卖中，应包含卖方所交的整批货物均需与样品相符的默示条件。

案例 3-6

国际墙面装饰公司诉市场营销公司案

原告与被告订立独家代理合同，由被告代理原告销售原告生产的陶质瓦。合同规定每次交货后 90 天内被告应付款，被告总是推迟 2～20 天付款。后陶质瓦销路很好，原告想再设代理销售点，但鉴于同被告订立的独家代理合同，所以想以被告迟延付款为由解除合同。法院认为被告只违反担保，故原告只能要求被告赔偿损失。

大陆法有时也使用“条件”这个术语，但大陆法上的条件是指将来不一定发生的某种不确定的事件，视其发生与否而将产生或消灭某些法律效果。大陆法把条件分为停止条件与解除条件。停止条件是限制法律行为发生效力的条件，即只有条件成就时，法律行为才能发生效力；如条件不成就时，法律行为即不发生效力。解除条件是限制法律行为效力消灭的条件，即已经发生效力的法律行为，在条件不成就时，继续保持其效力；一旦条件成就时即丧失其效力。大陆法上的停止条件与解释条件，相当于英美法中的先决条件与后决条件。至于英美法把违约分为违反条件与违反担保，这种区别在大陆法是没有的。

（2）违反担保（Breach of Warranty）。违反担保是指违反合同的次要条款。违反担保的法律后果与违反条件有所不同。在违反担保的情况下，蒙受损害的一方不能解除合同，只能向违约的一方请示赔偿。

担保也同条件一样，有明示与默示之分。明示担保是指双方当事人在合同中明确规定的担保；默示担保是指按照法律或按照解释当事人的意思理应包含在合同中的担保。例如，英国货物买卖法规定，在买卖合同中应包含有卖方保证买方得以安稳地占有货物，不受任何第三者干扰的默示担保。即使双方当事人在合同中对此没有明确的规定，但只要双方当事人没有相反的意思，而且又没有与此相抵触的行业惯例，就应当认为他们的合同中包含这项默示担保。如果卖方违反了这项默示担保，买方就有权要求赔偿损失。

在英美法中，当一方当事人违反条件时，受损害方可以在下列两者之中做出选择。

1）可以按违反条件处理。即要求解除合同，拒绝履行自己的合同义务，并可要求赔偿损失。

2）也可以把违反条件作为违反担保看待，即不解除合同，继续履行自己的合同义务，同时就对方违反担保要求损害赔偿。例如，在买卖合同中，货物的品质是合同的“条件”，如卖方所交付的货物的品质不符合合同的规定，就是违反条件的行为，买方可拒收货物，拒绝付款，并可要求赔偿损失。但在某些情况下，如买方想要取得这批货物，他也可以把违反条件作为违反担保来处理，即接受这批货物，支付货款，同时就货物品质不符要求赔偿损失。

美国现在已经放弃使用“条件”与“担保”这两个概念。美国法把合同义务统称为允诺，允诺可以是无条件的，也可以是有条件的。前者是绝对的，后者则须待某种条件出现后才能成为绝对的。凡没有履行无条件的允诺的，即构成违约。美国法把违约分为轻微的违约（Minor Breach）和重大的违约（Material Breach）。所谓轻微的违约是指债务人在履约中尽管存在一些缺点，但债权人已经从中得到该项交易的主要利益。当一方有轻微违约行为时，受损害方可以要求赔偿损失，但不能拒绝履行自己的合同义务。所谓重大违约是指由于债务人没有履行合同或履行合同有缺陷，致使债权人不能得到该项交易的主要利益。在重大违约的情况下，受损害的一方可以解除合同，即解除自己履行合同的义务，同时要求赔偿全部损失。美国法对违约行为所做的区分，同英国法中违反条件与违反担保在法律后果上基本上是一致的。美国法上的轻微违约相当于英国法上的违反担保，重大违约相当于违反条件，二者并无实质上的区别。

（3）预期违约。预期违约是指一方当事人在合同规定的履行期到来之前，就明确表示他届时将不履行合同。这种表示可以用行为来表示，也可以用言词或文字来表示。当一方当事人预期违约时，对方可以解除自己的合同义务，并可立即要求给予损害赔偿，而不必等到合同规定的履行期来临时才采取行动。但是，受损害方也可以拒绝接受对方提前违约的表示，坚持认为合同仍然存在，等到合同规定的履行期届满时，再决定采取何种法律上的救济办法。但在这种情况下，他就必须承担在这段时间内情况变化的风险，如果在一方当事人宣告不履行合同以后，在履行期届满之前，出现了某种意外的事故，使合同因为其他原因而宣告解除，预期违约的一方就可以不承担任何责任。

（4）履行不可能。英美法也有履行不可能的概念。履行不可能有两种情况：一是在订立合同时，该合同就不可能履行；二是在合同订立之后，发生了使合同不可能履行的情况。前者相当于大陆法上的“自始给付不能”，后者相当于“嗣后给付不能”。

1）订约时合同即不可能履行。按照英美法的解释，如果在订立合同时，双方当事人以为合同的标的物是存在的，但实际上该标的物已经灭失，在这种情况下，合同无效。因为这属于双方当事人的“共同错误”（Mutual Mistake）而以共同错误为基础的合同是没有拘束力的。

2）在合同成立后发生的履行不可能。按照英国判例的解释，如果在合同成立以后，发生了某种意外事故，使合同不能履行，原则上并不因此而免除允诺人的履行义务，即使这种意外事故不是由于允诺人的过失而造成的，允诺人原则上仍需负损害赔偿的责任。由于这项规则过于严厉，后来，英国判例形成了一项所谓默示条款原则。按照这项原则，英国法院可以通过解释双方当事人的意思，认为在某些情况下他们的履约义务不是绝对的，而是有条件的，即使他们在合同中对此没有明示的规定，但也可以默示地适用于他们的合同。当这种默示条件成就时，当事人可以免除履行的义务。英国货物买卖法就采用了这一原则，该法第7条规定：“在出售特定货物的场合，事后非由于卖方或买方的过失而货物在风险转移于买方之前灭失者，合同无效。”

3.《联合国国际货物销售合同公约》的规定

《联合国国际货物销售合同公约》把违约分为根本违反合同与非根本违反合同两种情形。该公约第25条对何谓根本违反合同做如下定义：“一方当事人违反合同的结果，如使另一方当事人蒙受损害，以至于实际上剥夺了另一方当事人根据合同有权期待得到的东西，即为根本违反合同，除非违反合同的一方并不预知而且同样一个通情达理的人处于相同情况中也没有理由预知会发生这种结果。”至于怎样才算“实际上剥夺了合同对方根据合同有权期待得到的东西”，则需根据每一个案件的具体情况来确定。

该公约对根本违反合同规定了相应的救济办法：

（1）买方可以要求卖方交付替代的货物；

（2）买方可以撤销合同，并可请求赔偿损失。

该公约还明确规定，当一方违反合同时，不论此种违约行为是否构成根本违反合同，受损害一方都有权要求损害赔偿，而且即使受损害一方采取了其他的救济办法。例如，要求交付替代货物或撤销合同等，但这都不影响他行使请求损害赔偿的权利。

4．我国的法律

我国《合同法》借鉴了公约的有关规定，认为违反合同的表现是不履行合同或者履行合同义务不符合约定条件，也即不履行、不正确履行、迟延履行和预期违约。

3.6.3 违约的救济方法（Remedies for breach of contract）

各国法律对于不同的违约行为，都规定了相应的救济办法。但是，对于哪种违约行为可以采取哪些救济办法，各国法律的规定并不完全相同。

1. 实际履行

所谓实际履行有两重意思：一是指债权人要求债务人按合同的规定履行合同；二是指债权人向法院提起实际履行之诉，由执行机关运用国家的强制力，使债务人按照合同的规定履行合同，但各国法律对实际履行有不同的规定和要求。

（1）法国法。法国法认为，如债务人不履行合同，债权人有权提起实际履行之诉。《法国民法典》第 1184 条规定："双方契约当事人的一方不履行其债务时，债权人有选择之权；或者在合同的履行尚属可能时，请求他方当事人履行合同，或者解除合同并请求损害赔偿。"根据法国法的解释，实际履行是一种可供选择的救济方法。

但是法国法区别"作为与不作为之债"与"给付财产之债"。在前一种情况下，如债务人不履行合同，债权人只能请求损害赔偿，而不能请求实际履行。《法国民法典》第 1142 条规定："凡属作为或不作为的债务，在债务人不履行的情形，转变为赔偿损害的责任。"在后一种情况下，如债务人不交付有关的财产，债权人才可以请求实际履行。法国法也允许债权人采取"替代履行"的救济办法，即由债务人承担费用，让债权人或第三者代替债务人去实现债务的内容。《法国民法典》第 1143 条和第 1144 条规定："债权人有权要求债务人清除违约而进行的工作，并可请求由债务人承担费用清除之，如有必要，债权人仍得请求损害赔偿。"

（2）德国法。德国法认为，实际履行是对不履行合同的一种主要的救济方法，凡是债务人不履行合同时，债权人都有权要求债务人实际履行。《德国民法典》第 241 条明文规定："债权人根据债务关系，有向债务人请求履行债务的权利。"债权人可以请求法院判令债务人实际履行合同，但只有在债务人履行合同尚属可能时，法院才会做出实际履行的判决。

《德国民法典》虽然规定以实际履行作为不履约的主要救济办法，但实际上提起实际履行之诉的情况是很少的。当债务人不履行合同时，债权人在大多数情况下都是要求损害赔偿或解除合同，只有当债权人所要求的目标不是金钱赔偿所能满足时，债权人才会提出实际履行之诉。

（3）英美法。英美法对待实际履行的态度同大陆法有所不同。英美普通法认为，如一方当事人不履行其合同义务，对方的唯一权利是提起违约之诉，要求损害赔偿。因此，普通法中没有实际履行这种救济办法。但是，英美衡平法院在处理某些案件时，如果原告能证明仅仅采用损害赔偿的办法还不足以满足他的要求时，则可以考虑判令实际履行。但即使如此，在英美衡平法中实际履行也只是作为一种例外的救济方法，而且法院对于是否判令实际履行有自由裁量权。一般来说，在涉及土地买卖或公司债券的交易时，英美法院通常会做出实际履行的判决。因为在这种交易中，仅仅判令债务人支付金钱上的损害赔偿，往往还不能满足债权人的要求。至于一般的货物买卖交易，法院原则上不给予实际履行的救济，只判决债务人支付金钱上的损害赔偿，除非买卖的标的物是特定物或特别名贵，在市场上不容易买到的，法院才考虑做出实际履行的判决。

（4）《联合国国际货物销售合同公约》的规定，以下简称《公约》。《公约》第 28 条对实际履行合同的问题做了如下规定："如果按照公约的规定，当事人一方有权要求他方履行某项义务，法院没有义务做出判决要求实际履行此项义务，除非法院依照其本身的法律对不受本公约支配的类似买卖合同可以这样做。"《公约》的这一规定，主要是为了调和英美法和大陆法在实际履行问题上的分歧。

2. 损害赔偿

各国法律都认为损害赔偿（Damages）是对违约的一种救济方法，但各国法律对损害赔偿责任的成立、损害赔偿的方法及损害赔偿的计算等各有不同的规定和要求。

（1）损害赔偿责任的成立。大陆法认为损害赔偿责任的成立必须具备以下三个条件。

1）必须要有损害的事实。如果根本没有发生损害，就不存在赔偿的问题。

2）必须有归责于债务人的原因。原则上债务人仅对其故意或过失造成的损害负责，但在例外情况下，即使债务人没有过失也应予负责。例如，《德国民法典》规定，旅店的主人对于客人所携带的物品。如发生灭失或毁损。即使店东没有过失，也应负责赔偿。

3）损害发生的原因与损害之间必须有因果关系。即损害是由于债务人应予负责的原因所造成的。

英美法不同于大陆法。根据英美法的解释，只要一方当事人违反合同，对方就可以提起损害赔偿之诉，而不以违约一方有无过失为条件，也不以是否发生实际损害为前提。如果违约的结果并没有造成损害，债权人虽无权要求实质性的损害赔偿，但他可以请求名义上的损害赔偿，即在法律上承认他的合法权利受到了侵犯。

（2）损害赔偿的方法。损害赔偿的方法有恢复原状和金钱赔偿两种。所谓恢复原状，即恢复到损害发生前的原状。这种方法可以完全达到损害赔偿的目的，但有时实行起来不大方便，甚至不可能做到。例如，在特定物的买卖中，如特定物灭失，往往无法找到完全相同的物品来代替。所谓金钱赔偿，就是以支付金钱来弥补对方所受到的损害，这种方法便于执行，但有时不能完全实现损害赔偿的目的。因此，各国法律对这两种方法一般都予以考虑，有的是以金钱为原则，而以恢复原状为例外；有的则以恢复原状为原则，而以金钱赔偿为例外。

1）德国法。德国法对损害赔偿是以恢复原状为原则，而以金钱赔偿为例外。《德国民法典》第 249 条规定："负损害赔偿的义务者，应恢复到负赔偿责任事故发生前的原来状态。如因伤害身体或毁损物件而赔偿损失时，债权人得请求必要数额的金钱以代替回复原状。"至于财产以外的损害，则只有在法律有相应规定时，才能请求以金钱赔偿，其中包括对名誉、道德上的损害赔偿。

2）法国法。法国法是以金钱赔偿为原则，而以恢复原状为例外。在大多数情况下，一方当事人违反合同义务都可以转变为损害赔偿之债，对方所得到的赔偿是适当数额的金钱。

3）英美法。英美法对损害采取金钱赔偿的方法，英美法称之为"金钱上的恢复原状"。英美法认为，损害赔偿的目的是在金钱可能做到的范围内行使权利，受到损害的一方处于该项权利得到遵守时同样的地位。

（3）损害赔偿的范围。损害赔偿的范围是指如何确定损害的范围和根据什么原则来确定损害赔偿的金额。这有两种情况：一是双方当事人自行约定；二是在双方当事人没有约定时，由法律予以确定。前者称为约定的损害赔偿，后者称为法定的损害赔偿。关于约定的损害赔偿，我们将在下文详细讨论，这里主要介绍法定的损害赔偿范围。

1）德国法。《德国民法典》认为，损害赔偿的范围应包括违约所造成的实际损失和所失利益两个方面。所谓实际损失，是指合同所规定的合法利益，由于可归责于债务人的事由而受到损害；所谓所失利益，是指如果债务人不违反合同本应能够取得的利益，但因债务人违约而丧失了的利益。一般来说，实际损失比较容易确定，而所失利益则较难确定。按照《德国民法典》的规定，凡依事物的通常过程，或依已进行的准备或其他特别情形，可以预期得到的利益，即视为所失的利益。

2）法国法。法国法也有上述类似的规定。《法国民法典》第 1149 条规定："对债权人的损害赔偿，一般应包括债权人所受现实的损害和所失可获得的利益。"换言之，损害赔偿的范围应包括现实损害和所失利益两个方面的损失。

3）英美法。英美法认为，计算损害的基本原则是使因债务人违约而蒙受损害的一方，在经济上能处于该合同得到履行时的同等地位。英国 1893 年《货物买卖法》基本上采纳上述原则，该法第 50 条、第 51 条规定，计算损害赔偿的范围，应按违约的一般过程，直接的而自然的发生的损失。如果货物有行市时，计算损害赔偿的范围，应当推定为合同价格与交货物之日或应接受货物之日的市场价格之间的差价。

《美国统一商法典》对买方或卖方发生违约时如何计算损害赔偿做了具体规定。按照《美国统一商法典》的规定，在损害赔偿中还包括附带的损失和间接的损失。此外，按照英美法的要求，当一方违约时，受损害的一方有义务采取一切合理的措施以减轻由于违约所造成的损失。如果由于受损害的一方的疏忽，没能采取合理的措施去减轻损失，则受损害的一方对于违约发生之后，本来可以避免的损失，不能要求给予赔偿。

3．解除合同

解除合同（Resolution）作为一种救济方法，是指一方当事人违反合同时，另一方当事人依照法律规定的条件和程序行使解除权，解除合同权利义务关系，提前终止合同的效力。合同有效成立后，当事人应当按合同规定履行合同义务，除非出现法定解除合同的条件或双方当事人约定解除合同，当事人不得解除合同，否则构成毁约。对于解除合同的条件，世界各国法律有不同的规定。

（1）大陆法。法国法认为，当双务合同的一方当事人不履行其债务时，对方有权解除合同（《法国民法典》第 1184 条）。按照法国法的解释，双务合同一方当事人的义务就是对方义务的约因，如果一方不履行其义务时，对方的义务就缺乏约因，因此，对方可以要求解除合同。德国法也认为，在债务人不履行合同时，债权人有权解除合同（《德国民法典》第 325 条、第 326 条）。

（2）英美法。英国法认为只有当一方违反条件时，对方才有权解除合同。美国法认为一方构成重大违约时，另一方才可以要求解除合同。此外，英美法还规定，一方当事人提前违约时，另一方可以在合同履行期限届满之前解除合同并要求赔偿损失。

（3）中国法。我国《合同法》把解除合同的条件统一做出了规定，包括因当事人违约、发生不可抗力事件、法定的其他情形等。

《合同法》第 94 条规定，有下列情形之一的，当事人可以解除合同。

1）因不可抗力致使不能实现合同目的。

2）在履行期限届满之前，当事人一方明确表示或者以自己的行为表明不履行主要债务。这种情况属于预期违约，一方当事人在合同期限届满之前，即明确毁约，拒绝履行主要债务，使另一方当事人的主要合同权利得不到实现，因此另一方当事人可以解除合同。

3）当事人一方迟延履行主要债务，经催告后在合理期限内仍未履行。这种情况是指当事人在履行期限到来后不履行债务不构成根本违约或严重违约，则债权人应给予债务人一段合理的宽限期使其继续履行合同，如果在宽限期届满后，债务人仍不履行，则债权人有权解除合同。

4）当事人一方迟延履行债务或者有其他违约行为致使不能实现合同目的。这种情况是指一方当事人违约的后果很严重，致使合同目的不能实现，所以维持合同的效力已无意义，不仅影响订立合同时所期望的经济利益，而且维持合同将给另一方当事人继续造成重大的损害，所以另一方当事人有权解除合同。

5）法律规定的其他情形。

合同被当事人依法解除后，当事人的权利义务关系即归于终止，合同的效力归于消灭。这种效力是指向将来消灭，还是溯及既往的消灭，各国法律有两种观点：一是合同效力指向将来消灭，二是合同效力溯及既往的消灭。英国法采取第一种观点，认为由于违约造成的解除合同，并不使合同自始无效，而只是指向将来。解除合同后，尚未履行的债务不再履行，已经履行的债务原则上不产生返还的问题。但为了补偿非违约方因此所遭受的损失，非违约方可以提起“按所交价值偿还之诉”（Quantum Meruit），要求对方对违约造成的包括非违约方提供的财物或服务的代价在内的全部损失予以赔偿。而大陆法、美国法以及我国《合同法》采用第二种观点，认为合同解除使合同效力溯及既往的消灭。合同被解除后，尚未履行的义务不再履行，已经履行的义务应产生恢复原状的后果，双方从对方获得的财产应归还给对方，无法归还的，应折价赔偿。对此《德国民法典》第346条、《法国民法典》第1183条、我国《合同法》第97条均有类似的规定。

4．违约金

违约金是指以保证合同履行为目的，由双方当事人事先约定，当债务人违反合同时，应向债权人支付的金钱。

（1）大陆法国家的规定。

1）法国法。法国法认为，违约金的性质是属于预先约定的损害赔偿金额。《法国民法典》第1229条规定：“违约金是对债权人因主债务不履行所受损害的赔偿。”如果双方当事人预先将损害赔偿予以约定，作为违约时应支付的违约金，则只要发生违约的事实，债权人就可以请求约定的违约金。由于法国法认为违约金具有预定损害赔偿金额的性质，所以，法国法原则上不允许债权人在请求违约金的同时，要求债务人履行主债务或另行提出不履行债务的损害赔偿。但也有一些例外情况，即如果违约金是纯粹为履行延迟而约定者，当债务人履行迟延时，债权人既可以要求债务人支付约定的违约金，并可要求继续履行合同，这种做法在对外贸易合同中是经常采用的。

2）德国法。德国法认为，违约金是对债务人不履行合同的一种制裁，具有惩罚性质。《德国民法典》第339条规定：“债务人对债权人约定在不履行债务或不以适当方法履行债务时，应支付一定金额作为违约金，于债务人延迟时，罚其支付违约金。”由于德国法认为违约金具有惩罚性质，因此，当债务人不履行债务时，债权人除了请求违约金以外，还可以请求由于违约所造成的损害赔偿。如《德国民法典》第340条规定：“债权人有基于不履行之损害赔偿请求权时，得请求以违约金作为损害赔偿的最低额，但不妨害其主张其他损害赔偿。”

（2）英美法国家的规定。英美法认为，对于违约只能要求赔偿，而不能予以惩罚。因此，英美两国的法院对于双方当事人在合同中约定，当一方违约时应向对方支付一定金额的条款予以区别对待：如果法院认为双方当事人约定支付的违约金金额过高，大大超出违约所能引起的损失，或者带有威胁性质，目的在于对违约的一方施加惩罚，则法院将认为这是罚金，一律不予承认。当一方违约时，对方不能得到这笔金额，而只能索取他所遭受的实际损失的损害赔偿。如果法院认为这一约定的金额考虑到作为违约可能引起的损失，则认为这是真正预先约定的损害赔偿金额，当一方违约时，对方即有权取得这一约定的金额。

（3）《关于在不履行合同时支付约定金额的合同条款的统一规则》的规定。国际贸易合同往往订有损害赔偿条款或罚金条款，规定当一方当事人不履行合同时，应向另一方当事人支付一笔约定的金额，但各国法律对这种条款的态度和处理方式存在着很大的分歧，使这种条款的作用和有效性往往处于不确定状态，这成为国际贸易交往的一种障碍。为了解决这个问题，联合国国际贸易法委员会制定了一些适用于这种条款的法律原则，名为《关于在不履行合同时支付约定金额的合同条款的统一规则》（以下简称《统一规则》），联合国大会于 1983 年通过决议，建议各国郑重考虑，可采用样板法的方式或订立国际条约的方式，将这些规则付诸实施。现将这项规则的适用范围及主要内容简介如下。

1）《统一规则》的适用范围。《统一规则》适用于当事人约定在一方不履行合同时，另一方有权取得约定的金额的国际合同，不论此项约定的金额是作为罚金还是作为赔偿金。所谓国际合同是指营业地处于不同国家的当事人之间所签订的合同，至于当事人的国籍，以及合同的性质是属于民事合同还是商事合同均不予考虑。

2）《统一规则》的实体规定。实体规定有以下五项：① 如果债务人对不履行合同没有责任，债权人无权取得约定的金额。② 如果合同规定，一旦延迟履行，债权人有权取得约定的金额，则债权人在有权取得约定的金额的同时，还有权要求履行合同义务。③ 如果合同规定，当出现延迟履行以外的不履约情况时，则债权人有权要求履行合同，或者要求支付约定的金额。但是，如果约定的金额不能合理补偿不履约所造成的损失，则债权人有权在要求履行合同的同时，要求支付约定的金额。④ 如果债权人有权取得约定的金额，则在该项约定金额所能抵偿的范围内的损失，债权人不得请求损害赔偿。但是，如果损失大大超过约定的金额，则对于约定金额所不能抵偿的部分，债权人仍可请求损害赔偿。⑤ 除非约定的金额与债权人所遭受的损失很不相称，法院或仲裁法庭均不得减小或增加合同约定的金额。

5. 禁令

禁令（Injunction）是英美法采取的一种特殊的救济方法。它是指由法院做出禁令，强制执行合同所规定的某项消极的义务，即由法院判令被告不允许做某种行为。禁令是衡平法上的一种救济方法，英美法院仅在下述情况下才会给予这种救济。

（1）采取一般损害的救济方法不足以补偿债权人所受的损失。

（2）禁令必须符合公平合理的原则。

在涉及提供个人劳务的案件中，当债务人违反合同时，英美法院在某些情况下，可以用禁令的方式来补偿债权人所蒙受的损失。

3.6.4 违约责任的免除

在订立合同之后，如果一方当事人不履行合同或者不适当地履行合同，都要负违约责任。但是，如果在合同成立之后，发生了一些非当事人所能预见或抗拒的客观情况，阻碍了当事人一方履行合同义务，或使合同的履行变得困难或花费不合理的巨额费用，在这种情况下，要求当事人继续履行合同或承担违约责任将有悖于公平、公正原则，世界各国法律规定在这种情况下应当免除当事人的合同责任。

1. 情势变迁

所谓情势变迁原则，是指在法律关系成立之后，作为该项法律关系的基础的环境条件，由于不可归责于当事人的原因，发生了非当初所能预料到的变化。如果仍然坚持原来合同的法律效力，将会产生显失公平的结果，有悖于诚实信用的原则，因此，应当对原来的法律效力作相应的变更的一项法律原则。情势变迁原则的理论依据是“合同基础论”，即认为合同的有效性应以合同成立时所处的环境继续存在为条件，如果订约时所依据的环境条件已发生重大变化或已不复存在，则合同的效力亦应随之变更。

大陆法虽然承认情势变迁原则，但在民法中对于情势变迁的效力并没有做出明确的规定。德国法院的处理办法是：把所谓“经济上不可能履行”解释为《德国民法典》第 275 条所指的履行不可能。根据该条的规定：“在债务关系发生后，非因债务人的过失致使履行不可能者，债务人免除履行的义务。”法国法院对以情势变迁为理由，要求免除履行的抗辩，要求很严格，一般不容易予以接受。法国法院认为，只有发生不可归责于债务人的、不可预料的、使债务人在相当期间内不可能履行合同的障碍，才能解除债务人的履约义务。

2. 合同落空

合同落空是英美法的术语，它与大陆法上的情势变迁原则相类似。合同落空是指在合同成立之后，非由于当事人自身的过失，而是由于事后发生的意外情况而使当事人在订约时所谋求的商业目标受到挫折。在这种情况下，对于未履行的合同义务，当事人得予免除责任。按照英国法，并不是在订立合同之后发生任何的意外事件都能符合合同落空的标准，而必须是情况已经完全改变，以致在一个通情达理的人看来，合同的当事人倘若事先知道会发生这种变化的话，他们就不会签订合同，或者会把合同订得不一样，只有达到这种程度，才能按合同落空处理。凡属由于一方当事人的过失而造成履约不可能者，均不得作为合同落空处理。下列情况可以按合同落空处理。

（1）标的物的灭失。如果合同的履行取决于某一特定的人或物的继续存在，但在订立合同之后，该特定的人或物已经灭失，在这种情况下，履行合同已属不可能，当事人可以免除履约义务。

（2）违法。违法有各种不同的情况，例如，在国际贸易中，不同国家的当事人订立合同后两国发生战争，如继续履约将构成同敌人贸易，这时合同可作为落空处理。

（3）情况发生根本性的变化。如果在订立合同之后，情况发生了根本性的变化，致使合同失去了基础，则该合同可作为落空论处。但是，要确定情况发生、变化到何种程度才能构成合同落空，往往要比确定标的物灭失或违法行为困难得多。

（4）政府实行封锁禁运和进出口许可证制度。这也可能会引起合同落空，但并不是一出现这类情况就能构成合同落空，而必须根据具体案件做出具体分析。美国《合同法重述》第 288 条对“合同落空”做了如下定义：“凡以任何一方应取得某种预定的目标或效力的假设的可能性作为双方订立合同的基础时，如这种目标或效力已经落空或肯定会落空，则对于这种落空没有过失或受落空的损害的一方，得解除其履行合同的责任。除非发现当事人另有相反的意思。”此外，根据《合同法重述》第 454 条，履行不可能不仅指严格意义上的不可能，也包括由于发生各种意外事件，使合同实在难以履行的情况。

3．不可抗力

综上所述，我们可以看出，在一个具体的案件中，要判断合同是否已经落空，或者是否能适用情势变迁原则，往往是十分困难的。因此，为了避免不测的风险，合同的当事人最好是在合同中订上一项条款，事先规定订约双方在发生他们所不能控制的某些意外事故时，不论这种意外事故从法律角度看是否能构成合同落空或情势变迁，他们都可以延迟履行合同或解除履行义务，任何一方对此都不能请求损害赔偿，这种条款叫做不可抗力条款。

不可抗力是指这样一些意外事故：

（1）它是在签订合同以后发生的；

（2）它不是由于任何一方当事人的过错所造成的；

（3）它是双方当事人所不能控制的，即这种事故的发生是不能预见、无法避免、无法预防的。

我国《合同法》对不可抗力下的定义是不能预见、不能避免并不能克服的客观情况。并规定因不可抗力不能实现合同目的的，当事人可以解除合同；因不可抗力不能履行合同的，根据不可抗力的影响，部分或者全部免除责任；当事人一方因不可抗力不能履行合同的，应当及时通知对方，以减轻可能给对方造成的损失，并应当在合理期限内提供证明。

3.6.5 诉讼时效

1．时效的含义

时效是指依照法律的规定，在一定期间内，由于一定事实状态继续存在，而引起民事法律关系的消灭或发生的一种法律制度。

时效制度主要有以下两个方面的作用。

（1）保持社会关系的稳定。

（2）避免在举证上发生困难。因为年代越久远，证据越容易湮没，一旦诉讼，搜集证据和提供证据都会有很大困难。

大陆法系各国把时效分为取得时效和消灭时效两种。取得时效是关于取得物的所有权的制度，即占有人在取得时效期满后即可取得该物的所有权。消灭时效是关于诉权的制度，即债权人在诉讼时效期间内不行使权利，其诉权即归于消灭。英美法则没有这种区分，在英美法上只有一种时效，就是诉讼时效。

关于消灭时效的效力，各国法律的解释略有不同。有的国家认为，消灭时效完成后，权利本身即归于消灭；有的国家则认为，消灭时效完成后，只是使请求权（即诉权）归于消灭，但权利本身依然存在。这种权利是没有诉权的权利，即所谓自然之债。对于自然之债，债权人不能向法院要求救济，但仍可向债务人请求履行。债务人可以照常履行，也可以时效完成为理由而拒绝给付。此外，有的国家法律还规定，审判员不得自动援用时效的方法，也就是说，当债权人在时效完成后向法院起诉时，法官不得主动提出以时效已完成为理由拒绝予以受理，而只能由被告提出以时效完成作为抗辩理由，要求法院驳回原告的请求，判决原告败诉。

2．时效期间

（1）大陆法。大陆法各国把消灭时效期间分为普通期间与特别期间两种，前者较长，后者较短。如《德国民法典》、《法国民法典》规定，普通消灭时效期间为 30 年；《日本民法典》规定为 20 年；《瑞士债务法典》规定为 10 年。除普通时效期间以外，对于某些权利由于其性质和特点必须在短期内行使的，各国法律还专就这些权利规定了特别时效期间，如《法国民法典》规定，教师的讲课报酬请求权、旅店及饭店对住宿费及饮食费的请求权、工人对工资的请求权，经过 6 个月不行使即告消灭。其他国家也有类似规定。

（2）英美法。英美法国家则有不同的区分方法，根据英国 1939 年《时效法》第 2 条规定，简式合同的时效期间为 6 年，签字蜡封式合同的时效期间为 12 年，如请求权中包括有人身伤害的请求的，其时效期间为 3 年。美国没有全国统一的时效法律，有关诉讼时效问题，由各州以成文法予以规定。各州对由于违反合同而引起的诉讼的时效期间，各有不同的规定。各州大都区别口头合同和书面合同，分别规定不同的时效期间，口头合同的诉讼时效期间多数州规定为 5 年或 6 年，书面合同的时效期间多数州规定为 10 年。此外，《美国统一商法典》对货物买卖合同的时效期间规定为 4 年。

（3）中国法。我国《民法通则》中对诉讼时效期间统一做出规定：一般诉讼时效为 2 年，因人身伤害、出售质量不合格的商品未声明、延付或者拒付租金、寄存财物被丢失或损毁而产生的请求权诉讼时效为 1 年。《合同法》规定国际货物买卖合同、技术进出口合同诉讼时效为 4 年。

3．诉讼时效的起算、中止、中断及延长或缩短

（1）诉讼时效的起算。诉讼时效都有一定的期间，这个期间从什么时候开始计算，对权利人关系甚大。一般来说，诉讼时效应当从请求权发生时开始计算。具体地说，有以下三种情况，

1）如合同订有履行期，则自履行期到期，债务人不履行义务时开始计算。

2）如合同未规定履行的期限，则从合同成立之日开始计算。

3）由于侵权行为引起的损害赔偿请求权，从侵权行为发生时开始计算。

我国《民法通则》第 137 条规定，诉讼时效期间从知道或者应当知道权利被侵害时起计算。

（2）诉讼时效的中止。如果权利人在诉讼时效期间内，由于发生不以自己的意志为转移的事故，阻碍了他向法院起诉，在这种情况下，为了保护权利人的利益，法院允许中止诉讼时效的进行，即阻碍权利人不能行使诉讼权的这段时间，不计入时效期间之内。等该事故消灭以后，时效期间再继续进行，这就叫做诉讼时效的中止。

但是，这并不是说在时效期间届满前任何时候发生意外事故都可以中止时效，而是根据法律的规定在时效期间进行的最后几个月内发生意外事故才能中止时效的进行。例如，《德国民法典》第 203 条规定，权利人在时效期间最后 6 个月内，因裁判休止而妨碍法律上的追诉时，也停止时效的进行。

（3）诉讼时效的中断。在诉讼时效进行中，如果发生了法律规定的事由，以前经过的时效期间不再计算，等法定中断的事由终结之后，诉讼时效重新开始计算，这就叫做诉讼时效的中断。

诉讼时效中断主要有以下三种情况。

1）起诉。如权利人向法院提起诉讼，要求法院保护其权利，则时效从起诉时中断。《德国民法典》第 209 条规定："权利人提起履行或确认请求权之诉时，时效中断。"在这种情况下，诉讼时效一般应从法院判决生效时起，重新开始计算，起诉前已经过去的期间不再予以考虑。

2）承认。承认是指债务人向债权人承认其债务。各国法律都认为，承认可以产生时效中断的效力。

3）部分履行。如债务人部分履行其债务，时效亦告中断，债务人支付利息也产生同样的法律效果。在这种情况下，诉讼时效应从债务人最后付款之日起重新开始计算。

（4）诉讼时效的延长或缩短。诉讼时效是否可以由双方当事人约定予以延长或缩短，各国法律有不同的规定。有些国家认为，诉讼时效是强制性的规定，不允许当事人予以延长或缩短，《瑞士债务法典》第129条就做了这样的规定。但有些国家的法律则认为，时效期间虽然不能延长，但可以缩短，其理由是延长时效时间是与时效制度的目的背道而驰的。《美国统一商法典》第2-725条规定："买卖合同的诉讼时效为4年，从诉讼原因发生时开始计算。双方当事人可以在合同中把这一期限缩短至一年，但不得予以延长。"

本章小结

世界各国对合同所下的定义并不完全相同，英美法系与大陆法系对合同一直存在着不同理解。英美法认为合同是法律为之提供救济的诺言，大陆法则认为合同的本质是"合意"，或称协议，即合同各方的意思的一致。各国合同法均规定了契约自由、诚实信用、公平、合法等基本原则。

合同的订立采取要约、承诺形式，要约既可以撤回也可以撤销，承诺只可撤回不能撤销。承诺生效时合同成立。合同条款主要包括效力部分、权利与义务部分、争议的解决部分。

合同当事人双方在缔约时，应尽可能将权利、义务规定得具体、明确，为正确履行提供充分的依据。在合同的形式上，大陆法系与英美法系规定不完全一样，但都以不要式合同为原则，要式合同仅属例外。

对于合同的效力，各国在生效、无效、可撤销、效力待定方面均有明确规定，但在细节方面又有所不同。各国法律都认为，合同当事人在订立合同之后，都有履行合同的义务，如果违反应履行的合同义务，就要根据不同的情况，承担相应的法律责任。

各国基本上都允许当事人通过协议或在出现法定事由时来变更合同，法律规定的允许一方当事人变更合同的事由主要包括不可抗力、另一方违约、情势变迁等，合同的变更一般不溯及既往，对已履行的合同部分不产生效力。合同当事人一方可将其合同权利和义务全部或部分转让给第三人。但对权利转让和义务转让有着不同的要求，对义务的转让要求更高。

合同一方当事人，由于某种原因，完全没有履行其合同义务，或没有全部履行其合同义务的行为，除某些例外情况可以不负责任以外，都属于违约行为，违约的一方应负违约责任，在承担违约责任的原则方面，大陆法系与英美法系有着不同的规定。

复习思考题

1．填空题

（1）英美法把欺诈称为（　　）。

（2）在英美法国家中，关于合同的法律原则主要包含在（　　）中。

（3）法国法院根据事实情况推定承诺于（　　）时生效。

（4）按照中国《民法通则》规定，向人民法院请求保护民事权利的诉讼时效期间为（　　）。

（5）德国法认为，损害赔偿的范围应包括违约所造成的实际损失和（　　）两个方面。

（6）德国把未满（　　）岁的儿童视为无行为能力人。

（7）损害赔偿的方法有（　　）和金钱赔偿两种。

2．单项选择题

（1）下列哪个国家认为要约对要约人原则上无拘束力（　　）。

A．法国　　B．德国　　C．日本　　D．英美

（2）大陆法中，民事责任的一项基本原则是（　　）。

A．催告　　B．故意　　C．过失责任　　D．重大过失

（3）以约因作为合同成立的必要条件的国家是（　　）。

A．德国　　B．法国　　C．美国　　D．日本

（4）《美国统一商法典》将货物买卖合同的时效期间规定为（　　）。

A．2年　　B．4年　　C．1年　　D．3年

（5）规定违约金是预定损害赔偿金额的国家是（　　）。

A．法国　　B．英国　　C．美国　　D．德国

（6）下列属于要约的是（　　）。

A．某公司收到的商品目录　　B．某公司向交易对方寄送的报价单

C．普通广告　　D．悬赏广告

3．判断题

（1）已履行的对价和过去的对价都是对价。（　　）

（2）德国法认为，在以书信、电报做出承诺时，承诺一经投邮，立即生效，合同即告

成立。(　　)

（3）《法国民法典》规定，凡要约人在要约中规定有承诺期限者，在该期限届满之前，不得撤销要约。(　　)

（4）当一方违反合同时，受损害一方有权要求损害赔偿，即使受损害一方采取了其他的救济办法。(　　)

（5）英美法认为，凡属由于一方当事人的过失而造成履约不可能者，均可作为合同落空处理。(　　)

（6）英美法认为，计算损害赔偿的基本原则，是使由于债务人违约而蒙受损害的一方，在经济上能处于该合同得到履行时相等的地位。(　　)

4. 简答题

（1）一项有效的要约应具备哪些条件？

（2）如何正确使用不安抗辩权？

（3）违反合同的法律后果和救济方法是什么？

（4）合同消灭的方法有哪些？

实 训 题

2009年1月，中国A公司与日本B公司先后签订合同，由B公司按CIF交货条件将合同项下的8万只用于显像管生产的电子枪按时交予中国A公司。货到后，A公司在实验性使用中发现，电子枪存在质量问题。后经双方协商，同意由中国商检机构进行品质检验。经检验证明，电子枪的质量确实存在较大质量缺陷。A公司随即与B公司交涉并达成索赔协议。协议规定：（1）A公司对已收货物中已使用的部分电子枪暂不退还B公司；（2）B公司应该在三个月内将符合质量要求的7.5万只电子枪发运到A公司；（3）更换的货物运到后，买方将抽样检测，不合格率大于20%，则整批退货。结果，B公司交来的货物仍然不符合质量要求。双方再次协商，A公司提出，B公司可将应该提供的电子枪品牌更换为“日天”或“星星”牌。B公司表示同意按照A公司的要求提供货物，并将此作为索赔协议的一部分。后由于新供货方的原因，B公司仍然未能履行义务。2010年5月，A公司向仲裁委员会提出仲裁，请求：（1）B公司退还7.5万只电子枪的价款及利息；（2）已经使用的5 000只电子枪造成的经济损失由B公司承担；（3）有关检验的相关费用由B公司承担；（4）保管费、货物差价等经济损失由B公司承担。

问题

B公司是否构成根本违反合同？A公司有何种权利？本案应如何处理？

第4章

国际货物买卖法

本章学习目标

1. 掌握国际货物买卖法的渊源、主要的国际贸易术语和国际货物合同成立的基本知识；
2. 了解买方和卖方的义务及违约的救济方法、《联合国国际货物销售合同公约》（以下简称《公约》）关于货物所有权和风险转移的规定、国际电子商务合同的相关知识。

引导案例

阿拉伯联合酋长国迪拜阿里山的海湾资源有限公司（简称海湾公司）与杭州杭钢对外经济有限公司（简称杭钢公司）就买卖塑料原料 PVCS6558 事宜进行过电话磋商。2010年6月7日，海湾公司上海代表处向杭钢公司发送传真件，告知这批塑料货物的品名、价格、数量及包装、交货、付款方式等，同时载明“请贵公司书面确认，书面合同后补”的字样。杭钢公司收到该传真件后，在其上注明“以上条款我公司已确认，具体事宜到6月11日协商待定”，并于当日又将此传真件传回海湾公司上海代表处。同月13日，海湾公司上海代表处再次向杭钢公司发送传真件，要求杭钢公司最迟在6月14日中午确认是否要该批货物。后杭钢公司回复无法要这批货物。为此海湾公司诉诸法院，要求确认其与杭钢公司的货物买卖合同成立，判令杭钢公司承担因毁约造成的各种损失共计人民币近94万元。

在诉讼中，海湾公司与杭钢公司对案件争议一致选择适用《公约》。法院认为：我国民法通则规定“涉外合同的当事人可以选择处理合同争议所适用的法律”，所以法院将海湾公司与杭钢公司协议选择适用《公约》作为处理本案争议的准据法。依据《公约》有关规定“对发价表示接受但载有添加、限制或其他更改的答复，即为拒绝该项发价，并构成还价”，而杭钢公司对发价的回复表明其对发价并未无条件接受，而是做出了继续磋商的意思表示，属限制性的答复，应视为拒绝该项发价，并构成还价。所以海湾公司认为合同成立是不符合《公约》规定的，法院遂做出如下判决：杭州市中级法院依据当事人意思自治原则，适用《公约》，驳回了原告海湾资源有限公司的诉讼请求。

4.1 国际货物买卖法概述

4.1.1 调整国际货物买卖的相关国际公约

1. 关于国际货物买卖的公约

国际上关于国际货物买卖的公约有3个：1964年通过的《国际货物买卖统一法公约》和《国际货物买卖合同成立统一法公约》；1980年联合国维也纳外交会议上正式通过，1988年正式生效的《联合国国际货物销售合同公约》（以下简称《公约》）。

（1）《国际货物买卖统一法公约》和《国际货物买卖合同成立统一法公约》。1930年，为了促进国际货物买卖法的统一，罗马统一国际私法协会计划制定一项关于国际货物买卖的统一法律。由于第二次世界大战爆发，一度中断这个工作。战后，继续两个国际货物买卖统一法公约草案起草工作，就是《国际货物买卖统一法公约》和《国际货物买卖合同成立统一法公约》。1964年，这两个公约于海牙外交会议上通过。1972年8月18日，《国际货物买卖统一法公约》生效。批准和参加的有比利时、冈比亚、联邦德国、以色列、意大利、荷兰、圣马力诺、英国。1972年8月23日，《国际货物买卖合同成立统一法公约》生效。上述国家中，除以色列以外，都批准参加了这个公约。这两个公约又称两个海牙公约，但却没有得到广泛的运用，几十年来，参加的国家寥寥无几。原因是许多国家认为它们受大陆法传统影响较多，有的概念晦涩难懂。

（2）《公约》。

1）订立过程。《公约》是迄今为止有关国际货物买卖合同的一项最为重要的国际条约。1966年，联合国国际贸易法委员会成立后，于1969年成立一个专门工作小组，把海牙公约合并，并且重新修订。1977年形成《公约》草案，在1980年维也纳外交会议上正式通过，达到法定批准国家数量后，于1988年1月1日正式生效。目前，有56个国家参加了《公约》，其中包括除了英国和日本以外的贸易大国。它是目前调整国际货物买卖的最重要的国际统一实体法。1986年我国加入该《公约》。

2）《公约》的主要内容。该《公约》分为4个部分：《公约》适用范围；合同成立；货物买卖；最后条款。

3）《公约》的适用范围。该《公约》的适用范围被确定为：① 《公约》适用于营业地处于不同国家的当事人之间订立的销售合同。营业地是指永久性营业地。如果当事人有数个营业地，与合同及合同履行联系最密切的营业地为营业地。《公约》采用营业地作为标准衡量买卖合同是否具有国际性，营业地处于不同国家的当事人之间订立了销售合同，适用该《公约》。不考虑国籍因素，也不考虑货物是否发生了跨国运输，也不考虑合同的当事人发生的邀约和承诺是否在不同的国家。② 《公约》适用于当事人的所在国都是《公约》的缔约国的国际货物销售合同。如果当事人的所在国都是《公约》的缔约国，当然可以在销售合同中明确规定适用该《公约》解决争议，即使双方没有按照意思自治原则，在销售合同中就法律适用做出规定，将自动适用《公约》。在当事人一方或双方都不是关于缔约国的情况下，根据《公约》第 1 条第 1 款第 6 项，也可以因为国际私法规则，导致适用某一公约缔约国的法律，而使当事人之间的销售合同适用《公约》。③ 非强制性与《公约》的适用。《公约》是非强制性的规范。根据意思自治原则，即使当事人双方所在国都是缔约国，也可以在合同中明示或默示，排除适用《公约》，选择其他法律作为准据法。当事人也可以通过合同规定改变《公约》效力。④ 《公约》不适用的法律问题。该《公约》第 4 条规定，它适用于销售合同的订立及当事人因此种合同产生的权利和义务，有些法律问题是不适用的。如合同及其任何条款的效力或任何惯例的效力；合同对所受货物的所有权可能产生的影响；所受货物对任何人造成伤害或死亡的产品责任等。⑤ 《公约》不适用的交易及货物销售。《公约》不适用于由买方提供大部分原材料制作和销售的货物，这属于来料加工；不适用于供货方的大部分义务在于提供劳务和服务的合同；不适用于以下几种货物销售：供私人或家庭用而购买的货物、经由拍卖销售的货物、根据法律执行令状或其他令状销售货物、货币、债券销售、船舶、飞机与气垫船销售、电力销售、卖方的主要义务在于提供劳务或其他服务的买卖。

2．我国参加《公约》的情况

（1）我国参加《公约》时所做出的保留。我国对该《公约》的态度是：基本上赞同《公约》的内容，但在《公约》允许的范围内，根据我国的具体情况，提出了以下两项保留：

1）关于国际货物销售合同必须采用书面形式的保留（合同形式保留）。按照《公约》的规定，国际货物买卖合同不一定要以书面方式订立或以书面来证明，在形式方面不受限制。这就是说，无论采用书面形式、口头形式或其他形式都被认为是有效的。我国在批准该《公约》时对此提出了保留。我国坚持认为，国际货物买卖合同必须采用书面形式，不采用书面形式的国际货物买卖合同是无效的。

2）关于《公约》使用范围的保留（埋论界习惯上称　“国际私法规则保留”）。《公约》在确定其使用范围时，是以当事人的营业地所处于不同国家为标准的，对当事人的国籍不予考虑。按照《公约》的规定，如果合同双方当事人的营业地是处于不同的国家，而且这些国家又都是该《公约》的缔约国，该《公约》就适用于这些当事人间订立的货物买卖合同。即《公约》适用于营业地处于不同的缔约国家的当事人之间订立的买卖合同。对于这一点，我国是同意的。但是，该《公约》又规定，只要当事人的营业地是分处于不同的国家，即使他们的营业地的所属国家不是《公约》的缔约国，但如果按照国际私法的规则指向适用某个缔约国的法律，则该《公约》也将适用于这些当事人之间订立的买卖合同。这一规定的目的是要扩大《公约》的适用范围，使它在某些情况下也可适用于营业地处于非缔约国的当事人之间订立的买卖合同。对于这一点，我国在核准该《公约》时也提出了保留。根据这项保留，在我国，该《公约》的适用范围仅限于营业地点分处于不同的缔约国的当事人之间订立的货物买卖合同。

（2）我国关于《公约》的相关实践。为了执行《公约》，我国前对外经济贸易部在1987年12月4日发布了《关于执行联合国国际货物销售合同公约应注意的几个问题》（以下简称《几个问题》）。依据《公约》的内容和特点及我国所做的保留，对外经济贸易部发布的《几个问题》指出，自1988年1月1日起，我国的公司与该《公约》缔约国（除匈牙利外）的公司签订的合同如不另行做出法律选择，则合同规定的事项自动适用《公约》的有关规定（直接适用），发生纠纷和诉讼也得依《公约》处理。

我国在制定《合同法》时，吸收和借鉴了《公约》中规定的先进制度，这些具体制度概括起来可以分为合同形式、合同成立、合同履行、风险转移、归责原则及违约救济等几大方面，在这些方面，《合同法》均采取了与《公约》相类似的规则。另一方面，我国本身就是《公约》的缔约国，有义务对《公约》予以实施，这也为《合同法》吸收其中的规则提供了方便。

4.1.2 调整国际货物买卖的国际惯例

调整国际货物买卖的国际惯例主要有3个。

1. 华沙—牛津规则

《华沙—牛津规则》（Warsaw-Oxford Rules 1932）是国际法协会专门为解释CIF合同而制定的。这一规则对于CIF的性质、买卖双方所承担的风险、责任和费用的划分及所有权转移的方式等问题都做了比较详细的解释。《华沙—牛津规则》在总则中说明，这一规则供交易双方自愿采用，凡明示采用《华沙—牛津规则》者，合同当事人的权利和义务均应援引本规则的规定办理。经双方当事人明示协议，可以对本规则的任何一条进行变更修改或增添。如本规则与合同发生矛盾，应以合同为准。凡合同中没有规定的事项，应按本规则的规定办理。

2.《1941年美国对外贸易定义修订本》

《美国对外贸易定义》(Revised American Foreign Trade Definitions)是由美国几个商业团体制定的。它最早于1919年在纽约制定，原称《美国出口报价及其缩写条例》，后来于1941年在美国第27届全国对外贸易会议上对该条例做了修订，命名为《1941年美国对外贸易定义修订本》。

《美国对外贸易定义》中所解释的贸易术语共有六种，分别为：

(1)Ex(Point of Origin，产地交货)；

(2)FOB(Free on Board，在运输工具上交货)；

(3)FAS(Free Along Side，在运输工具旁边交货)；

(4)C&F(Cost and Freight，成本加运费)；

(5)CIF(Cost，Insurance and Freight，成本、保险费加运费)；

(6)ExDock(Named Port of Importation，目的港码头交货)。

《美国对外贸易定义》主要在北美国家采用。由于它对贸易术语的解释与《通则》有明显的差异，所以，在同北美国家进行交易时应加以注意。

3.《国际贸易术语解释通则》

《国际贸易术语解释通则》(International Rules for the Interpretation of Trade Terms，INCOTERMS)是国际商会为统一各种贸易术语的不同解释于1936年制定的。随后，为适应国际贸易实践发展的需要，国际商会先后于1953年、1967年、1976年、1980年、1990年、1999年和2010年分别进行修订和补充。《2010年国际贸易术语解释通则》(简称《INCOTERMS 2010》或《2010年通则》)，于2011年1月1日起生效。但是《2010年通则》实施之后并非《2000年通则》就自动作废，当事人在订立贸易合同时仍然可以选择适用《2010通则》或《2000年通则》，甚至《1990年通则》。

(1)《2000年通则》的主要内容。《INCOTERMS 2000》包括4组13个贸易术语。

1)E组(Group E)。为起运(Departure)，其中有：EXW(Ex Works)工厂交货。

2)F组(Group F)。包括主要运费未付(Main Carriage Unpaid)，其中有：① FCA(Free Carrier)货交承运人；② FAS(Free Along Side Ship)装运港船边交货；③ FOB(Free on Board)装运港船上交货。

3)C组(Group C)。包括主要运费已付(Main Carriage Paid)，其中有：① CFR(Cost and Freight)成本加运费；② CIF(Cost，Insurance and Freight)成本、保险费加运费；③ CPT(Carriage Paid To)运费付至目的地；④ CIP(Carriage and Insurance Paid To)运费/保险费付至目的地。

4)D组(Group D)。包括到达(Arrival)，其中有：① DAF(Delivered at Frontier)

边境交货；② DES（Delivered Ex Ship）目的港船上交货；③ DEQ（Delivered Ex Quay）目的港码头交货；④ DDU（Delivered Duty Unpaid）未完税交货；⑤ DDP（Delivered Duty Paid）完税后交货。

以上四组国际贸易术语，将在下一节内容中作详细的阐述。

（2）买卖双方义务的划分。《2000 年通则》在每种术语的解释上，对买卖双方各列出10 项义务，将卖方义务和买方义务逐项间隔排列，上下对照。

A 卖方义务	B 买方义务
A1 提供符合合同的货物	B1 支付货款
A2 许可证、批准文件及海关手续	B2 许可证、批准文件及海关手续
A3 运输合同与保险合同	B3 运输合同与保险合同
A4 交货	B4 受领货物
A5 风险转移	B5 风险转移
A6 费用划分	B6 费用划分
A7 通知买方	B7 通知卖方
A8 交货凭证、运输单证或有同等效力的电子单证的电子信息	B8 交货凭证、运输单证或有同等效力的电子单证的电子信息
A9 核查包装及标记	B9 货物检验
A10 其他义务	B10 其他义务

（3）《国际贸易术语解释通则》的适用范围。《2000 年通则》规定，该通则只限于销售合同当事人的权利、义务中与交货有关的事项。其货物是指“有形的”货物，不包括“无形的”货物，如计算机软件等。通则只涉及与交货有关的事项，如货物的进口和出口清关、货物的包装、买方受领货物的义务，以及提供履行各项义务的凭证等，不涉及货物所有权和其他产权的转移、违约、违约行为的后果以及某些情况的免责等。有关违约的后果或负责事项，可通过销售合同中其他条款和适用的法律来解决。

《2000年通则》指出，该通则是一套国际商业术语，适用跨国境的货物销售，也可用于国内市场的货物销售合同。在此情况下，通则中有关术语的 A2、B2 条款及任何与进出口有关条款的规定则无作用。该通则还明确，如合同的当事人在签订销售合同时，表示按通则规定办理，为避免引起不必要的纠纷，应在合同中明确使用的版本，即应在合同中规定按《2000 年通则》的规定办理。

（4）《2010 年通则》相对于《2000 年通则》主要有以下变化。

1）术语分类由原来的 EFCD 四组分为适用于两类：适用于各种运输方式和水运。

2）贸易术语的数量由原来的 13 种变为 11 种：①删除《2000 年通则》中四个 D 组贸易术语，即 DDU（Delivered Duty Unpaid）、DAF（Delivered At Frontier）、DES（Delivered

Ex Ship）、DEQ（Delivered Ex Quay），只保留了《2000 年通则》D 组中的 DDP（ Delivered Duty Paid）；②新增加两种 D 组贸易术语，即 DAT 与 DAP。加入了术语的使用范围，强调也适用于国内贸易。

3）加入电子交易的内容。

4）保险的险别引入了 ICC2009 版本。

5）加入与反恐有关系的内容。

6）加入终端处理费用的归属，以保证不出现真空。

7）加入连环贸易（或称销售）条款，对《2000 年通则》的不足之处进行补充。

4.2 国际贸易术语

4.2.1 E 组术语

1. E 组术语的含义

E 组为起运术语，只有 EXW 一个术语，EXW 即为工厂交货（……指定地点）。

（1）E 组术语的定义。EXW 是指当卖方在其所在地或其他指定的地点（如工场、工厂或仓库）将货物交给买方处置时，即完成交货，卖方不办理出口清关手续或将货物装上任何运输工具。该术语是卖方承担责任最小的术语。

（2）理解 E 组术语的注意事项。

1）按照 EXW 这个术语，卖方承担义务最小，买方承担义务最大。卖方只要在其所在地备妥货物，并将货物置于买方处置之下即完成交货。而买方要承担包括出口国的出口清关手续在内的全部费用和风险，该组术语也是唯一一个出口国的手续需由买方来办理的术语。

2）若双方希望在起运时卖方负责装载货物并承担装载货物的全部费用和风险时，则须在销售合同中明确写明。在买方不能直接或间接的办理出口手续时，不应使用该术语。如果卖方同意装载货物并承担费用和风险的话，应使用 FCA。

3）在目前我国的对外贸易业务中，无论是进口或出口，尤其是出口，几乎不使用这一术语。

2. E 组术语的主要内容

（1）卖方的基本义务。

1）卖方要向买方提供符合合同规定的货物。

2）必须给予买方一切协助，以帮助买方取得为货物出口所需的出口许可证或其他官方许可。

3）必须按照合同约定日期或期限，或如果未约定日期或期限，按照交付此类货物的惯常时间，在指定的地点将未置于任何运输车辆上的货物交给买方处置。

4）卖方必须承当货物灭失或损坏的一切风险，直至已经按照A4规定交货为止；必须负担与货物有关的一切费用，直到已经按照A4规定交货为止。

5）必须给予买方有关货物将于何时何地交给买方处置的充分通知。

6）必须支付为了将货物交给买方处置所需进行的查对费用（如查对货物品质、丈量、过磅、点数的费用）。卖方必须自付费用提供按照卖方在订立合同前已知的有关该货物运输（如运输方式、目的地）所要求的包装（除非按照相关行业惯例，合同所指货物通常无须包装）。包装应作适当标记。

7）应买方要求并由其承担风险和费用，卖方必须给予买方一切协助，以帮助其取得由交货地国和/或原产地国所签发或传送的为买方出口和/或进口货物可能要求的和必要时从他国过境所需要的任何单据或有同等作用的电子信息。应买方要求，卖方必须向买方提供投保所需的信息。

（2）买方的基本义务。

1）买方必须按照销售合同规定支付价款。

2）买方必须自担风险和费用，取得任何出口和进口许可证或其他官方许可。在需要办理海关手续时，办理货物出口的一切海关手续。

3）买方必须在卖方按照规定交货时受领货物。

4）买方必须按照规定承担货物灭失或损坏的一切风险。

5）买方必须支付自按照规定交货之时起与货物有关的一切费用；在货物交给买方处置而买方未受领货物或未按照规定给予卖方相应通知而发生的任何额外费用，但以该项货物已正式划归合同项下，即清楚地划出或以其他方式确定为合同项下之货物为限；在需要办理海关手续时，货物出口应交纳的一切关税、税款和其他费用，以及办理海关手续的费用。买方必须偿付卖方按照A2规定给予协助时所发生的一切费用。

6）一旦买方有权确定在约定的期限内受领货物的具体时间和/或地点时，买方必须就此给予卖方充分通知。

7）买方必须向卖方提供已受领货物的适当凭证。

8）买方必须支付任何装运前检验的费用，包括出口国有关当局强制进行的检验。

9）买方必须支付因取得相关单据或有同等作用的电子信息而发生的一切费用，并偿付卖方给予协助时所发生的费用。

4.2.2 F组术语

F组术语指的是主要运费未付（Main Carriage Unpaid），其中包括三个重要的术语，即

FOB、FAS 和 FCA，下面分别对这三种术语予以介绍。

1. FOB 船上交货（……指定装运港）

（1）FOB 的含义。FOB 是当货物在指定的装运港越过船舷，卖方即完成交货。这意味着买方必须从该点起承担货物灭失或损坏的一切风险。FOB 术语要求卖方办理货物出口清关手续。该术语仅适用于海运或内河运输。如当事各方无意越过船舷交货，则应使用 FCA 术语。

（2）FOB 的主要内容。

1）卖方的基本义务。卖方的基本义务是：① 提供符合合同规定的货物和单证或相等效力的电子单证；② 自负费用及风险办理出口许可证及其他货物出口手续，缴纳出口捐税和费用；③ 按照约定的时间、地点，依照港口惯例将货物装上买方指定的船舶并给买方充分的通知；④ 承担在装运港货物越过船舷以前的风险和费用。

2）买方的基本义务。买方的基本义务是：① 支付价款，收取货物并接受卖方提供的交货凭证或相等的电子单证；② 自负费用及风险取得进口许可证，办理进口手续，缴纳进口的各种捐税和费用；③ 自费租船并将船名、交货地点、时间给予卖方以充分的通知；④ 承担在装运港货物越过船舷后的风险和费用。

案例 4-1

我国某公司以 FOB 条件出口一批冻鸡，合同签订后接到买方来电，称租船较为困难，委托我方代为租船，有关费用由买方负担。为了方便合同履行，我方接受了对方的要求，但时间已到了装运期，我方在规定的装运港无法租到合适的船，且买方又不同意改变装运港，因此到装运期满时，货仍未装船。买方因销售即将结束，便来函以我方未按期租船履行交货义务为由撤销合同。我方应如何处理？

本案涉及 FOB 术语。根据 FOB 术语，买方负责租船订舱、运输、支付运费。为了卖方装船交货方便，卖方也可以接受买方的委托，代为租船订舱，但费用和风险应由买方承担，卖方不承担租不到船的责任。结合本案例，因为卖方代买方租船没有租到，买方又不同意改变装运港，所以卖方不承担因自己未租到船而延误装运的责任。买方也不能因此撤销合同。因此，我方应拒绝对方撤销合同的无理要求。

2. FAS 船边交货（……指定装运港）

（1）FAS 的含义。FAS 是指卖方在指定的装运港将货物交到船边，即完成交货。买方必须承担自那时起货物灭失或损坏的一切风险。

（2）注意事项。FAS 术语要求卖方办理出口清关手续，这一点与以前版本的内容相反，以前版本要求买方安排办理出口手续。但是，如当事方希望买方办理出口手续，需要在销售合同中明确写明。该术语仅适用于海运或内河运输。

（3）FAS 的主要内容。

1）卖方的基本义务。卖方的基本义务是：① 提供符合合同的货物和单证或相等效力的电子单证；② 自负风险和费用办理出口许可证及其他出口手续，缴纳出口捐税及费用；③ 在约定的日期或期间内，按港口惯常的方式，在指定的装运港和装船地，将货物置于买方指定的船舶的船边，即完成了交付，并给予买方以充分的通知；④ 承担货物在交付前的风险。

2）买方的基本义务。买方的基本义务是：① 支付价款，接受货物和卖方的交货凭证或相等效力的电子单证；② 自负风险和费用办理进口许可及其他进口手续，缴纳进口捐税及费用；③ 自费租船，并将船名、交货地点、时间充分通知卖方；④ 承担卖方交付货物后的一切风险。

3. FCA 货交承运人（……指定地点）

（1）FCA 的含义。FCA 是指卖方只要将货物在指定的地点交给买方指定的承运人，并办理了出口清关手续，即完成交货。需要说明的是，交货地点的选择对于在该地点装货和卸货的义务会产生影响。若卖方在其所在地交货，则卖方应负责装货，若卖方在任何其他地点交货，卖方不负责卸货。

（2）注意事项。

1）该术语可用于各种运输方式，包括多式联运。

2）“承运人”指任何人在运输合同中，承诺通过铁路、公路、空运、海运、内河运输或上述运输的联合方式履行运输或由他人履行运输。

3）若买方指定承运人以外的人领取货物，则当卖方将货物交给此人时，即视为已履行了交货义务。

（3）FCA 的主要内容。

1）卖方的基本义务。卖方的基本义务是：① 卖方必须提供符合销售合同规定的货物和商业发票或有同等作用的电子信息，以及合同可能要求的、证明货物符合合同规定的其他任何凭证，并承担向买方提供相关交货单据的风险和费用。② 必须自担风险和费用，取得任何出口许可证或其他官方许可，并在需要办理海关手续时，办理货物出口所需要的一切海关手续。③ 若买方要求，或者如果是商业惯例而买方未适时给予卖方相反指示，则卖方可按照通常条件订立运输合同，费用和风险由买方承担。在任何一种情况下，卖方都可以拒绝订立此合同；如果拒绝，则应立即通知买方。④ 必须在指定的交货地点，在约定的交货日期或期限内，将货物交付给买方指定的承运人或其他人，或由卖方选定的承运人或其他人。⑤ 卖方必须承担货物灭失或损坏的一切风险，直至已经按规定交货为止。⑥ 卖方必须支付与货物有关的一切费用，直至已按规定交货为止；在需要办理海关手续时，卖方必须支付货物出口应办理的海关手续费用及出口应缴纳的一切关税、税款和其他费用。⑦ 必须给予买方说明货物已按照规定交付给承运人的充分通知。若在约定时间承运人未按照规定接收货物，则卖方必须相应地通知买方。⑧ 必须支付按照合同规定交货所需进行的查对费用（如核对货物品质、丈量、过磅、点数的费用）和提供按照卖方在订立销售合同前已知的有关该货物运输（如运输方式、目的地）所要求的包装（除非按照相关行业惯例，合同所述货物通常无须包装发运）的费用。

2）买方的基本义务。买方的基本义务是：① 支付价款；自担取得进口许可证或其他官方许可和办理海关手续时的风险和费用；自付费用订立自指定的地点运输货物的合同。② 按照规定受领货物。③ 买方必须按照规定承当货物灭失或损坏的一切风险。④ 必须支付按照规定交货之时起与货物有关的一切费用；必须支付任何装运前检验的费用，但出口国有关当局强制进行的检验除外。⑤ 买方必须就按照规定指定的人的名称给予卖方充分通知，并根据需要指明运输方式和向该指定的人交货的日期或期限，以及依情况在指定的地点内的具体交货点。

案例 4-2

我方出口手表到印度，按 FCA Shanghai Airport 签约，交货期为 8 月。出口企业 8 月 31 日将该手表运到上海虹桥机场，并由航空公司收货开具航空运单。我方即电传印度发出装运通知。9 月 2 日手表抵达孟买，将到货通知连同发票和航空运单送交孟买××银行。该银行即通知印商提货、付款，但印商以延迟交货为由拒绝。

FCA 是指卖方只要将货物在指定的地点交给买方指定的承运人，并办理了出口清关手续，即完成交货。此案例中没有指明承运货物的航空公司是否为买方所指定的，但即便买方没有指定，卖方也可按惯例指定航空公司运输（费用到付，即买方承担），只要卖方在约定的时间内（8 月 31 日前，包括 8 月 31 日）将货物交给承运人，卖方即完成交货，买方需按约付费，所谓的延迟交货不成立，卖方应立即支付所有款项。

4.2.3　C 组术语

1. CIF 成本、保险费加运费

（1）CIF 的含义。CIF 是指在装运港当货物越过船舷时卖方即完成交货。卖方必须支付将货物运至指定的目的港所需的运费和费用，但交货后货物灭失或损坏的风险及由于各种事件造成的任何额外费用即由卖方转移到买方。但是，在 CIF 条件下，卖方还必须办理买方货物在运输途中灭失或损坏风险的海运保险。

（2）注意事项。

1）由卖方订立保险合同并支付保险费。CIF术语只要求卖方投保最低限度的保险险别，如买方需要更高的保险险别，则需要与卖方明确地达成协议，或者自行做出额外的保险安排。

2）CIF术语要求卖方办理货物出口清关手续。

3）该术语仅适用于海运和内河运输。若当事方无意越过船舷交货则应使用CIP术语。

（3）CIF的主要内容。

1）卖方的基本义务。卖方的基本义务是：① 提供符合合同规定的货物和商业发票或有同等作用的电子信息，以及合同可能要求的、证明货物符合合同规定的其他任何凭证。② 自担风险和费用，取得任何出口许可证或其他官方许可，并在需要办理海关手续时，办理货物出口所需的一切海关手续。③ 必须自付费用，按照通常条件订立运输合同，经由惯常航线，将货物用通常可供运输合同所指货物类型的海轮（或依情况适合内河运输的船只）装运至指定的目的港；自付费用取得货物保险，并向买方提供保险单或其他保险证据，以使买方或任何其他对货物具有保险利益的人有权直接向保险人索赔。④ 必须在装运港，在约定的日期或期限内，将货物交至船上；而且必须承担货物在装运港越过船舷之前灭失或损坏的一切风险和一切费用。⑤ 必须给予买方说明货物已按照规定交货的充分通知，以及要求的任何其他通知，以便买方能够为受领货物采取通常必要的措施。⑥ 卖方必须自付费用，毫不迟延地向买方提供表明载往约定目的港的通常运输单据。此单据必须载明合同货物，其日期应在约定的装运期内，使买方得以在目的港向承运人提取货物，并且，除非另有约定，应使买方得以通过转让单据（可转让提单）或通过通知承运人，向其后手买方出售在途货物。

2）买方的基本义务。买方的基本义务是：① 买方必须按照销售合同规定支付价款；必须自担风险和费用，取得任何进口许可证或其他官方许可，并在需要办理海关手续时，办理货物进口及从他国过境的一切海关手续。② 受领货物，必须在卖方已按照规定交货时受领货物，并在指定的目的港从承运人处收受货物。③ 必须承担货物在装运港越过船舷之后灭失或损坏的一切风险。④ 买方必须支付自按照规定交货时起的一切费用。⑤ 通知卖方。一旦买方有权决定装运货物的时间和/或目的港，买方必须就此给予卖方充分通知。⑥ 买方必须接受卖方按照规定提供的运输单据。

案例 4-3

2010年5月，美国某贸易公司（以下简称进口方）与我国江西某进出口公司（以下简称出口方）签订合同购买一批日用瓷具，价格条件为CIFLOS—ANGELES，支付条件为不可撤销的跟单信用证，出口方需要提供已装船提单等有效单证。出口方随后与宁波某运输公司（以下简称承运人）签订运输合同。8月初出口方将货物备妥，装上承运人派来的货车。途中由于驾驶员的过失发生了车祸，耽误了时间，错过了信用证规定的装船日期。由于延迟交货，美方要求赔偿。

CIF 以货物越过船舷为界划分风险，卖方必须承担货物在装运港越过船舷之前灭失或损坏的一切风险和一切费用。本案中，由于货物是在越过船舷之前发生的损失，并由此导致延期交货，所以出口方仍要因货物越过船舷前的一切风险和损失向进口方承担责任。

2. CFR 成本加运费（……指定目的港）

（1）CFR 的含义。CFR 是指在装运港货物越过船舷卖方即完成交货，卖方必须支付将货物运至指定的目的港所需的运费和费用。但交货后货物灭失或损坏的风险，以及由于各种事件造成的任何额外费用，即由卖方转移到买方。CFR 术语要求卖方办理出口清关手续。

该术语仅适用于海运或内河运输，如当事各方无意越过船舷交货，则应使用 CPT 术语。

（2）CFR 的主要内容。

1）卖方的基本义务。卖方的基本义务是：① 提供符合合同规定的货物；必须自担风险和费用；必须自付费用，按照通常条件订立运输合同，经由惯常航线，将货物用通常可供运输合同所指货物类型的海轮（或依情况适合内河运输的船只）运输至指定的目的港。② 卖方必须在装运港，在约定的日期或期限内，将货物交至船上；必须承担货物灭失或损坏的一切风险，直至货物在装运港越过船舷为止。③ 必须支付与货物有关的一切费用，直至已经按照合同规定交货为止。④ 必须给予买方说明货物已按照 A4 规定交货的充分通知，以及要求的任何其他通知，以便买方能够为受领货物采取通常必要的措施。⑤ 卖方必须为交货凭证、运输单据或有同等作用的电子信息支付费用，毫不迟延地向买方提供表明载往约定目的港的通常运输单据。

2）买方的基本义务。买方的基本义务是：① 按照销售合同规定支付价款。② 买方必须自担风险和费用，取得任何进口许可证或其他官方许可，并在需要办理海关手续时，办理货物进口及从他国过境的一切海关手续。③ 必须在卖方按照规定交货时受领货物，并在指定的目的港从承运人处收受货物。④ 买方必须承担货物在装运港越过船舷之后灭失或损坏的一切风险。⑤ 通知卖方。一旦买方有权决定装运货物的时间和/或目的港，买方必须就此给予卖方充分通知。⑥ 买方必须接受按照规定提供的运输单据；必须支付为按照规定交货所需进行的查对费用；买方必须支付任何装运前检验的费用，但出口国有关当局强制进行的检验除外。⑦ 其他义务。买方必须支付因获取相关单据或有同等作用的电子信息所发生的一切费用，并偿付卖方因给予协助而发生的费用。

案例 4-4

我国E公司以CFR贸易术语与B国的H公司成交一批消毒碗柜的出口合同，合同规定装运期为4月15日前。E公司备妥货物，并于4月8日装船完毕。由于遇星期日休息，E公司业务员未及时向买方发出装运通知，导致买方未能及时办理投保手续，而货物在4月8日因发生了火灾被烧毁。货物损失的责任应不应由E公司承担？

在CFR术语成交的情况下，租船订舱由卖方承担，投保手续由买方办理。因此，卖方在装船完毕后应及时向买方发出装运通知以便买方办理投保手续，否则，由此而产生的风险应由卖方承担。本案中，因为E公司未及时发出装运通知，导致买方未能及时办理投保手续，未能将风险及时转移给保险公司，风险应由E公司承担，因此货物损失的责任由E公司承担。

3．CPT 运费付至（……指定目的地）

（1）CPT的含义。CPT是指卖方向其指定的承运人交货，但卖方还必须支付将货物运至目的地的运费，即买方承担交货之后的一切风险和其他费用。

“承运人”是在运输合同中，承诺通过铁路、公路、空运、海运、内河运输或上述运输的联合方式履行运输或由他人履行运输的一方。如果还使用接运的承运人将货物运至约定目的地，则风险自货物交给第一承运人时转移。CPT术语要求卖方办理出口清关手续。

该术语可适用于各种运输方式，包括多式联运。

（2）CPT的主要内容。

1）卖方的基本义务。卖方的基本义务是：① 提供符合合同规定的货物。② 办理许可证、其他许可和手续。③ 签订运输合同。④ 交货。⑤ 风险转移。⑥ 卖方必须支付直至按照规定交货之时与货物有关的一切费用。⑦ 通知买方。⑧ 提供交货凭证、运输单据或有同等作用的电子信息。⑨ 查对、包装、标记。⑩ 其他义务。

2）买方的基本义务。买方的基本义务是：① 支付价款、受领货物。② 办理许可证、其他许可和手续。③ 买方不承担签订运输合同与保险合同的义务。④ 买方必须自按照规定交货时起承担货物灭失或损坏的一切风险。⑤ 买方必须支付自卖方按照规定交货时起的一切费用。⑥ 通知卖方。一旦买方有权决定发送货物的时间和/或目的地，买方必须就此给予卖方充分通知。如买方未能按照相关规定给予卖方通知，则买方必须从约定的交货日期或交货期限届满之日起，承担货物灭失或损坏的一切风险，但以该项货物已正式划归合同项下，即清楚地划出或以其他方式确定为合同项下之货物为限。⑦ 接受交货凭证、运输单据或有同等作用的电子信息。⑧ 货物检验。⑨ 其他义务。

4．CIP 运费和保险费付至（……指定目的地）

（1）CIP 的含义。CIP 是指卖方向其指定的承运人交货，但卖方还必须支付将货物运至目的地的运费，即买方承担卖方交货之后的一切风险和额外费用。但是，按照 CIP 术语，卖方还必须办理买方货物在运输途中灭失或损坏风险的保险。因此，由卖方订立保险合同并支付保险费。

买方应注意到，CIP 术语只要求卖方投保最低限度的保险险别。如买方需要更高的保险险别，则需要与卖方明确地达成协议，或者自行做出额外的保险安排。

“承运人”指运输合同中，承诺通过铁路、公路、空运、海运、内河运输或上述运输的联合方式履行运输或由他人履行运输的一方。

如果还使用接运的承运人将货物运至约定目的地，则风险自货物交给第一承运人时转移。CIP 术语要求卖方办理出口清关手续。

该术语可适用于各种运输方式，包括多式联运。

（2）CIP 的主要内容。

1）卖方的基本义务。卖方的基本义务是：① 提供符合合同规定的货物。② 办理许可证、其他许可和手续。③ 订立运输合同和保险合同。④ 交货。⑤ 风险转移。卖方必须承担货物灭失或损坏的一切风险，直至已经按照上款规定交货为止。⑥ 费用划分。卖方必须支付与货物有关的一切费用，直至已经按照规定交货为止。⑦ 通知买方。⑧ 提供交货凭证、运输单据或有同等作用的电子信息。⑨ 查对、包装、标记。⑩ 其他义务。

2）买方的基本义务。买方的基本义务是：① 支付价款。② 办理许可证、其他许可和手续。③ 受领货物。④ 风险转移。买方必须承担卖方按照合同规定交货后货物灭失或损坏的一切风险。⑤ 除了应承担取得许可证、其他许可和手续的风险和费用外，买方还必须支付自卖方按照合同规定交货之时起与货物有关的一切费用。⑥ 通知卖方。⑦ 接受交货凭证、运输单据或有同等作用的电子信息。⑧ 货物检验。⑨ 其他义务。

（3）CIP 与 CIF 的区别。

1）从适用的运输方式看，CIP 比 CIF 更灵活，更适合内陆地区出口。CIF 只适用于水上运输方式（海运、内河航运），CIP 却适合任何运输方式。

2）从出口方责任看，使用 CIP 术语时，出口方风险与货物的实际控制权同步转移，责任可以及早减轻。CIF 术语下，出口方是在装运港交货，买卖双方是以船舷为界划分风险；在货物越过船舷之前，不管货物处于何方的实际处置之下，卖方都要向买方承担货损等责任。CIP 术语下则比较灵活，由双方约定，可以是港口，也可以是在内陆地区，但无论在哪里，出口方责任以货交承运人处置时止，出口方只负责将货物安全移交承运人即完成自己的销售合同和运输合同项下的交货任务，此后货物发生的一切损失均与出口方无关。

3）从使用的运输单据看，使用CIP术语有利于内陆出口业务在当地交单结汇。CIP涉及的通常运输单据范围要大于CIF，因具体运输方式不同可以是上面提到的CIF使用的单据，又可以是陆运运单、空运单和多式联运单据。承运人签发后，出口方即可据以结汇，这样既缩短了结汇和退税时间，又提高了出口方的资金周转速度。

4.2.4 D组术语

1. DAF边境交货（……指定地点）

（1）DAF的含义。DAF是指当卖方在边境的指定地点和具体交货点，在毗邻国家海关边界前，将仍处于交货的运输工具上尚未卸下的货物交给买方处置，办妥货物出口清关手续但尚未办理进口清关手续时，即完成交货。“边境”一词可用于任何边境，包括出口国边境。因而，用指定地点和具体交货点准确界定所指边境，这是极为重要的。但是，如当事各方面希望卖方负责从交货运输工具上卸货并承担卸货的风险和费用，则应在销售合同中明确写明。

该术语可用于陆地边界交货的各种运输方式，当在目的港船上或码头交货时，应使用DES或DEQ术语。

（2）DAF的主要内容。

1）卖方的基本义务。卖方的基本义务是：① 提供符合合同规定的货物。卖方必须提供符合销售合同规定的货物和商业发票或有同等作用的电子信息，以及合同可能要求的、证明货物符合合同规定的其他任何凭证。② 办理许可证、其他许可和手续。卖方必须自担风险和费用，取得任何出口许可证或其他官方许可或其他必要文件，以便将货物交给买方处置，并在需要办理海关手续时办理货物出口并运至指定的边境交货地点及从他国过境所需的一切海关手续。③ 签订运输合同与保险合同。④ 交货。卖方必须在约定日期或期限内，在边境的指定的交货地点，将仍处于交货运输工具上尚未卸下的货物交给买方处置。⑤ 风险转移。卖方必须承担货物灭失或损坏的一切风险，直至按照规定交货为止。⑥ 卖方需要支付按照相关规定发生的费用及除此之外与货物有关的一切费用，直至已经按照规定交货为止。⑦ 通知买方。卖方必须给予买方有关货物发往边境指定的交货地点的充分通知，以及要求的任何其他通知，以便买方能够为受领货物而采取通常必要的措施。⑧ 提供交货凭证、运输单据或有同等作用的电子信息。⑨ 查对、包装、标记。卖方必须支付为按照规定交货所需进行的查对费用；卖方必须自付费用提供包装，此项包装应按照卖方订立销售合同前已知的有关运输要求，适合在边境交货及接运运输；包装应作适当标记。⑩ 其他义务。

2）买方的基本义务。买方的基本义务是：① 支付价款。② 办理许可证、其他许可和手续。买方必须自担风险和费用，取得任何进口许可证或其他官方许可或其他必要文件，并在需要办理海关手续时办理货物进口所需的一切海关手续，及后继运输所需的一切海关手续。③买方不承担运输义务和购买保险的责任。④ 受领货物。⑤ 风险转移。买方必须承担卖方按照合同规定交货之时起货物灭失或损坏的一切风险。⑥ 买方必须支付自卖方按照规定交货时起与货物有关的一切费用。⑦ 通知卖方。一旦买方有权决定在约定期限内的时间或在指定的地点受领货物，买方必须就此给予卖方充分通知。⑧ 接受交货凭证、运输单据或有同等作用的电子信息。⑨ 货物检验。⑩ 其他义务。

2. DDU 未完税交货（……指定目的港）

（1）DDU 的含义。DDU 是指卖方在指定的目的地将货物交给买方处置，不办理进口手续，也不从交货的运输工具上将货物卸下，即完成交货。卖方应承担将货物运至指定的目的地的一切风险和费用，不包括在需要办理海关手续时在目的地国进口应缴纳的任何“税费”（包括办理海关手续的责任和风险，以及缴纳手续费、关税、税款和其他费用）。买方必须承担此项“税费”和因其未能及时办理货物进口清关手续而引起的费用和风险。但是，如果双方希望卖方办理海关手续并承担由此发生的费用和风险，以及在货物进口时应支付的费用，则应在销售合同中明确写明。

该术语适用于各种运输方式，但当货物在目的港船上或码头交货时，应使用 DES 或 DEQ 术语。

（2）DDU 的主要内容。

1）卖方的基本义务。卖方的基本义务是：① 提供符合合同规定的货物。卖方必须提供符合销售合同规定的货物和商业发票或有同等作用的电子信息，以及合同可能要求的、证明货物符合合同规定的其他凭证。② 办理许可证、其他许可和手续。卖方必须自担风险和费用，取得任何出口许可证或其他官方许可或其他文件，并在需要办理海关手续时办理货物出口和从他国过境所需的一切海关手续。③ 签订运输合同与保险合同。④ 风险转移。卖方必须承担货物灭失或损坏的一切风险，直至已经交货为止。⑤ 卖方必须支付按照合同规定发生的费用、交货之前与货物有关的一切费用，在需要办理海关手续时，卖方必须支付货物出口需要办理的海关手续费用、货物出口时应交纳的一切关税、税款和其他费用及交货前货物从他国过境的费用。⑥ 通知买方。卖方必须给予买方有关发运货物的充分通知，以及要求的任何其他通知，以便买方能够为受领货物而采取通常必要的措施。⑦ 提供交货凭证、运输单据或有同等作用的电子信息。⑧ 查对、包装、标记。卖方必须支付为按照合同规定交货所需进行的查对费用，卖方必须自付费用提供交货所需要的包装，包装应作适当标记。⑨ 其他义务。

2）买方的基本义务。买方的基本义务是：① 支付价款。② 办理许可证、其他许可和手续。买方必须自担风险和费用，取得任何进口许可证或其他官方许可或其他文件，并在需要办理海关手续时办理货物进口所需的一切海关手续。③ 买方不承担运输义务和购买保险的责任。④ 受领货物。⑤ 风险转移。买方必须承担自卖方按照合同规定交货时起货物灭失或损坏的一切风险。如买方没有履行相应的义务，则必须承担由此而发生的货物灭失或损坏的一切额外风险。⑥ 买方必须支付自按照合同规定交货时起与货物有关的一切费用，如买方未履行相关规定的义务，或未按照规定做出通知，买方应该承担由此而发生的一切额外费用，还要承担在需要办理海关手续时，货物进口所需要办理的海关手续费用及应缴纳的一切关税、税款和其他费用，以及继续运输的费用。⑦ 通知卖方。一旦买方有权决定在约定期限内的时间或在指定的目的港受领货物，买方必须就此给予卖方充分通知。⑧ 买方必须接受卖方按照合同规定提供的适当的提货单或运输单据。⑨ 买方必须支付任何装运前检验的费用，但出口国有关当局强制进行的检验除外。⑩ 其他义务。

3．DDP 完税后交货（……指定目的港）

（1）DDP 的含义。DDP 是指卖方在指定的目的地，办理完进口清关手续，将在交货运输工具上尚未卸下的货物交与买方，完成交货。卖方必须承担将货物运至指定的目的地的一切风险和费用，包括在需要办理海关手续时在目的地应交纳的任何“税费”。

EXW 术语下卖方承担最小责任，而 DDP 术语下卖方承担最大责任。

若卖方不能直接或间接地取得进口许可证，则不应使用此术语。但是，如当事方希望将任何进口时所要支付的一切费用（如增值税）从卖方的义务中排除，则应在销售合同中明确写明。若当事方希望买方承担进口的风险和费用，则应使用 DDU 术语。

该术语适用于各种运输方式，但当货物在目的港船上或码头交货时，应使用 DES 或 DEQ 术语。

（2）DDP 的主要内容。

1）卖方的基本义务。卖方的基本义务是：① 提供符合合同规定的货物。卖方必须提供符合销售合同规定的货物和商业发票或有同等作用的电子信息，以及合同可能要求的、证明货物符合合同规定的其他凭证。② 办理许可证、其他许可和手续。卖方必须自担风险和费用，取得任何出口许可证和进口许可证或其他官方许可或其他文件，并在需要办理海关手续时办理货物出口和进口以及从他国过境所需的一切海关手续。③ 签订运输合同与保险合同。④ 交货。卖方必须在约定的日期或交货期限内，在指定的目的地将在交货运输工具上尚未卸下的货物交给买方或买方指定的其他人处置。⑤ 风险转移。卖方必须承担货物灭失或损坏的一切风险，直至已经按照规定交货为止。⑥ 卖方必须支付按照规定发生的费用，以及交货之前与货物有关的一切费用、在需要办理海关手续时，货物出口和进口所需要办理的海关手续费用、货物出口和进口时应缴纳的一切关税、税款和其他费用，以及交货前货物从他国过境的费用。⑦ 通知买方。卖方必须给予买方有关货物发运的充分通知，以及要求的任何其他通知，以便买方能够为受领货物而采取通常必要的措施。⑧ 提供交货凭证、运输单据或有同等作用的电子信息。卖方必须自付费用向买方提供按照合同规定受领货物可能需要的提货单或通常运输单据，以使买方按照 A4/B4 规定受领货物。⑨ 查对、包装、标记。卖方必须支付为按照规定交货所需进行的查对费用，卖方必须自付费用提供交货所需要的包装，包装应作适当标记。⑩ 其他义务。

2）买方的基本义务。买方的基本义务是：① 支付价款。② 办理许可证、其他许可和手续。应卖方要求，并由其负担风险和费用，买方必须给予卖方一切协助，帮助卖方在需要办理海关手续时取得货物进口所需的进口许可证或其他官方许可。③ 买方不承担运输义务和购买保险的责任。④ 受领货物。⑤ 风险转移。买方必须承担按照合同规定交货时起货物灭失或损坏的一切风险。如买方没有履行合同规定的义务，则必须承担由此而发生的货物灭失或损坏的一切额外风险。⑥ 买方必须支付自按照合同规定交货时起与货物有关的一切费用。如买方未履行相关的义务，或未按照规定做出通知，买方必须支付由此而发生的一切额外费用，但以正式划归合同项下，即清楚地划出或以其他方式确定为合同项下之货物为限。⑦ 通知卖方。一旦买方有权决定在约定期限内的时间或在指定的目的港受领货物，买方必须就此给予卖方充分通知。如买卖双方约定以电子方式通信，则前项所述单据可以由具有同等作用的电子数据交换（EDI）信息代替。⑧ 买方必须接受按照合同规定提供的提货单或运输单据。⑨ 货物检验。买方必须支付任何装运前检验的费用，但出口国有关当局强制进行的检验除外。应买方要求，卖方必须向买方提供投保所需的信息。⑩ 其他义务。应卖方要求并由其承担风险和费用，买方必须给予卖方一切协助，以帮助卖方取得为按照本规则将货物交付买方需要的、由进口国签发或传递的任何单证或有同等作用的电子信息。

4. DES 目的港船上交货（……指定目的港）

DES 是指在指定的目的港，货物在船上交给买方处置，但不办理货物进口清关手续，卖方即完成交货。卖方必须承担货物运至指定的目的港卸货前的一切风险和费用。如果当事各方希望卖方负担卸货的风险和费用，则应使用 DEQ 术语。只有当货物经由海运或内河运输或多式联运在目的港船上货时，才能使用该术语。

5. DEQ 目的港码头交货

DEQ 是指卖方在指定的目的港码头将货物交给买方处置，不办理进口清关手续，即完成交货。卖方应承担将货物运至指定的目的港并卸至码头的一切风险和费用。

DEQ 术语要求买方办理进口清关手续并在进口时支付一切办理海关手续的费用、关税、税款和其他费用。这和以前版本相反，以前版本要求卖方办理进口清关手续。如果当事方希望卖方负担全部或部分进口时交纳的费用，则应在销售合同中明确写明。

只有当货物经由海运、内河运输或多式联运且在目的港码头卸货时，才能使用该术语。但是，如果当事方希望卖方负担将货物从码头运至港口以内或以外的其他地点（仓库、终点站、运输站等）的义务时，则应使用DDU或DDP术语。

《2010年通则》的D组贸易术语变化最大，删除了《2000年通则》中的DDU、DAF、DES、DEQ，只保留了DDP，新增加了DAT与DAP。

DAT（Delivered at Terminal）是指在指定目的地或目的港的集散站交货，"Terminal"可以是任何地点，如码头、仓库、集装箱堆场或铁路、公路或航空货运站等。

DAP（Delivered at Place）是指在指定目的地交货。两者的主要差异是DAT下卖方需要承担把货物由目的地（港）运输工具上卸下的费用，DAP下卖方只需在指定目的地把货物处于买方控制之下，而无须承担卸货费。此次增加是通过DAP取代了先前的DAF、DES和DDU三个术语，而DAT取代了先前的DEQ，且扩展至适用于一切运输方式。

4.3 国际货物买卖合同的订立

4.3.1 要约（发价）

1. 要约（发价）的含义

要约又称发价或发盘等，是一方当事人以缔结合同为目的，向对方所做的意思表示。根据《联合国国际货物销售合同公约》（以下称《公约》）第14条的规定，凡向一个或一个以上特定的人提出的订立合同的建议，如果十分确定并且表明要约人在得到接受时受约束的意旨，即构成要约。

2. 有效要约的条件

（1）要约是要约人向一个或一个以上特定的人提出的。

（2）要约含有订立合同的意思表示。

（3）要约必须是十分确定。所谓十分确定，依据《公约》的规定，是指在建议中写明货物名称和明示或暗示的规定数量和价格或规定如何确定数量和价格。

（4）要约须表明被要约人一旦接受要约，要约人即受约束的意思表示。

3. 要约的生效

要约的生效是指要约产生法律效力，对发出要约的人产生拘束力。各国（地区）立法对于要约生效有不同的标准，有的采用投邮主义，有的采用送达主义。《公约》采用的是送达主义，即送达被要约人时，要约生效。要约生效，要约人即受要约的拘束，不得撤回或对要约加以限制、变更。要约人在要约生效时即取得依其承诺而成立合同的法律地位。

要约自到达受要约人时才生效。所谓“要约到达受要约人”不一定实际送达到受要约人或者其代理人手中，要约只要送达到受要约人通常的地址、住所或能够控制的地方（如信箱等）即为送达。即使在要约送达受要约人之前受要约人已经知道其内容，要约也不生效。关于以数据电文发出要约何时生效，《公约》规定：“采用数据电文形式订立合同，收件人指定特定系统接收数据电文的，该数据电文进入该特定系统的时间，视为到达时间；未指定特定系统的，该数据电文进入收件人的任何系统的首次时间，视为到达时间。”

4．要约的撤回

要约的撤回是指在要约发出之后但在发生法律效力之前，要约人欲使该要约不发生法律效力而做出的意思表示。

《公约》规定要约原则上可以撤回，但要约写明承诺的期限或以其他方式表示要约是不可撤销的，或者受要约人有理由信赖该项要约是不可撤销的，并已本着对该项要约的信赖行事的，则不能撤回。要约一旦送达受要约人或被受要约人了解，即发生法律效力。所以，撤回要约的通知应当在要约到达受要约人之前或与要约同时到达受要约人。因此，要约的撤回只发生在书面形式的要约，而且，撤回通知一般应采取比要约更迅速的通知方式。

理解要约的撤回要注意以下几点：

1）要约的撤回是在要约发生法律效力以前要约人发出的使其要约不生效的通知。通常对话的要约于相对人了解前，可撤回；非对话的要约于要约通知先期或同时到达相对人时，可撤回。迟于要约通知到达的撤回通知，不发生撤回的效力，相对人仍可以认为该要约有效而做出承诺。

2）国际上其他法律对要约撤回的规定。① 英美法要约的撤回规定。英美普通法认为，要约原则上对要约人无拘束力，要约人在受要约人承诺前的任何时候均可撤回（包括在有效期限届满前），但如果要约人的允诺采取了法律特定形式（如在允诺书上签字蜡封），或该要约有某种约因的支持则除外。要想使要约受拘束，相对方应向要约人支付对价，形成一项担保或有选择权的合同，从而使要约人不得在指定期间内撤回其要约。上述原则对受要约人保护不力，不适用于现代商业实践，因而英美法对此有所改变。如《美国统一商法典》第 2-205 条规定，在货物买卖中，在规定的条件下可以承认无“约因”的“确定的要约”，即要约人在要约确定的期限内不得撤回要约。② 大陆法关于要约的撤回规定。法国法原则上认为要约人在其要约被受要约人承诺以前可以撤回。要约人如在要约中指定了承诺期限，要约人也可在期限届满前撤回要约使合同不成立，但需赔偿对方的损失。如未规定承诺期限，但根据具体情况或正常的交易习惯可判定，要约人为不适当地撤回要约，也应赔偿对方的损失。

5．要约的撤销

要约的撤销是指一项要约已经送达受要约人，即要约已经开始生效后，要约人才发出的要收回该已生效的要约的通知。

有下列情形之一的，要约不得撤销。

（1）要约人确定了承诺期限或以其他形式明示要约不可撤销。

（2）受要约人有理由认为要约是不可撤销的，并已经为履行合同做了准备工作。

《公约》规定，在合同成立之前，只要撤销通知是在受要约人发出承诺通知之前送达受要约人，要约是可以撤销的；但是如果在要约中写明要约允许受要约人在一段既定的时间里承诺或以其他方式表示该要约是不可撤销的，则该要约不能撤销；或者受要约人有理由信赖该要约是不可撤销的，并以该信赖行事，则该要约也不能撤销。

6．要约的失效

《公约》规定，有下列情形之一的，要约失效。

（1）拒绝要约的通知到达要约人。

（2）要约人依法撤销要约。

（3）承诺期限届满，受要约人未做出承诺。

（4）受要约人对要约的内容做出实质性变更。

7．要约有效期的确定

通常情况下，要约都具体规定一个有效期，作为对方表示接受的时间限制，超过要约规定的时限，要约人就不受约束。当没有具体列明有效期时，受要约人应在合理时间内接受才能有效。所谓“合理时间”，根据《公约》的规定，采用口头发盘时，除发盘人发盘时另有声明外，受盘人只能当场表示接受，方为有效。采用函电成交时，要约人一般都明确规定要约的有效期。

8．要约邀请

要约邀请又称要约引诱，是希望他人向自己发出要约的意思表示。

要约和要约邀请的区别如下。

（1）要约是当事人希望和他人订立合同的意思表示，以订立合同为直接目的；要约邀请是希望对方向自己发出要约的意思表示。

（2）要约大多数是针对特定的相对人的，往往采用对话和信函的方式；而要约邀请一般是针对不特定的相对人的，所以往往通过电视、报刊等媒介手段。

（3）要约的内容必须具备足以使合同成立的主要条件，如明确的标的额、标的物数量、质量、价款报酬和履行期限等；而要约邀请则不具备这些条件。

一般认为寄送的价目表、拍卖公告、招标公告、招股说明书及不符合要约要件的商业广告等属于要约邀请，而不是要约，不具备法律上的约束力。

4.3.2　承诺（接受）

1．承诺（接受）的含义

承诺也称接受，是指受要约人在要约有效期内无条件同意要约的全部内容，并愿意订立合同的一种意思表示。

一项法律上有效的承诺通常必须具备下列基本条件。

（1）承诺必须由受要约人做出。

（2）承诺必须与要约所提出的交易条件保持一致。

（3）承诺必须在要约规定的有效期内做出。

（4）承诺必须用口头或书面形式向要约人表示出来。

2．承诺的方式

根据《公约》规定，承诺的方式有以下两种。

（1）受要约人明确表示接受要约。至于承诺声明的形式，《公约》没有做出明确的规定，一般依法律对合同形式的要求而定。如果适用的法律要求合同采用书面形式，则承诺声明也必须采用书面形式；反之，则承诺声明既可是书面的，也可是口头的。由于《公约》对于合同形式未做出硬性规定，所以如果适用《公约》，则承诺声明以口头或书面均可。

（2）受要约人通过履行特定的行为接受要约。受要约人以行为表示承诺主要有两种情况：一是按要约的要求实施某一行为，二是依照当事人之间已约定或确立的习惯做法或惯例实施某一行为。

3．反要约

反要约是指受要约人在表示接受要约时对要约的内容做了变更或添加的一种意思表示。《公约》规定，对要约表示接受但载有添加、限制或其他更改的答复，即为拒绝该项要约，并构成反要约。

关于承诺与要约的一致性问题，《公约》把承诺对要约内容的改变分为实质性变更和非实质性变更两种。如承诺对要约内容的改变属于非实质性变更，原则上可视为承诺。如果承诺对要约内容做了实质性改变，则这种接受就不能构成承诺，而是一项反要约。

4．关于承诺生效的时间和撤回的规定

（1）承诺生效的原则及各国法律的规定。根据各国合同法和《公约》第23条的规定，合同是于承诺生效时成立。也就是说，承诺一旦生效合同才能成立，当事人之间才能随之产生一种法律上的合同关系。

由于国际货物买卖合同的订立在大多数情况下是由处在异地的当事人之间通过要约和承诺完成的，所以使得承诺何时生效这一问题显得尤为特殊和重要。关于承诺生效的时间问题大陆法系与英美法系各国的国内立法向来存有分歧，即英美法系各国一般采用投邮主义原则，而大陆法系各国则采用到达主义原则。《公约》对此问题做了统一规定，《公约》规定："采用通知承诺方式承诺时，该项承诺于载有承诺的通知送达要约人时生效。"这一规定实际是吸收了大陆法系中的到达主义原则；而采用行为承诺方式承诺时，该项承诺于有关行为做出时生效。

（2）承诺撤回的含义。承诺的撤回指承诺人阻止承诺发生法律效力的一种意思表示。《公约》规定，撤回承诺的通知于该承诺送达要约人之前或同时到达要约人时生效。

（3）关于承诺撤回的规定。对于承诺生效时间的两种基本原则，同样也反映在承诺撤回的问题上。

被要约人做出或发出承诺后，如果行情变化并对自己不利或发现承诺内容有误而反悔时，能否将其承诺撤回或加以修改呢？依照《公约》，对这一问题同样需要分两种情况来回答：首先，如果被要约人采用通知承诺方式做出了一项承诺时，由于《公约》对这种承诺的生效采取到达主义原则，所以从承诺通知发出到该承诺送达要约人之间尚有一个时间差距。这种时间差的存在使得被要约人对已做出的承诺加以修改或撤回具有可能性。所以《公约》认为这种承诺原则上是可以撤回的，但有一个条件即撤回或修改通知必须于原已发出的承诺之前或同时送达要约人，这种撤回或修改才有效。从实践来看，这一规定说明，要想有效地撤回或修改一项已发出的承诺，一般必须采用比原承诺传达方式更快的方式来传送这种撤回或修改的通知。其次，如果被要约人采用行为承诺方式做出一项承诺时，由于公约规定这种承诺是于有关行为做出时生效，所以行为承诺一般是不能撤回的。

5．逾期的承诺

逾期承诺又称迟延的承诺，是指承诺通知到达要约人的时间已超过了要约规定的有效期或在要约未具体规定有效期的情况下而超过合理时间。按照各国法律的规定，逾期承诺不是法律上有效的承诺，而是一项新要约，只有在原要约人及时表示接受的情况下，合同才能成立。逾期承诺分为以下两种。

（1）因受要约人的迟延造成的逾期承诺。根据《公约》第21条（1）的规定，因受要约人的原因如未在要约有效期内做出承诺等而导致的逾期承诺，原则上没有效力。但是对

这种逾期承诺，要约人也可以承认其效力。一旦经要约人承认，该逾期承诺即构成有效承诺。根据《公约》的规定，要约人如果愿意接受这种逾期承诺，必须毫不迟延地用口头或书面形式将此种意思通知受要约人。

（2）因邮递失误造成的逾期承诺。这种逾期承诺原则上具有效力。这是因为造成这种逾期承诺的原因不是受要约人的迟延，而是邮递的失误。《公约》也允许要约人拒绝这种逾期承诺的效力。因此，要约人如果不愿意承认该逾期承诺的效力，必须毫不迟延地用口头或书面通知受要约人。

6. 合同成立的时间

根据各国合同法和《公约》第 23 条的规定，合同于承诺生效时成立。承诺一旦生效合同即宣告成立，当事人之间随之产生一种法律上的合同关系。

案例 4-5

中国甲公司于 2005 年 10 月 2 日致函日本乙公司，提出以每公吨 1 800 美元 CIF 东京的价格向乙公司出售 400 吨茶叶，要约规定的承诺期限为 14 天。10 月 14 日甲公司获悉国际市场上茶叶价格上涨了 20%，同日甲公司收到乙公司发来的表示接受的电传，乙公司表示其已做好履行合同的准备。15 日，甲公司向乙公司提出将茶叶的售价由原来的每公吨 1 800 美元增加至每公吨 2 300 美元，乙公司未同意。后甲公司将该批茶叶以每公吨 2 300 美元的价格销售给了另一家日本公司。乙公司遂向中国某法院提起诉讼，要求甲公司赔偿其所遭受的损失。甲公司则辩称，其与乙公司间并不存在任何合同关系，乙公司的索赔主张缺乏依据。

本案中，甲公司 10 月 2 日发出的要约于到达受要约人乙公司时生效，甲公司作为要约人应受其要约的约束。乙公司在要约规定的承诺期限内做出了接受要约的承诺并已生效，根据相关法律的规定，合同于承诺生效时成立。甲公司将合同所涉货物出售给他人的行为违反了合同的约定，损害了乙公司的利益，应当对乙公司因此而遭受的损失承担赔偿责任。

4.4 卖方和买方的义务

4.4.1 卖方的义务

卖方的义务主要是必须按照合同和《公约》的规定，交付货物；移交一切与货物有关的单据；同时把货物所有权移交给买方。

1．交付货物

卖方必须按照合同规定的时间、地点和方式完成交付货物的义务。

（1）关于交货时间。卖方必须按以下规定的日期交付货物。

1）如果合同规定有日期，或根据合同可以确定日期，应在该日期交货。例如，合同规定交货日期为2006年10月1日，则应在2006年10月1日交货，不能延期交货。

2）如果合同规定有一段时间，或根据合同可以确定一段时间，除非情况表明应由买方选定一个日期外，应在该段时间内任何时候交货。例如，如果合同规定的交货日期为2006年10月1日—10月31日，则可在2006年10月1日—10月31日选择任一时间作为交货日期。

3）在其他情况下，应在订立合同后一段合理时间内交货。

（2）关于交货地点。《公约》规定，如果卖方没有义务要在任何其他特定地点交付货物，则他的交货义务如下。

1）如果销售合同涉及货物的运输，卖方应把货物移交给第一承运人，以运交给买方。

2）如果合同指的是特定货物或从特定存货中提取的或尚待制造或生产的未经特定化的货物，而双方当事人在订立合同时已知道这些货物是在某一特定地点，或将在某一特定地点制造或生产，卖方应在该地点把货物交给买方处置。

3）在其他情况下，卖方应在他订立合同时的营业地把货物交给买方处置。

（3）卖方对交付的货物必须承担的质量方面的担保责任。质量担保，又称瑕疵担保，指卖方对其所售货物的质量、特性或适用性承担的责任。卖方交付的货物必须与合同所规定的数量、质量和规格相符，并须按照合同所规定的方式装箱或包装。

2．移交一切与货物有关的单据

如果卖方有义务移交与货物有关的单据，他必须按照合同所规定的时间、地点和方式移交这些单据。如果卖方在合同规定的移交单据的时间以前已移交这些单据，他可以在合同规定的移交单据的时间到达前纠正单据中任何不符合合同规定的情形。但是，这项权利的行使不得使买方遭受不合理的不便或承担不合理的开支。

（1）关于交单的规定。《公约》要求卖方应保证单据完整，以使买方顺利占有货物，向承运人、保险人行使索赔权。所谓完整，是指卖方应提交一切与货物有关的单据使之足以作为买方正当获得所有权与占有货物的保证。这些单证包括提单、发票、保险单、装箱单、商检证、领事签证和原产地证明等。

（2）关于单据交付方式的规定。

1）实际交货。交货义务是在指定的时间、地点把货物提交到买方控制之下完成的，即卖方亲自把货物连同代表货物所有权的单据一起交到买方手中，完成货物所有权与占有权的同时转移。

2）象征性交货。在象征性交货中，则是卖方把代表货物所有权的单据交给买方，此时交单的时间和地点即为履行交货义务的时间和地点。即卖方只把代表货物所有权的证书（提单、发票等）交到买方手中，完成货物所有权的转移即为完成交货义务。

3．卖方承担所有权担保责任，并将货物的所有权移交给买方

所有权担保又称追夺担保，指卖方所提交的货物必须是第三者不能提出任何权利要求的货物。根据《公约》的规定，其含义有三：

（1）卖方应向买方担保他确实有权出售该货物。例如，卖方如果将偷窃的东西卖给买方，则违反他对货物的所有权担保义务。

（2）卖方应担保货物不存在订立合同时不为买方所知的他人的权利，如抵押权和留置权。

（3）卖方应向买方担保第三者对其提交的货物不得以侵权或其他类似理由提出合法要求，如侵犯知识产权等。

案例 4-6

卖方 A 是在美国成立的一家经常做皮鞋买卖的小贸易公司，卖了一批标记有“SODA”商标的皮鞋给中国的 B 公司。假设“SODA”是已在中国注册的商标，而 A 公司没有对中国的商标登记情况做过任何调查。这批皮鞋进入中国市场后，B 公司立即遭到了商标所有权人的起诉，这种情况下，B 公司能否基于卖方的知识产权担保义务要求 A 公司损害赔偿？

本案中卖方是经常做皮鞋买卖的公司，所以不可能不知道该皮鞋商标在中国的注册情况。根据《公约》的规定，卖方对在订立合同时知道或不可能不知道的第三方权利或权利要求承担知识产权担保责任。所以 A 公司对 B 公司要承担知识产权担保责任。

4.4.2　买方的义务

根据《公约》第 53 条规定：“买方必须按照合同与公约的规定支付货物价款和收取货物。”

根据这一规定，买方的主要义务如下。

1．支付货款

（1）履行必要的付款手续。例如，向银行申请开出信用证或银行保函。在实行外汇管制的国家，向政府申请外汇。

（2）确定价格。如果合同没有确定具体的价格，也没有暗示地规定价格或规定如何确定价格，双方当事人应视为已默示地引用订立合同时此种货物在有关贸易的类似情况下销售的通常价格。如果价格是按货物的重量规定的，如有疑问，应按净重确定。

（3）支付地点。《公约》第57条规定，如果买方没有义务在任何其他特定地点支付价款，他必须在以下地点向卖方支付价款。

1）卖方的营业地。

2）如凭移交货物或单据支付价款，则为移交货物或单据的地点。

（4）交付货款的时间。

1）如果买方没有义务在任何其他特定时间内支付价款，他必须于卖方按照合同和《公约》规定将货物或控制货物处置权的单据交给买方处置时支付价款。卖方可以支付价款作为移交货物或单据的条件。

2）如果合同涉及货物的运输，卖方可以在支付价款后方可把货物或控制货物处置权的单据移交给买方作为发运货物的条件。

3）买方在未有机会检验货物前，无义务支付价款，除非这种机会与双方当事人议定的交货或支付程序相抵触。有抵触时，先付款后检验，有问题时，再要求卖方赔偿损失。

2. 接收货物

《公约》第60条规定，买方收取货物的义务如下。

（1）采取一切理应采取的行动，以期卖方能交付货物。指做各种准备，如在FOB条件下，指派运输工具。

（2）接收货物。买方无理拒收货物，是经常发生的违约行为，应承担相应的违约责任。此时买方应尽快处置货物，防止损失扩大，然后行使索赔权。

应区别接收和接受，接受是指认定货物与合同相符，承认所有权已转移至买方，由买方行使占有处分权的行为；而接收是指行使保全货物义务，不承认所有权转移，而保留索赔权。

4.5 违约的救济方法

4.5.1 违约的类型

违约是指合同当事人违反合同债务，侵害合同债权的客观行为。各国法律对违约有不同的规定。根据违约的后果及其严重性，《公约》把违约分为根本性违约和非根本性违约；按照违约的主体，可分为买方违约和卖方违约；按照违约行为发生的时间，可分为实际违约和预期违约。

1. 根本性违约与非根本性违约

（1）根本性违约。

1）根本性违约的含义。根据《公约》第 25 条的规定，根本性违约（Fundamental Breach）是指一方当事人违反合同的结果，使另一方当事人蒙受损害，以至于实际上剥夺了他根据合同规定有权期待得到的东西。

实际剥夺，即为“实质上剥夺”，英文原文为 Substantially to Deprive，“实质”是在很大程度上的意思，“实质剥夺”是指对买方重大利益的剥夺。

2）构成根本违约的要件。构成根本违约要具备三个要件：① 违约造成损害；② 损害剥夺了买方重大利益；③ 损害后果是卖方可以预见的，包括在订约时就可以预见。

根据《公约》规定，当卖方不履行合同或《公约》义务构成根本违反合同时，买方可以宣布解除合同。

3）根本性违约的具体内容。根本违约具体包括以下三项内容：① 卖方不交付货物、延迟交货、交货不符或所有权有瑕疵构成根本违反合同；② 卖方声明他不在规定的时间内履行交货义务；③ 在买方给予的宽限期届满后仍不履行合同。

（2）非根本性违约。非根本性违约（Non-fundamental Breach）是指违约的状况尚未达到根本违反合同的程度，受损方只能要求损害赔偿，而不能宣告合同无效。

2. 实际违约与预期违约

（1）实际违约。实际违约发生在合同履行期间至以后，侵害的是现实的债权。实际违约包括不履行、延迟履行、不适当履行和其他不完全履行等多种样态。

（2）预期违约。

1）预期违约的含义。预期违约是指合同订立以后，在合同的实际履行日期之前，一方当事人明显地预见另一方当事人履行合同义务的能力或信用有严重缺陷，或者其准备履行合同或履行合同中的行为显然不能实际履行其在合同中承担的大部分重要义务，即构成预期违约。

2）构成预期违约的情形。根据《公约》第 71 条、第 72 条的规定，如果订立合同后，另一方当事人由于下列原因显然将不履行其大部分重要义务，一方当事人可以中止履行义务：① 履行义务的能力或信用有严重缺陷，如破产。② 他在准备履行合同或履行合同中的行为，表明他将不履行大部分义务。例如，卖方迟迟不开信用证，或卖方多次要求修改交货期，或由于战争禁运。③ 如果在履行合同日期前，明显看出一方当事人将根本违反合同，另一方当事人可以宣告合同无效。

3）预期违约的处理方法。《公约》规定，合同当事人除了在另一方有根本违反合同之时可以解除合同外，在另一方显然将不履行其大部分重要义务时，可以暂时中止合同的履行。在买方先期违约时，卖方可停止发货或对在途货物行使停运权。在卖方有先期违约情况时，买方可停止付款，但买方应承担下列义务：① 必须将自己中止或解除合同的决定立即通知对方。② 当对方提供了履行合同的充分保证时，仍应履行合同义务。

4）预期违约情况下的担保。在发生预期违约的情况下，一方有权要求提供担保，在得到担保之前有权中止或解除合同，这一原则在各国国内法中都不同程度地得到承认。但应当注意的是，中止履行并不意味着解除合同。首先，对于买方来说，他可以一方面不付款或停止付款，另一方面要求卖方提供担保或履行合同，若卖方提供有效担保，买方应履行其合同义务；其次，对于卖方来说，一方面行使留置权、停运权，另一方面要求买方开出信用证、付款或提供担保。

4.5.2 买卖双方均可采取的救济方法

在国际货物买卖中，如果一方违约，买卖双方均可以采用的救济方法如下。

1. 要求实际履行

要求实际履行即要求对方依照合同约定继续履行。当一方不履行或履行合同不适当时，拥有债权的一方可以要求对方依照合同约定履行其应履行的合同义务，以避免由于对方不履行合同而给自身带来更大的损失。

2. 要求损害赔偿

损害赔偿是指违约方用金钱来补偿另一方由于其违约所遭受的损失。如果因为一方不履行合同或履行合同义务不适当时，给合同的另一方造成了损失，损失一方可以要求对方给予必要的赔偿。

3. 违约金

缔约双方可在合同中事先约定一方违反合同，应向对方支付一定额度的金钱。

4. 解除合同

对于根本性违约，如果由于一方的违约造成合同无法继续履行或无法达到合同订立的目的，则受损失一方可以要求解除合同。

4.5.3 卖方违约时买方可采取的救济方法

卖方违约的情况包括：不交货；交付的货物与合同的规定不符，包括不及时交付货运单据或交付的货运单据不符合合同的规定等情况；交付的货物违反卖方对货物权利的担保条件等。卖方出现以上违约行为时，买方可以采取的救济方法包括以下几点。

1. 要求卖方实际履行

实际履行是按照合同规定的义务做。当卖方不履行合同义务时，买方可要求其实际履行合同义务，并可通过法院强制手段强迫卖方履行以上义务。具体包括：

（1）要求卖方提交符合合同规定的货物。

（2）对不符合规定的货物进行修理、更换。

根据《公约》的规定，实际履行应满足以下条件。

（1）买方不得采取与这一要求相抵触的救济方法。

（2）买方应给予卖方履行合同的宽限期。

（3）当卖方交货不符时，只有这种不符构成根本违反合同（Fundamental Breach）时，买方才能要求提交替代物，交付替代物或更换货物的前提是不能把原物返还。如果买方因处分货物而无法返还原物，就不能退货或返还原物，而且应在发现交货不符时，将这一要求及时通知对方。

（4）法院是否做出实际履行的判决依赖于该国国内法的规定。

2. 减少价金

当卖方交货不符合合同规定时，买方可要求减少价金。依照《公约》的规定，不论价款是否已付，买方都可减低价格。减低价格应按实际交付的货物在交货时的价值与符合合同规定的货物在当时的价值两者之间的比例计算。

在下列情况下，买方丧失要求减少价金的权利。

（1）如果卖方已对交货不符采取了补救方法，买方就丧失了要求减少价金的权利。这是指卖方根据《公约》第 37 条、第 48 条在交货前和交货后对不符合同的货物进行补救而被买方认可或不认可。

（2）买方拒绝了卖方对违约采取的补救办法或对卖方提出的补救办法，未在合理时间内做出答复。

3. 请求损害赔偿

《公约》认为，请求损害赔偿是一种主要的救济方法，并且不因为采取了其他救济方法，丧失再请求损害赔偿的权利。对于如何计算损害赔偿额，有如下四种情形。

（1）实际补进（Cover）。如果买方撤销了合同，在撤销合同后一段合理的时间内，以合理的方式（指最低价）购买了代替物，买方可以取得两者之间的价格差额和卖方造成的损失补偿（如价格以外的、额外的开支），这就叫实际补进。

（2）如果没有实际补进货物，也可以按当地价格计算，取得价格差额和损失补偿。

损害赔偿时要注意：

（1）损害赔偿是哪些原因违约造成的。包括利润损失在内的实际损失，这里强调违约造成的损失具有合理的确定性，它与违约事实有因果联系。

（2）损害赔偿不得超过违约一方在订立合同时预见的范围，这是指凭常识和双方事先说明可以预见。

（3）损害赔偿不包括由于受害方原因造成的扩大的损失。

（4）损害赔偿不影响采取其他救济措施。

4．解除合同

（1）根本违约。根据要注意规定，当卖方不履行合同或要注意义务构成根本违反合同时，买方可以宣布解除合同。

（2）当卖方违约时，买方可以在如下情况撤销合同。

1）卖方根本违约。

2）卖方在一定合理时间内不交货，或声明将不交货。

（3）卖方已交货时。如果卖方已交货，买方则丧失解除合同的权利，除非：

1）在延迟交货的情况下，买方在得知交货后的合理时间内宣布解除合同。

2）在交货不符的情况下，买方在检验货物后的合理时间内提出解除合同。

3）在给予卖方做出履行合同或做出补救的宽限期届满后，或在拒绝接受卖方履行义务后的合理时间内宣布解除合同。根据《公约》规定，买方宣布解除合同的声明，只有在向卖方发出通知时才发生效力。

4）要求卖方交付代替物。构成根本违约时，才可以要求卖方交付代替物。

5）要求卖方进行修补。根据具体情况，也可以自己修理，或请第三人修理，由卖方支付开支。

6）卖方可以对自己不履行义务，自付费用做出补救。

5．撤销合同

（1）如果买方根本违约，给卖方造成重大损失，实质上剥夺了卖方根据合同有权得到的利益，卖方可以宣告撤销合同。一般情况下，事态不会如此严重，卖方应该给买方一段合理的时间，让买方履行义务。

（2）在卖方给了一段合理的时间以后，买方还不履行或声明将不履行，卖方可以宣告撤销合同。

注意，撤销合同，并不终止违约一方的损害赔偿责任和关于解决争议的协议。而有的国家规定，合同撤销了，就不能要求损害赔偿，仲裁条款也失效。

6．收取利息

如果买方没有按时支付货款或其他金额，卖方有权收取利息，这不妨碍取得损害赔偿。

4.6　货物所有权与风险的转移

4.6.1　货物所有权的转移

1．所有权转移的重要性

（1）在国际货物贸易中，因意外事故货物灭失损坏，除非当事人另有约定，这种损失的风险将随所有权转移，由买方负担。针对货损向第三人（保险人、承运人）起诉的权利也取决于诉方是否拥有所有权。

（2）当买卖双方发生破产事故，认定交易中的货物所有权就显得十分重要了。当卖方破产时，他虽然占有货物，但是货物的所有权已经转移到买方，买方可以对抗卖方清算人。若买方破产，而卖方仍然保留货物的所有权，卖方可以以此对抗买方破产清算人，尽管此时货物已经由买方占有。

2．《公约》、国际贸易惯例及各国法律对所有权转移的规定

（1）《公约》的规定。《公约》第 4 条第 2 款规定：“本公约只适用……特别是，本公约除非另有明文规定，与以下事项无关：……（b）合同对所售货物所有权可能产生的影响。”可见，《公约》明确规定不涉及买卖合同对所售货物所有权可能产生的影响。

（2）国际贸易惯例对所有权转移的规定。《华沙—牛津规则》规定，在 CIF 合同中货物所有权在卖方把装运单据（提单）交给买方时转移。一般认为，该原则可适用于卖方有提交单据义务的其他合同。

（3）各国法律对所有权转移的规定。国际上对所有权转移的几种原则和做法有以下五种。

1）合同订立时间为所有权转移时间。《法国民法典》第 1583 条规定，当事人就标的物及其价金相互同意时，即使标的物尚未交付，价金尚未支付，买卖即告成立，而标的物的所有权也于此时在法律上由卖方转移于买方。采用了以合同订立时间确定所有权转移时间的原则。在司法实践中，对于所有权的转移还可适用以下原则：① 对于种类物的买卖，所有权在货物经划拨后发生转移。② 对于附条件的买卖，则在满足条件后所有权发生转移。③ 买卖双方可在合同中自由确定所有权转移时间。

2）货物特定化后，在交货时所有权发生转移。美国《统一商法典》采用这一原则。根据法典规定，货物在特定于合同项下之前，所有权不发生转移。除双方另有约定外，特定

化后的货物所有权是在交货时发生转移：① 当合同规定在目的地交货时，所有权在目的地由卖方提交货物时发生转移。② 当合同规定卖方需将货物发送买方而需送至目的地时，货物所有权在交付发运的时间和地点转移给买方。③ 当不需移动货物即可交付时，如卖方需提交所有权凭证时，所有权在交付所有权凭证的时间和地点发生转移；在不需提交所有权凭证时，所有权在订立合同时发生转移。

无论有无正当理由，当买方以任何形式拒绝接受货物时，所有权不发生转移。

3）货物特定化后，以双方当事人的意图决定所有权转移。英国货物买卖法适用这一原则。《1893 年货物买卖法》（现《1979 年货物买卖法》）第 16 条规定，货物未经特定化之前，财产权不发生转移。特定化后的所有权转移时间取决于双方当事人的意图。

4）订立物权合同转移货物所有权。德国法采用了这一原则。与以上国家的做法均不相同，德国法认为，货物所有权转移属于物权法范围，而货物买卖合同属于债权法范围。因此，买卖合同解决不了物之所有权转移问题，需要买卖双方另就货物所有权转移问题订立物权协议。根据这一协议，货物所有权是在卖方将货物交付时发生转移；在卖方必须交付物权凭证的场合，卖方则通过提交物权凭证完成所有权转移。

5）交货时所有权转移。我国法律采用这一原则。我国没有专门的货物买卖法，也没有特定化的概念。《民法通则》第 72 条规定："财产所有权的取得，不得违反法律规定。按照合同或其他合法方式取得财产的，财产所有权从财产交付时起转移。法律另有规定或当事人另有约定除外。"

4.6.2 货物风险的转移

1．概述

（1）风险。风险不是指任何一种货损的风险，而是仅限于不是由于买卖双方当事人的原因，而是由于第三人或意外事故造成的货物损害灭失的风险，例如：盗窃、火灾、沉船、渗漏和不属于正常损耗的变质。这类风险可能发生在卖方备货至买方收下货物的整个期间，例如，由于运输中的延迟、绕航、船舶碰撞和途中遭遇自然灾害等。其中大部分事故可以从保险人或承运人处获得赔偿，但是还有不能获得赔偿的情况，即使向第三人追偿，也要清楚是谁的责任。风险转移问题，就是要解决由谁负担这种货损的后果。

（2）风险转移。与风险密切相连的问题是风险转移的后果，即风险损失的承担。对此，《公约》第 66 条明确规定："货物在风险转移到买方承担后遗失或损坏，买方支付货款的义务并不因此而解除，除非这种遗失或损坏是由于卖方的行为或不行为所造成的。"这一规定的前提条件是风险已由卖方转移到了买方。

2.《公约》关于风险转移的规定

（1）《公约》关于风险划分的原则。《公约》中确定的风险转移的原则有以下四个。

1）以交货时间确定风险转移。《公约》采用了所有权与风险相分离的方法，确定了以交货时间作为风险转移时间的原则。《公约》第 69 条规定："从买方接收货物时起，风险转移于买方承担。"

2）过失划分原则。从交货时间起，风险从卖方转移于买方。这一原则的适用有一个前提，即风险的转移是在卖方无违约责任的情况下。假如卖方发生违约行为，则上述原则不予适用。如果卖方在订立合同时已知道或理应知道货物已经遗失或损坏，而他又不将这一事实告知买方，则这种遗失或损坏应由卖方负责。

3）国际惯例优先。在国际货物买卖中，有些国际惯例对风险转移有自己的规定。《公约》第 9 条规定，双方当事人业已同意的任何惯例和他们之间确立的任何习惯做法，对双方当事人均有约束力。例如，根据《2000 年国际贸易术语解释通则》，FOB、CIF 和 CFR 合同的风险划分是以装运港船舷为界，卖方承担货物越过船舷前的风险，货物越过船舷后的风险由买方承担。如果当事人在合同中选择了这种贸易术语，那么国际贸易术语规定的风险分担原则优先于《公约》的规定，即风险划分以船舷为界而不是以交付单据（即交货）的时候划分。

4）划拨是风险发生转移的前提条件。

（2）关于风险转移的具体规定。

1）合同涉及运输的。① 卖方没有义务在某个指定地点交货的，货交第一承运人时转移。② 卖方有义务在某个指定地点交货的，在该地点货交承运人时转移。

2）在运输途中出售的货物。① 原则上，风险于合同订立时转移。② 如果情况表明有需要，从货交承运人时起转移。③ 如果卖方订立合同时已经知道或应当知道货物已发生灭失或损坏，而对买方隐瞒事实，则这种损失由卖方负责。

3）不涉及运输的风险转移。① 在卖方营业地交货的，买方接收货物时或货交买方处置而他违反合同不受领货物时起。② 在卖方营业地以外地点交货的，交货时间已到，而买方知道货物已在该地点交他处置时起。

4.7 国际电子商务合同

4.7.1 国际电子商务合同的发展过程

1996 年 12 月 16 日联合国通过了《联合国国际贸易法委员会电子商务示范法》（以下简称《电子商务示范法》）。这部示范法是为了适应使用计算机技术或其他现代技术进行交易的贸易伙伴之间通信手段的重大变化而拟订的。该法对数据电文的法律承认、数据电文的可接受性和证据力、利用数据电文订立合同的有效性等重要问题做出了明确的规定。

2002年1月24日，联合国又通过了《联合国国际贸易法委员会电子签字示范法》（以下简称《电子签字示范法》），这是联合国继《电子商务示范法》后通过的又一部涉及电子商务的重要法律。该法试图通过建立一种安全框架，并提供有同等法律效力的书面电文和数字电文，促进在整个贸易过程中有效利用数字通信。该法对电子签字的适用范围、符合签字的要求、签字人和认证服务提供人的行为、对外国证书和电子签字的承认等重要问题做了详细的规定。这部示范法是世界第一部涉及现代化核证技术的立法，它构成了对《电子商务示范法》的有用补充，大大有助于电子商务的推广与应用。从宏观上讲，《电子商务示范法》解决了利用数据电文订立的合同的法律承认问题，《电子签字示范法》解决了利用数据电文订立的合同的安全认证问题，但如何利用数据电文开展合同的订立工作，这是上述两部示范法都没有解决的问题。

2001年6月25日到7月13日在联合国国际贸易法委员会（以下简称联合国贸法会）第34届会议上，专门就电子商务领域未来可能开展的工作进行了讨论。会议提出，应当从《公约》的角度来审议电子订约问题；应当依据该公约提出人们可以普遍接受的框架用于货物销售的在线合同；应当确定《公约》在多大程度上适用于服务或“虚拟货物”的交易，即可在计算机空间购买和递送的物品（如软件）的交易。

会议之后，联合国贸法会电子商务工作组开始了电子订约的立法工作，意在解决电子商务合同的订立问题。经过两年的努力，电子商务工作组基本形成了电子订约立法的整体构思，并提出了《由数据电文订立或证明的（国际）合同公约草案初稿》。虽然这一草案还有待进一步完善，但它的提出，无疑将对电子商务的实际应用起到巨大的推动作用。

4.7.2 国际电子商务合同

1. 电子合同的概念与特点

电子合同是指处于平等地位的电子商务主体通过电子网络订立的、明确彼此之间权利和义务关系的协议，也可以称做无纸合同。

电子合同系经由电子、光学或类似手段生成、储存或传递的合同，具有以下特点。

（1）电子数据的易消失性。

（2）电子数据作为证据的局限性。

（3）电子数据的易改动性。

2. 电子合同的成立

（1）电子合同成立的要件。电子合同在本质上也是当事人之间达成的合意，其成立意味着电子商务各方当事人的意思表示一致。电子合同应具备以下要件：

1）双方或多方订约当事人、订约各方当事人对主要条款达成一致。

2）具备要约和承诺阶段。

3）具备全部或部分采用电子记录形式要件。

4）全部或部分采用电子记录形式，是电子合同区别于传统纸质合同的标志——当事人之间订立的合同具备这一要件时，就是电子合同。

（2）电子要约

1）电子要约的含义。电子要约是指一方当事人以缔结合同为目的，以电子记录的形式向受要约人做出的意思表示。

《公约》和我国《合同法》均规定“要约是希望和他人订立合同的意思表示”，对要约的形式要件并未做出限定。因此，电子要约只要符合以下条件就处于《公约》和我国《合同法》的调整范围之内：①具有订约能力的人有订立电子合同的意图并做出意思表示。②向受要约人发出而且内容具体确定。开放型商业网络上推销商品与服务的网页信息只要满足了这些条件，就可以构成合同要约（不是要约邀请）。

2）电子要约的生效。《公约》和我国《合同法》规定：“要约到达受要约人时生效。采用数据电文形式订立合同，收件人指定特定系统接收数据电文的，该数据电文进入该特定系统的时间，视为到达时间；未指定特定系统的，该数据电文进入收件人的任何系统的首次时间，视为到达时间。”据此，电子要约只要到达收件人可以控制的地方，就视为电子要约到达，该时间就视为电子要约的到达时间。

3）电子要约的撤回。电子要约也是可以撤回的，前提是要约人具有订立合同的意图并已经向对方做出意思表示，撤回的通知在要约之前或与要约同时到达受要约人。

4）电子要约的撤销。电子要约也可以撤销，只要它满足了以下条件：① 撤销电子要约的通知由要约人向受要约人做出。② 在受要约人发出承诺通知之前到达。③ 以适当的方式做出。撤销电子要约的通知到达受要约人的时间认定与要约人撤回电子要约相同，此处不再重复。

（3）电子承诺及电子合同的成立。

1）电子承诺的含义。电子承诺是指受要约人以电子记录形式做出同意要约的全部或实质性内容的意思表示。

电子承诺应符合如下条件：① 由受要约人做出并在规定的期限内到达要约人。② 全部或实质性内容与要约一致并以适当的方式做出。

2）电子承诺的生效及电子合同的成立。联合国《电子商务示范法》无意在此问题上与大陆法系或英美法系的任何一方相冲突。该法回避了对承诺生效的时间做出直接规定，而仅仅是给数据电文的发出与到达时间设定了标准。如数据电文的发出时间，该法第 15 条第

1款规定："除非发端人与收件人另有协议，一项数据电文的发出时间以它进入发端人或代表发端人发送数据电文的人控制范围之外的某一信息系统的时间为准。"因此，联合国《电子商务示范法》对数据电文的发出时间采用的是"发送主义"。

然而，在数据电文的收到时间上，该法则采用了"达到主义"。该法第15条第2款规定："除非发件人与收件人另有协议，数据电文的收到时间按下述办法确定：① 如收件人为接收数据电文而指定了某一信息系统，a. 以数据电文进入该指定信息系统的时间为收到时间，或 b. 如收件人发给了收件人的一个信息系统但不是指定的信息系统，则以收件人检索到该数据电文的时间为收到时间。② 如收件人并未指定某一信息系统，则以数据电文进入收件人的任一信息系统为收到时间。"

至于承诺生效到底是以数据电文的发出还是以其到达为准，《电子商务示范法》根本没有涉及，立法者显然是想把这个问题留给各国的国内法去规定。

关于数据电文的发出与收到地点，联合国《电子商务示范法》第15条第4款规定："除非发件人与收件人另有协议，数据电文应以发端人设有营业地的地点视为其发出地点，而以收件人设有营业地的地点视为其收到地点。"我国《合同法》第34条规定："承诺生效的地点为合同成立的地点。采用数据电文形式订立合同的，收件人的主营业地为合同成立的地点；没有主营业地的，其经常居住地为合同成立的地点。当事人另有约定的，按照其约定。"

3. 电子合同的书面形式

在电子商务活动中，由于网络中使用的数据电文与传统的书面文件差异很大，数据电文能否被视为书面文件，以数据电文的形式订立的合同是否可被视为书面合同，不仅关系到电子商务的发展前景，同时也是对传统观念的重大挑战。与传统的书面文件相比，数据电文有以下特征。

（1）数据电文的实质是一组电子信息，其依赖的存在介质是计算机硬盘或软盘的磁性介质，而不是传统的纸张。

（2）数据电文的表现形式不是有形的纸张文字而是调取储存在磁盘中的文件信息，利用电子枪显示在计算机显示屏上的文字来表现。

数据电文的上述特点与传统上法律对书面文件的界定是完全不同的，因此，要将传统的书面形式要求照搬到电子商务中是根本不可行的。针对此种情况，联合国贸法会在起草《电子商务示范法》时，采用了一种称做"功能等同法"（Functional Equivalence Approach）的立法技术，将电子记录视为符合法律规定的书面形式中的一种。此种方法立足于分析传统的书面合同的作用，以确定通过电子技术来达到这些目的或作用。联合国贸法会在《电子商务示范法》第6条中规定："如法律要求信息须采用书面形式，假若一项数据电文所含信息可以备日后查用，即满足了该项要求。”该条规定在不要求各国取消其国内法关于书面形式要求的前提下，扩大了“书面形式”一词的解释，将数据电文纳入“书面形式”的范畴之内。

电子记录完全具备了法律上关于书面形式的可视性功能要求。我国《电子签名法》第 4 条规定：“能够有形地表现所载内容，并可以随时调取查用的数据电文，视为符合法律、法规要求的书面形式。”新加坡《交易法令》第 7 条也规定：“在法律要求信息采用文字、书面形式，或规定了未采用书面形式的一定后果的情形下，如一项电子记录所含信息可以调取以备日后查用，则其应被视为满足了该项要求。”我国《合同法》第 11 条规定：“书面形式是指合同书、信件和数据电文（包括电报、电传、传真、电子数据交换和电子邮件）等可以有形地表现所载内容的形式。”该条解决了数据电文的“书面形式”问题。

4．电子合同的履行及违约责任

（1）合同标的物的交付方式。电子合同的标的可以划分为有形标的与无形标的两类。当某一标的物为有形物时，电子合同的履行与传统合同的履行没有任何不同。当某一标的物为无形物时，依据交付方式的不同而有所不同。

电子合同的标的物为无形物时一般可以采取以两种方式进行交付：

1）将无形标的物装载于有形物中进行交付。例如,将计算机软件装载于光盘内再进行交付，是以有形介质为载体，使无形标的交付变有形标的交付的方式，可以适用传统合同履行的有关规定。

2）电子传输交付。它即通过电子网络中的数据电文往来完成合同标的交付，例如，在得到供方许可的前提下，登录到供方的电子网络中将计算机软件下载完成交付或由供方利用电子网络将标的物直接发送到需方的指定系统中即完成交付，这是电子合同独有的交付方式。该方式已经将传统合同履行过程虚拟化，在需方能够按照合同目的有效地占有和支配电子合同项下的标的物时，供方就已经履行了自己所承担的合同义务。

（2）合同履行的检验和接收。合同履行过程中，与交付相对应的是检验和接收。当合同标的无须经过专业人士检验，根据通常标准即可确定其使用性能与特点时，法律也就无须为此规定专门的检验和接收程序；当合同标的需要经过专业人士检验才能确定其使用性能与特点，并且接收方有机会对其进行检验时，法律应当考虑为此设置合理程序，赋予接收方在合理条件下进行检验的权利，以保障接收方的合法权益。经过检验，一方交付的合同标的物符合合同目的时，另一方应当按规定方式予以接收，协助对方完成交付行为，不得为此设置任何障碍；另一方交付时，合同一方负有同样的协助义务。

（3）违约责任。违约责任是合同法的核心内容，在电子合同中也不例外。当事人一方不履行或不完全履行合同义务，不存在法定或约定免责事由的，应当依据《合同法》第 10

条的规定承担继续履行、采取补救措施或者赔偿损失等违约责任。经营者对消费者有欺诈、胁迫行为的，应当依照《中华人民共和国消费者权益保护法》的规定承担损害赔偿责任。特别是在合同标的物为无形物时，当事人可以通过在合同中约定定金、预付款等方式来敦促对方履行合同，还可以根据《合同法》第66条、第67条、第68条和第69条的规定，积极运用所享有的抗辩权，保障自己的合法权益。《公约》和各国法律都对有关货物所有权及风险的转移进行了相关的规定。

本章小结

国际货物买卖是各国国际关系中最重要的组成部分。在国际货物买卖过程中要遵循《公约》及相关的国际贸易惯例。我国加入了该公约，但在有关国际货物销售合同形式和《公约》适用范围两个方面有所保留。

《2000年国际贸易术语解释通则》中规定了E组、F组、C组和D组四组国际贸易术语。其中，E组中只包含EXW—“工厂交货（……指定地点）”一个术语，该术语中卖方义务最小，买方义务最大。F组中包括FOB、FAS和FCA三个贸易术语。C组中包括CIF、CFR、CPT和CIP四个贸易术语。D组中包括DAF、DDU、DDP、DES和DEQ五个贸易术语。在这些贸易术语中最常用的是FOB、CIF和CFR。

国际销售货物买卖合同的成立经过要约（发价）和承诺（接受）两个主要过程，要约（发价）和承诺（接受）的成立时间《公约》采用送达主义。卖方的义务主要是必须按照合同和《公约》的规定，交付货物；移交一切与货物有关的单据；同时把货物所有权移交给买方。买方必须按照合同与《公约》的规定支付货物价款和收取货物。违约是指合同当事人违反合同债务，侵害合同债权的客观行为。各国法律对违约有不同的规定。根据违约的后果及其严重性，《公约》把违约分为根本性违约和非根本性违约。针对违约行为，受损一方可以采取相应的救济方法。国际电子商务合同也包括电子要约和电子承诺两个部分。合同成立的要件和生效时间等规定适用各国法律规定。

复习思考题

1. 单项选择题

（1）《联合国国际货物销售合同公约》适用于（　　）。

A. 营业地分处不同缔约国的当事人之间的货物买卖

B. 具有不同国家国籍的当事人之间的货物买卖

C. 船舶、飞机、气垫船的买卖

D. 卖方提供劳务或其他服务的买卖

（2）《2000年国际贸易术语解释通则》对（　　）种贸易术语进行了解释。

A. 9　　B. 13　　C. 15　　D. 11

（3）《2000年国际贸易术语解释通则》按英文字母排列，将国际贸易术语分为（　　）组。

A. 四　　B. 五　　C. 六　　D. 三

（4）《2000年国际贸易术语解释通则》中，卖方承担义务最小的术语是（　　）。

A. CIF　　B. FOB　　C. DAF　　D. EXW

（5）要约是向（　　）提出的订立合同的建议。

A. 一个特定的人　　B. 一个或一个以上特定的人

C. 不特定人　　D. 法人

（6）为邀请对方向自己订货而发出的商品目录单、报价单及一般的商业广告，是（　　）。

A. 要约　　B. 反要约　　C. 要约邀请　　D. 新要约

（7）《联合国国际货物销售合同公约》规定，要约于（　　）时生效。

A. 发出

B. 传达到受要约人营业地或其常住所

C. 传达到受要人并且受要约人理解

D. 交邮局发出

（8）《联合国国际货物销售合同公约》在风险转移方面采取（　　）原则。

A. 以合同订立时间确定风险转移

B. 以交货时间确定风险转移

C. 以所有权转移时间确定风险转移

D. 以买方实际控制货物时间确定风险转移

（9）在国际贸易中，一方违约使得另一方遭受经济损失，受损方在依法解除合同后（　　）。

A. 无权再提出损害赔偿要求

B. 有权再提出损害赔偿要求

C. 是否有权再提出损害赔偿要求视损失额的大小而定

D. 合同的争议解决条款也随之被解除

（10）根据《联合国国际货物销售合同公约》的规定，卖方义务不包括（　　）。

A. 货物质量担保　　B. 所有权提保

C. 提交货物　　D. 支付货款

（11）在F组贸易术语中，风险和费用的不正确划分是（　　）。

A. FAS是以指定装运港买方指定装货地点的指定船边作为界限

B. FOB是以装运港货物越过船舷作为界线

C. 在FCA中则是以货交承运人的时间和地点作为界线

D. FAS是以装运港货物越过船舷作为界线

（12）对D组贸易术语不正确的表述有（　　）。

A. DAF边境交货（指定地点）

B. DES目的港船上交货（指定目的港）

C. DEQ目的港码头交货（关税已付）（指定目的港）

D. DDU完税后交货（指定目的地）

（13）在贸易术语EXW中，卖方的责任不包括（　　）。

A. 在其所在地（工厂或仓库）把货物交给买方即履行了交货义务

B. 承担交货前的风险和费用

C. 提交单据或相等的电子单证

D. 自费办理出口和进口结关手续等

（14）在贸易术语EXW中，买方的责任不包括（　　）。

A. 自备运输工具将货物运至目的地

B. 承担卖方交货后的风险和费用

C. 自费办理出口和进口结关手续等

D. 提交单据或相等的电子单证

（15）在F组贸易术语中，不正确的表述有（　　）。

A. FAS船边交货（指定装运港）

B. FOB船上交货（指定装运港）

C. FCA货交承运人（指定地点）

D. FCA船边交货（指定装运港）

2. 简答题

（1）适用《INCOTERMS 2000》应注意什么问题？

（2）比较FAS和FOB，CFR和CIF之间的异同。

（3）试述CFR术语买方与卖方的主要责任。

（4）试述《联合国国际货物销售合同公约》关于要求卖方实际履行救济措施的主要规定。

（5）试述《联合国国际货物销售合同公约》风险转移的原则。

实训题

实训 1

中国甲公司向美国乙公司出口大米，并签订 FOB 合同，甲公司在货物装船前向检验机构申请检验，检验结果货物符合合同质量要求。甲公司在装船后及时向乙公司发出装船通知，但在海上航行途中由于海浪过大，大米被海水浸泡，质量降低。货物到达目的港后，乙公司要求甲公司赔偿差价损失。

问题

（1）甲公司是否对上述损失负责？为什么？

（2）如果本合同以 CIF 术语或 CFR 术语达成协议，大米被海水浸泡的风险损失又由谁承担，为什么？

实训 2

X 有限责任公司向甲国际有限公司发盘“小麦 1 000 公吨，每吨 200 美元 FOB 香港口岸，10 月装运，即期信用证支付，限 15 日付到有效。”

甲国际有限公司当即回电“价格减 15%，美国 Y 仲裁院仲裁，其他条件接受。”随后，甲国际有限公司发货。

X 有限责任公司没有答复，后 X 有限责任公司拒收。

问题

（1）拒收是否有理？拒收是否违约？

（2）合同是否成立？为什么？

实训 3

中国甲有限责任公司与美国 IBM 有限公司签订了一份购销合同。甲有限责任公司向 IBM 有限公司购买 1 000 台计算机，价格为 CIF 广州。

货到后，经广东进出口商检局检验存在严重质量问题。随后，双方达成索赔协议，同时要求 IBM 有限公司在 1 个月内将质量合格的计算机发运来。1 个月后交来的计算机仍然不合格。甲有限责任公司考虑再三，要求提交替代物。

问题

（1）在卖方违约时，买方可以采取哪些法律救济？

（2）在本案中可以采取什么方法?

实训4

德国莱恩有限责任公司与我国万利达有限责任公司签订一份购货合同。德国莱恩有限责任公司购买万利达有限责任公司大豆1 000吨，分2批发运，5月和6月各一批，CIF伦敦。

万利达有限责任公司在3月底就组织好货源，正好公司为另一笔交易租用的船只因解约而空仓，便将第一批大豆装船，运抵伦敦。德国莱恩有限责任公司拒绝付款赎单，理由是万利达有限责任公司没有按合同约定的时间装船，从而给莱恩有限责任公司带来了仓储费，希望德国莱恩有限责任公司付款赎单。正巧此时国际市场大豆行情下跌，德国莱恩有限责任公司拒绝付款赎单。万利达有限责任公司只好将大豆廉价处理。

问题

（1）CIF双方的责任是什么?

（2）如何履行装船义务?

第5章

国际代理法

本章学习目标

1. 掌握代理行为中各方当事人的关系、义务；
2. 了解代理法律制度的基本内容。

引导案例

甲长期担任A公司的业务主管，在A公司有很大的代理权限。在甲的努力下，A公司生意兴隆，新老客户遍及世界。A公司的董事长嫉妒甲的才能，无理解雇了甲。甲怀恨在心，于是在遭解雇一个月后，继续假冒A公司的名义从老客户B公司处骗得货物，逃之夭夭。B公司要求A公司付款，A公司则以甲假冒公司名义为由拒绝付款。B公司坚持认为在其与甲做生意期间，他并不知甲已被A公司解雇，并且也未收到关于A公司已解雇甲的任何通知，所以B公司是不知情的善意第三人，A公司仍应对甲的无权代理行为负责。

按照国际代理法，本案是一个委托人撤回了代理人的代理权后，委托人与代理人之间代理关系的消灭是否对第三人生效的问题。英美法系和大陆法系的许多国家法律普遍认为这个问题取决于第三人是否知情。如果第三人知情，第三人就不能要求原委托人对代理人的行为负责；反之，委托人则应负责，以保护善意的第三人的利益。在本案中，由于B公司对A公司与甲之间在交易前已终止代理关系并不知情，所以有权要求A公司对甲的无权代理行为负责。在确定了A公司对B公司的付款责任后，甲要向A公司承担还款的责任。

5.1 国际代理法概述

代理制度是各国民商法中的一项重要的法律制度，是商品经济发展到一定程度的产物。

由于商品经济高度发达，社会关系也越来越复杂，人们不可能再事必躬亲，所以代理制度迅速发展起来。

代理制度最早起源于中世纪的海商活动。18世纪左右，在海商活动比较发达的英国，最早出现了明示授权代理和追认代理权的代理普通法规则。1889年，英国的成文立法《经纪人法》全面规定了经纪人及其他种类代理人的广泛代理权限，标志着英国代理制度的最初确立。20世纪初，英美法系国家又颁布了一系列的单行法规，规定了一系列有关委托代理的制度。

大陆法系国家是在18世纪通过吸收英国法中的某些原则而形成了具有自身特色的代理法制度。19世纪末20世纪初，《法国民法典》和《德国民法典》中分别确立了两种不同的代理制度。《法国民法典》中没有形成完善的代理法律制度，没有确立关于法律行为、代理的一般性规定，而是将代理和委托合同混合在一起。但是，法国于1965年以第65-570号法律补充了民法典的1990条。而德日的立法者将具有普遍意义的代理制度从旧商法典中抽出，编入了民法典，建立了较完善的代理法律制度，同时在商法典中又以专章规定了代理商的活动。

代理法是指规范代理制度的各种法律规范的总和。在市场经济条件下，代理关系已成为最普遍的法律关系之一，特别是在国际贸易领域，许多业务工作都是通过各种代理人进行的。如普通代理人、经纪人、运输代理人、保险代理人和广告人等，其中许多代理人都是以公司的形式出现。

5.1.1 代理的概念

所谓代理（Agency）是指代理人（Agent）按照被代理人（Principal）的授权（Authorization），在代理权限内代表被代理人同第三人订立合同或实施其他的法律行为，由此而产生的权利和义务直接对被代理人发生效力。这里的被代理人就是委托人，代理人就是受被代理人的委托替被代理人办事的人，而第三人则是泛指一切与代理人打交道的人。依代理法的规定，如果代理人在被代理人的授权范围内行事，则代理人的代理行为对被代理人有拘束力，由代理人的代理行为所产生的权利和义务，均由被代理人享有和承担，代理人对此一般不承担个人责任。

可见，代理关系具有如下法律特征。

（1）代理人在授权范围内或法律规定的权限范围内独立为意思表示。例如，甲委托乙代为购买一批木材，在甲的授权下，乙可以自行决定向谁购买，从而完成代理行为。这就是代理行为和居间行为、传达行为的不同之处。

（2）代理行为必须是具有法律意义的行为。通过代理人进行的行为必须是能产生法律上的权利或义务、产生法律效果的行为。例如，代为订立合同和代为房产登记等。

（3）代理行为是以被代理人名义进行的行为。代理人只有以被代理人的名义行事，才能为被代理人设定权利和义务。这正是代理行为和行纪行为的区别所在。经营行纪、寄售业务活动的寄售商店，是以自己的名义进行活动，由此产生的权利和义务关系归于行纪或寄售的商店，并不直接归属于委托客户。

（4）代理行为的法律效果直接归属于被代理人。只要代理人在被代理人的授权或法律规定的权限范围内行事，被代理人就要承担该行为的法律效果。

5.1.2　关于代理权产生

代理权产生的方式，大陆法、英美法与中国法有所不同。

1. 大陆法国家关于代理权产生方式的规定

大陆法国家的法律把代理权产生方式分为两种：一种是由于被代理人的意思表示而产生的，称意定代理或委托代理；另一种是代理人依据法律规定，直接获得代理权，称法定代理。

（1）意定代理（Voluntary）。意定代理是指由被代理人的意思表示产生的代理权，这种表示可以是口头的，也可以是书面的；可以向代理人表示，也可以向同代理人打交道的第三人表示。因此，意定代理有以下两个特点。

1）这种意思表示必须是有相对人的意思表示。这里的相对人，既可以是被授权的代理人，也可以是与代理人打交道的第三人。

2）这种意思表示的形式一般没有限制，既可以是口头的，也可以是书面的。但是如果法律规定要采取特定形式的，依其规定。

（2）法定代理（Statutory）。法定代理是指当被代理人事实上或法律上不能实施法律行为时，依据法律规定产生的代理权。享有这种代理权的人称法定代理人。法定代理权的产生，主要有以下三种情况。

1）根据法律规定而产生的代理权。例如根据民法典的规定，父母对未成年子女享有代理权；根据公司法的规定，董事长对公司法人具有代理权。

2）根据法院的选任而产生的代理权。例如法院指定法人清算人的代理权。

3）因私人的选任而产生的代理权。例如亲属所选任的监护人及遗产管理人等。

2. 英美法国家关于代理权产生方式的规定

英美法国家的法律认为，代理权的产生可以基于明示的指定，默示的授权或是由于客观必须的代理权或追认的代理权。

（1）明示指定（Express Authority）。明示指定是指被代理人以明示的方式指定某人为他的代理人而产生的代理权，这是英美法系国家中代理权产生的最主要方式。明示授权的代理协议并不要求特定形式，既可以采用书面方式，也可以采用口头方式。只有当委托人要求代理人用签字蜡封的方式替他同第三人订立合同时（例如委托代理人替他购买不动产）才必须采用签字蜡封的形式授予代理权。

案例 5-1

帕劳诺玛发展公司诉法妮新织造有限公司案（1971）

被告公司一秘书以公司名义租了辆车子，但用于私事。被告认为秘书雇车私用，非公司业务，拒绝付款。法院认为公司的秘书有暗示的合理权限为公司目的订车，原告只认为秘书为被告的代理人，所以公司应付款，至于私用问题只能由公司内部处理。

（2）默示授权（Implied Authority）。默示授权是指一个人以他的言辞或行动使另一个人有权以他的名义签订合同，则应当受到合同的约束，就像他明示地指明了代理人一样。

具体来说，主要有以下两种情况。

1）以言辞、行为默示而产生。如果被代理人的行为和语言中包含默许代理人代理其签订合同的意图，那么可以推定被代理人与代理人之间存在着有效的代理关系，被代理人应受代理人所签订合同的拘束，就像他明示地指定了代理人一样。

2）以身份关系、合作行为而推定产生。即根据当事人之间的身份关系或合作行为而推定当事人之间存在着真实有效的代理关系。前者如配偶之间的默示代理，后者如合伙人之间的默示代理。

案例 5-2

里奥德诉葛内斯史密斯公司案（1912）

被告指派一公司职员从事了几项业务外事项，包括帮助客户转让财产。后来这个职员使客户大受损失，这一客户告了被告。法院认为，这个职员受被告指派从事非业务事项，这就是从被告的指派行为中获得了暗示代理权，所以被告应对客户负责。

（3）客观必要的代理（The Agency of Necessity）。客观必要的代理是指代理人根据被代理人的授权或法定授权管理他人财产，遇有特殊情况，代理人为保全受托财产而采取的紧急、必要的超出授权范围之外的措施，基于此种措施导致的代理人与被代理人之间所产生的代理关系。这种代理的特征在于它对代理双方当事人均具有强制性和不可选择性。在客观必要的情况下，虽然受委托管理财产的人并没有得到采取此种行动的明示授权，但由于客观情况的需要，视为具有此种授权。

客观必要的代理关系的产生，必须同时具备下述三个条件才能成立。

1）行使这种代理权应是实际上和商业必须性质的紧急情况。

2）代理人在行使这种权利前无法同代理人取得联系以取得代理人的指示。

3）代理人所采取的措施必须是善意的、合理的，并且必须考虑到所有各方当事人的利益。代理人的欺诈行为、非维护当事人利益的行为或根据当事人利益不必要采取的行为，均不能构成客观必要的代理。

案例 5-3

斯佩内葛诉威斯特铁路公司案（1921）

铁路公司替原告运一批西红柿到 A 地。由于铁路工人罢工，西红柿被堵在半路上，眼看西红柿将腐烂，铁路公司就地将西红柿卖掉。法院认为，虽然铁路公司是善意地保护原告的利益，但当时是可以通知原告的，在可以联系而未联系的情况下私自处理他人的财物，不能算是具有客观必须的代理权，被告败诉。

（4）追认代理（Ratification）。追认代理是指代理人未经授权或超出了授权而以被代理人的名义同第三人进行了某项民事行为，事后该行为得到了被代理人的批准或承认，由此而产生的代理权称追认代理。追认代理具有溯及力，即被代理人追认行为的效果溯及被追认行为的开始时。

追认代理的成立必须具备以下几个条件。

1）代理人与相对人签订合同时必须明示该行为是为代理他人办理。如果代理人事实上没有得到授权，而是打算作为代理人替别人订立合同，但并未将该意图告诉订约对方，那就不能事后得到被代理人追认。

2）追认法律行为的被代理人必须是在行为发生时已经取得法律人格的人。例如，公司发起人在公司尚未成立时，只能以自己名义而不能以公司名义订立合同，公司成立后，也不能追认该合同。

3）该法律行为只能由已经指出姓名的被代理人或可以确定姓名的被代理人追认。

4）被代理人在追认该合同时必须了解其主要内容。

5）追认必须是对整个合同的追认。被代理人不能只追认合同中对自己有利的部分，而否认对自己不利的部分。

6）追认必须及时，超过确定的履行期限的合同不能追认；如果没有签订履行期限，被代理人必须在知悉该未经授权行为的一段合理时间内表示追认。

7）追认的代理行为必须合法。被代理人表示追认的方式，可以是口头的、书面的或以实际行动表示。

3. 中国法律关于代理权产生方式的规定

中国法律中关于代理的规定主要见于《中华人民共和国民法通则》(以下简称《民法通则》)、《中华人民共和国合同法》(以下简称《合同法》) 等法律中。

(1) 我国《民法通则》关于代理的规定。

1) 关于代理的原则规定。我国《民法通则》第 63 条规定："公民、法人可以通过代理人实施民事法律行为。代理人在代理权限内，以被代理人的名义实施民事法律行为，被代理人对代理人的代理行为承担民事责任。依照法律规定或者按照当事人约定，应当由被代理人实施的民事法律行为，不得代理。" 据此，我国的民事代理包括三个方面的内容：① 公民、法人可以通过代理人实施民事法律行为。② 代理人只能在代理的权限范围内为被代理人进行代理，代理的后果由被代理人承担。③ 依照法律规定或者双方当事人约定应当由被代理人实施的民事法律行为不能代理。

2) 代理的种类及代理权产生的根据。依照《民法通则》第 64 条的规定，代理包括委托代理、法定代理和指定代理三类。代理的种类不同，代理权产生的根据也不同，主要有：① 委托代理人的代理权产生于被代理人的委托授权。② 法定代理人的代理权产生于法律的规定。③ 指定代理人的代理权产生于人民法院或指定单位的指定。

3) 委托代理的形式和授权不明的法律后果。依照《民法通则》第 65 条的规定，委托代理的形式有两种，一种是书面形式，另一种是口头形式，但法律规定用书面形式的应当用书面形式。书面委托代理的授权委托书应当载明代理人的姓名或名称、代理事项、权限和期限，并由委托人签名或盖章。委托书授权不明的，被代理人应当向第三人承担民事责任，代理人负连带责任。

4) 关于转委托代理的规定。我国《民法通则》第 68 条规定："委托代理人为被代理人的利益需要转托他人代理的，应当事先取得被代理人的同意。事先没有取得被代理人同意的，应当在事后及时告知被代理人，如果被代理人不同意，由代理人对自己所委托的人的行为承担民事责任。但在紧急情况下，为了保护被代理人的利益而转托他人代理的情况除外。如果委托代理人转委托时没有按要求办理转托手续，转托权限不明，给第三人造成损失的，第三人可以要求被代理人赔偿损失；被代理人承担民事责任后，可以要求委托代理人赔偿损失，转托代理人有过错的，应当负连带责任。"

(2) 我国《合同法》中关于代理的规定。我国《合同法》关于代理的规定主要体现在第二十一章 "委托合同" 中，其涉及的内容主要限于委托代理方面。在这种法律关系中，委托人基于委托合同的约定而授予受托人代理权，受托人则以委托人的名义处理委托业务。

5.1.3　无权代理

1．无权代理的概念

无权代理是指代理人在不享有或已丧失代理权的情况下所进行的代理行为。无权代理主要有以下四种情况。

（1）未得到被代理人授权的代理。

（2）超出授权范围的代理。

（3）不具备默示授权条件的代理。

（4）代理权限消灭后的代理。

根据各国法律规定，无权代理所作的代理行为，非经被代理人的追认，对被代理人没有拘束力。但无权代理行为可以由被代理人事后予以追认而发生效力。如果被代理人事后不予追认，善意第三人由于无权代理人的行为遭受损失，该无权代理人应对善意第三人负责。这里的“善意”是指第三人不知道该代理人是无权代理人而言。如果第三人明知道代理人没有代理权，或者合同中已经排除了代理人的责任，则无权代理人可以不承担责任。

2．无权代理的法律后果

关于无权代理及法律后果，各国法律规定不完全相同。

（1）大陆法的规定。按照大陆法系各国的代理法，无权代理有广义和狭义两种。广义上的“无权代理”泛指行为人不具有代理权，却以被代理人的名义与第三人进行民事活动的情形。而广义的“无权代理”又可以分为“狭义的无权代理”和“表见代理”两种，两者的法律后果有所不同。

1）狭义的无权代理。狭义的无权代理是指行为人完全没有代理权而以被代理人名义实施法律行为。即行为人既没有法定或意定的代理权，也没有令人相信其有代理权的事实或理由，却毫无根据地以被代理人的名义实施法律行为。

这种狭义无权代理行为所产生的法律后果，就是这种行为非经被代理人追认，对被代理人是没有约束力的。在被代理人没有追认之前，狭义无权代理行为处于效力未定的状态。如果不知晓无权代理情形的善意的第三人因此而遭受了损失，该行为人应当对该第三人负责。但若第三人明知或应当知道该行为人无权代理，则法律不予保护。

2）表见代理（Ostensible　Agency）。表见代理是指行为人虽无代理权，但善意的第三人在客观上有充分的理由相信行为人具有代理权，而与其实施法律行为，该法律行为的后果应直接由被代理人承担。

表见代理实质上也是一种无权代理。普遍的原则是，无权代理对被代理人不发生效力。但是由于无权代理往往涉及相对第三人的利益，如果完全否认无权代理行为对被代理人的效力，有时会严重损害相对第三人的利益。因此，在一定条件下使被代理人承担无权代理的后果，有利于保护善意第三人的正当利益，也符合公平合理原则。在英国，表见代理被称为“不可否认的代理”（Agency by Estoppels）。

表见代理的成立必须具备以下条件：① 客观上必须有使第三人相信行为人具有代理权的依据。例如，无权代理人与被代理人有劳动雇佣关系，足以使第三人相信无权代理人是有代理权的。② 相对第三人必须为善意而且无过失，即第三人根本不知也无法得知无权代理人的所谓“代理活动”是无权代理行为。如果第三人明知或应当知道行为人无代理权却仍与其实施法律行为，则表见代理不成立，第三人也不能获得法律的保护。

（2）英美法的规定。英美法把大陆法上的无权代理归为违反有代理权的默示担保（Breach of Implied Warranty of Authority）。按照英美法的理论，当代理人同第三人实施法律行为时，代理人对第三人就产生了一种默示担保，即保证他是经被代理人授权有代理权的。在以违反有代理权的默示担保为理由进行的起诉中，应注意以下五点。

1）此种诉讼只能由第三人提起，不能由被代理人提起。

2）无权代理人的行为不论是出于恶意还是不知情，他都要对此负责。

3）如果第三人明知或应知行为人欠缺代理权，确认与之实施法律行为，那么代理人可以不承担责任。

4）如果是由于被代理人的代理指示不清，而且代理人是以善意行事的，那么即使代理人对代理指示做出了错误的解释，也不承担责任。

5）代理人对违反有代理权的默示担保所承担的损害赔偿金额，一般按照第三人所遭受的实际损失计算。

（3）中国法的规定。我国《民法通则》第66条规定：“没有代理权、超越代理权、代理权终止后的行为，只有经过被代理人的追认，被代理人才承担民事责任。未经追认的行为，由行为人承担民事责任。被代理人知道他人以被代理人名义实施民事行为而不做否认表示的，视为同意。”“第三人知道行为人没有代理权、超越代理权或代理权已终止还与行为人实施民事行为给他人造成损害的，由第三人和行为人负连带责任。”

5.1.4 代理关系的终止

代理关系的终止是指根据代理关系中双方当事人的协议或由于某些法定事由的出现，致使代理权消灭的行为。代理关系终止后，被代理人必须将终止事实通知第三人。通知可以采用口头、书面或公告等形式。

1. 代理关系终止的原因

代理关系终止的原因通常有两类：一类是根据代理双方当事人的协议或行为而终止，

另一类是根据某些法定事由的出现而终止。

根据双方当事人的协议或行为终止代理关系的情形主要有以下六种。

（1）代理目的实现。由于代理任务完成，代理目的实现而终止代理关系。

（2）代理期限届满。如果被代理人和代理人在代理合同中订有期限，则代理关系于期限届满时终止。

（3）根据合同约定而终止。如果被代理人和代理人在代理合同中约定了合同终止的条件，则该条件出现时，代理关系终止。

（4）根据当事人事后协议终止。被代理人和代理人可以通过双方协议的方式终止代理关系。

（5）基于被代理人撤回代理权而终止。各国法律原则上都允许被代理人在代理关系存续期间撤回代理权。但是被代理人在终止代理关系时，必须在相当长的时间以前通知代理人。如果被代理人在代理关系存续期间不适当地撤销代理关系，被代理人必须赔偿代理人的损失，其中包括代理人的佣金损失或其他报酬。而根据英美法的判例，如果代理权的授予是与代理人佣金以外的利益结合在一起的被代理人，就不能单方面撤回代理权。

（6）基于代理人辞去代理权而终止。代理人也可以经过事先通知被代理人，从而辞去其代理的职责，终止他们之间的代理关系。

2．根据法定事由的出现终止代理关系

根据各国法律，在下列情况下，代理关系即告终止。

（1）被代理人死亡、破产或丧失行为能力。某些大陆法国家的民商法规定，上述情况只适用于民法上的代理权，商法上的代理权则应适用商法典的特别规定。

（2）代理人死亡、破产或丧失行为能力。根据各国法律，当代理人死亡、破产或丧失行为能力时，无论是民事上的代理权还是商事上的代理权均应终止。

（3）履行不能或嗣后违法。根据各国法律规定，当代理标的物毁损或消灭时，因代理目的无法实现，代理关系因这种不可能事实而终止。此外，如果法律的改变使代理行为成为非法，代理关系便告终止。

（4）由于其他原因引起的被代理人与代理人之间特定关系的解除，导致代理关系终止。

1）我国《民法通则》第 69 条规定，有下列情形之一的，委托代理关系终止：① 代理期限届满或代理事务完成。② 被代理人取消委托或代理人辞去委托。③ 代理人死亡。④ 代理人丧失民事行为能力。⑤ 作为被代理人或代理人的法人终止。

2）我国《民法通则》第 70 条规定，有下列情形之一的，法定代理或指定代理终止：① 被代理人取得或恢复民事行为能力。② 被代理人或代理人死亡。③ 代理人丧失民事行为能力。④ 指定代理的人民法院或指定单位取消指定。⑤ 由其他原因引起的代理人和被

代理人之间的监护关系消失。

3．代理关系终止的法律后果

（1）被代理人和代理人之间的法律后果。代理关系终止后，对建立代理关系的双方当事人会产生不同的后果。就代理人来说，代理关系终止后，代理人就不再具有代理权，如果该代理人仍以对方当事人名义继续从事代理活动，即属于无权代理，应按无权代理的法律规定处理。就被代理人来说，如果代理关系的终止是由于被代理人不恰当地撤回了代理权，则被代理人应承担违约责任，赔偿代理人因此遭受的损失。大陆法一些国家的商法典中还规定，在终止代理合同时，代理人对于其在代理期间为被代理人建立的商业信誉，有权要求被代理人予以赔偿，这种商誉赔偿应在代理合同终止后的三个月内提出，当事人不得事先在合同中放弃此项请求权。

（2）对于第三人的法律后果。当被代理人撤回代理权或终止代理合同时对第三人是否有效，主要取决于第三人是否知情。根据各国法律，当代理关系终止时，必须通知第三人才能对第三人发生效力。如果被代理人在终止代理合同时没有通知第三人，后者由于不知道这种情况而与代理人订立了合同，则该合同对被代理人仍有拘束力。被代理人对此仍须负责，但被代理人有权要求代理人赔偿其损失。

5.2 代理的内外部关系

5.2.1 代理的内部关系

被代理人与代理人之间基于委托授权或法律规定而形成的代理关系，是代理关系中的内部关系。这种内部关系由双方当事人所订立的代理合同加以规范，通过订立代理合同或代理协议来建立代理关系，并通过合同或协议确定彼此之间的权利和义务、代理人的权限范围、代理报酬等事项。

被代理人与代理人之间的代理关系一经建立，便会产生相应的法律效果。当被授权的代理人同第三人依法从事一项民事行为后，该项行为的结果就要约束被代理人及第三人，并由被代理人及第三人承担相应的法律后果，而代理人则不是该项民事行为法律后果的一方当事人。如果代理人未经授权或超出授权范围而以被代理人的名义同第三人订立了合同，那么该合同就对被代理人没有约束力，由此产生的责任、损失，都由代理人承担。

5.2.2 代理的外部关系

1．代理人与第三人之间的关系

按照代理的一般原则，代理人是被授权代替被代理人与第三人订立合同的人。合同一经签订，该合同的权利和义务就归于被代理人，由被代理人直接对第三人负责，代理人一般不承担个人责任。但是按照英美法国家的判例，在下列特定情况下，即使代理人的代理业务已经完成，代理人仍需对第三人承担一定的责任。

（1）在委托代理的情况下。如果有下列情况之一，代理人应对他与第三人签订的合同负责。

1）代理人用明示或暗示形式同意对该合同负责。

2）代理人在合同上签上自己的名字，或并未说明自己是代理人。

3）代理人在签字蜡封式合同上签名，即使注明是合同代理人也要对该合同负责。

4）在被代理人是虚构的情况下，代理人要对所订合同负责。

5）在合伙合同中，每个合伙人都是其他合伙人的代理人。因此，合伙人之间要负连带责任。

6）商业惯例要求代理人对合同负责。

在上述情况下，第三人若因代理行为的后果而发生损害，既可以选择代理人也可以选择被代理人提起诉讼。如果是由代理人与被代理人承担连带责任的，第三人可以将其作为共同被告提起诉讼。

（2）在法定代理的情况下。被代理人由于无行为能力，代理人应对被代理人给第三人带来的任何损失承担责任。

（3）在无权代理的情况下。由于无权代理人处于不确定的状态，若其行为后果得到被代理人追认，则可以解除代理人对第三人承担的个人责任；若其行为后果未得到被代理人的追认，代理人须对第三人承担个人责任。但第三人在订约时已经知道或理应知道该代理人的代理权限上有瑕疵的除外。

2．被代理人与第三人的关系

一般来说，当被授权的代理人代表被代理人与第三人订立合同后，被代理人与第三人均受合同的约束，承受代理行为的后果。但有时代理人并非是以被代理人名义与第三人签订合同。在这种情况下，如何确定代理人与第三人所订立合同的归属问题就显得十分重要。对此，大陆法系、英美法系和中国法的规定不同。

（1）大陆法的规定。大陆法系国家把代理分为两种：直接代理与间接代理。

1）直接代理。直接代理是指代理人在代理权限内，以代理人的身份与第三人订立合同的代理行为。在直接代理中，代理人与第三人订立合同时，可以指明被代理人的姓名，也可以不指出被代理人的姓名，只要代理人表明了他是以代理人的身份订约即可。在直接代理中，合同效力直接及于被代理人，合同双方的当事人是被代理人和第三人，合同的权利和义务直接归属于被代理人，被代理人直接对第三人负责。

2）间接代理。间接代理是指代理人以自己的名义，为了被代理人的利益而与第三人订立合同，日后再将其权利和义务通过另一个合同让与被代理人的代理行为。在间接代理人与第三人所签订的合同中，无论代理人在签订合同时是否得到被代理人的授权，一旦合同成立，该合同都将被认为是代理人与第三人之间的合同，而不是被代理人与第三人之间的合同。在间接代理人与第三人所签订的合同中，被代理人原则上同第三人没有法律上的直接联系，被代理人不能仅凭间接代理人所签订的合同直接对第三人主张权利，只有当间接代理人把他与第三人订立的合同中所取得的权利转让给被代理人后，被代理人方能对第三人主张权利。因此，在间接代理的情况下，被代理人需要通过两个合同（第一个合同是代理人与第三人订立的；第二个合同是代理人把有关权利转让给被代理人的合同）才能对第三人主张权利。

（2）英美法的规定。英美法国家的法律根据代理人在与第三人订立合同时是否披露代理关系，将被代理人与第三人的关系分为三种：已被披露的被代理人、部分披露的被代理人、未被披露的被代理人。

1）已被披露的被代理人。已被披露的被代理人是指代理人在订约时，不但表明了自己的代理身份，而且还指出了被代理人的姓名、商号的代理行为。在这种情况下，这个合同就是被代理人同第三人之间的合同，被代理人应该对合同负责，代理人不承担个人责任。代理人在订立合同后，即退居合同之外。他既不能从合同中取得权利，也不对该合同承担义务。但在下列情况下，代理人应对合同负责：① 如果代理人用他自己的名字在签字蜡封式合同上签了名，他就要对此负责。② 如果代理人以他自己的名字在汇票上签了名，他就要对该汇票负责。此外，如果按照行业惯例认为代理人应该承担责任的，代理人也应负责。例如按运输行业惯例，运输代理人替被代理人预订舱位时须对运输公司负责缴纳运费及空舱费。

2）部分披露的被代理人。部分披露的被代理人是指代理人在订约时只披露代理关系的存在，表明他是代理人，但是没有指出他为之代理的被代理人的姓名。在这种情况下，这个合同仍被认为是被代理人与第三人之间的合同，应由被代理人对合同负责，代理人对该合同不承担个人责任。

3）未被披露的被代理人。未被披露的被代理人是指代理人在订约时不披露代理关系的存在，代理人既未表明自己的代理身份，又未指出被代理人是谁。在这种情况下，即使代理人得到了被代理人的授权，代理人原则上也应对合同负责。但未被披露的被代理人能否依据这个合同取得权利并承担义务，英美法认为，未被披露的被代理人原则上可以直接取得这个合同的权利并承担义务，主要通过以下两种方式：① 被代理人享有介入权。未被披露的被代理人有权进入合同并直接对第三人行使请求权或在必要时对第三人起诉。如果被代理人行使了介入权，他就使自己对第三人承担个人义务。② 第三人享有选择权。第三人在发现了被代理人之后，就享有选择权。他可以选择被代理人或代理人承担合同义务，也可以向被代理人或代理人起诉。第三人一旦做出选择后便不能更改。

总之，无论是被代理人行使介入权还是第三人行使选择权，在英美法中通过代理人与第三人之间的一个合同，便可以使被代理人与第三人发生法律关系，而不像大陆法那样需要通过两个合同才能使被代理人与第三人发生法律关系。这是英美法与大陆法的一个重要区别，也是英美法代理制度的一个重要特点，我国《合同法》也吸收了英美法的这一做法。

3．中国法律的规定

（1）关于未披露委托人的代理行为的效力的规定。我国《合同法》第 402 条规定："受托人（代理人）以自己的名义，在委托人（被代理人）的授权范围内与第三人订立合同的，第三人在订立合同时知道受托人与委托人之间的代理关系的，该合同直接约束委托人和第三人，但有确切证据证明该合同只约束受托人和第三人的除外。"

本条是我国《合同法》中关于委托合同中未披露委托人的代理时，受托人行为效力的规定。该条规定实际上是吸收了英美法中的做法，突破了我国《民法通则》中代理仅限于显名代理的规定。

（2）关于未披露委托人的代理中，委托人的介入权和第三人的选择权的规定。我国《合同法》第 403 条规定："受托人以自己的名义与第三人订立合同时，第三人不知道受托人与委托人之间的代理关系的，受托人因第三人的原因对委托人不履行义务，受托人应当向委托人披露第三人，委托人因此可以行使受托人对第三人的权利，但第三人与受托人订立合同时如果知道该委托人就不会订立合同的除外。""受托人因委托人的原因对第三人不履行义务，受托人应当向第三人披露委托人，第三人因此可以选择受托人或委托人作为相对人主张其权利，但第三人不得变更选定的相对人。""委托人行使受托人对第三人的权利的，第三人可以向委托人主张其对受托人的抗辩。第三人选定委托人作为其相对人的，委托人可以向第三人主张其对受托人的抗辩以及受托人对第三人的抗辩。"

据此，该条包含以下重要内容。

1）关于委托人介入权的规定。依据该条第一款的规定，委托人介入有三个条件：① 必须是未披露委托人的代理，即受托人以自己的名义与第三人订立合同，同时第三人不知道受托人与委托人之间的代理关系。② 必须是受托人因第三人的原因对委托人不履行义务，即受托人非因自己的过失，而是因第三人不按约履行合同导致自己违约。此时，受托人有义务向委托人披露第三人。③ 必须是委托人向第三人表明自己的委托人身份。委托人只有表明了自己的身份，才能证明自己对第三人享有合同权利。此外，根据本条第一款的规定，指明了委托人无权介入的情况，即"第三人与受托人订立合同时如果知道该委托人就不会订立合同的除外。"

2）关于第三人选择权的规定。根据本条第二款的规定，当受托人因委托人的原因对第三人不履行义务时，受托人有义务向第三人披露委托人。第三人在受托人披露委托人后，可以选择其中之一作为相对人。但这种选择权只能行使一次，一旦选定，不得变更。

3）关于行使介入权或选择权后，行使抗辩权的规定。依据本条第三款的规定，委托人介入合同后，可以行使受托人对第三人享有的合同权利，但第三人可以向委托人主张其对受托人的抗辩权。

5.3 代理关系中当事人的义务

代理关系中各方当事人的义务通常都由各国法律加以规定，所不同的是，大陆法国家主要是在民商法典中加以规定，英美法国家则主要由判例确定，但其基本内容大体一致。

5.3.1 代理人的义务

1．代理人对被代理人的义务

（1）勤勉地履行其代理职责的义务。大陆法要求代理人应尽到一个“善良家长”对自己事务应尽到的责任，英美法则要求代理人对其所代理的事务给予“应有的注意”。如果代理人疏于履行职责，或者在替被代理人处理事务时有过失，致使被代理人遭受损失，代理人应对被代理人负赔偿责任。

（2）诚信、忠实的义务。诚信、忠实，是基于被代理人对代理人的信任而产生的义务，具体表现为：

1）代理人必须向被代理人公开他所掌握的有关客户的一切必要情况，以供被代理人考虑决定是否同该客户订立合同。

2）代理人不得以被代理人名义同代理人自己订立合同，除非征得被代理人同意。

3）代理人非经被代理人特别许可，不得在同一交易中同时兼为第三人的代理人。如果发生上述情形，被代理人有权随时撤销代理合同或收回代理权，并有权请求损害赔偿。

4）代理人不得受贿或密谋私利，或与第三人串通损害被代理人利益。如果代理人谋取了超出被代理人付给他的佣金或酬金以外的任何私利或接受了贿赂，被代理人有权向代理人索还，并有权不经事先通知而解除代理关系或撤销该代理人与第三人订立的合同，或拒绝支付代理人在受贿交易上的佣金，甚至可以对受贿的代理人和行贿的第三人提起诉讼，要求他们赔偿损失，情节严重者还可以要求追究其刑事责任。

（3）保守被代理人商业秘密的义务。代理人在代理关系存续期间或代理关系终止以后，都不得把代理过程中所得到的被代理人的商业秘密向第三者泄露，也不得由他自己利用这些资料同被代理人进行不正当的业务竞争。

案例 5-4

马里兰钢铁有限公司诉名特纳案（1978）

原告雇用被告从事废旧钢铁的买卖交易。当生意兴隆时，被告与公司另一名职员准备也创立一家类似的钢铁公司，并在业余时间积极准备，后两人辞职并于一年后正式成立了一家钢铁公司，原告认为被告在任职期间不忠实，所以应赔偿损失，并要求法院禁止被告开业。法院认为，被告在任职期内并未开办类似的公司与被代理人竞争，业余时间的准备是合理的，辞职一年后才开业，也不违反商业信誉原则，所以不涉及不忠实问题，原告败诉。

（4）代理人必须向被代理人申报账目。代理人有义务对一切代理交易保持正确的账目。并应根据代理合同的规定或在被代理人提出要求时向被代理人申报账目。代理人应将代理人交给其保管的财产和自己的财产分开。

（5）亲自履行代理职责的义务。代理关系是基于被代理人对代理人的人身信任而产生的。因此，在一般情况下，代理人不得把被代理人授予的代理权委托给他人。如果客观情况需要将代理权委托给他人，或者贸易习惯上允许这种转委托，或者征得了被代理人的同意，则不在此限。

2. 代理人对第三人的义务

代理人对第三人的义务，主要有以下两项。

（1）权利担保义务。权利担保义务是指代理人应担保其代理行为是在被代理人的授权范围内进行的有权代理。这项义务在大陆法国家和英美法国家的法律规定中不完全一样。

1）大陆法。依大陆法国家的法律规定，代理人对第三人的义务分以下两种情况：① 在直接代理中，只要代理人在代理权限内，以代理人的身份与第三人订立合同，那么该合同的效力直接及于被代理人，合同双方的当事人是被代理人和第三人。代理人只承担权利担保义务，不承担合同履行义务。② 在间接代理中，由于代理人是以自己的名义与第三人订立合同，无论代理人事先是否得到被代理人的授权，该合同都将被认为是代理人与第三人之间的合同。因此，在代理人把他在该合同中权利和义务依法转让给被代理人之前，代理人需要按照合同的有关规定，对第三人承担合同履行义务。

2）英美法。依英美法国家的法律规定，代理人对第三人的义务分以下三种情况：① 代理人在从事代理业务时，如果是在代理权限内并披露了被代理人身份的情况下与第三人订立合同，那么其所订立的合同就是被代理人与第三人之间的合同，代理人只是承担权利担保义务，不承担履行合同的义务。② 代理人在从事代理业务中，无论是否披露了被代理人的身份，只要其在代理权限内，并且清楚明确地表明是以代理人身份与第三人订立合同，那么其所订立的合同也将被视为被代理人与第三人之间的合同，代理人对第三人也只承担权利担保义务，不承担履行合同的义务。③ 代理人在从事代理业务中，即使事先得到了被代理人的授权，只要他以自己的名义与第三人订立合同，那么其所订立的合同就是代理人与第三人之间的合同。因此，当未被披露的被代理人依法行使介入权并得到第三人的认可之前，代理人须按合同的有关规定对第三人承担履行合同的义务。

（2）诚实信用的义务。诚实信用的义务是指代理人要以善意的心态、合法的手段从事代理业务。代理人在从事代理业务的过程中，不得有损害社会公共利益和第三人合法权益的故意和过失。

5.3.2 被代理人的义务

1. 被代理人对代理人的义务

被代理人对代理人的义务主要有以下三项。

（1）支付佣金的义务。被代理人必须按照代理合同的规定付给代理人佣金或其他约定的报酬，这是被代理人的一项最主要的义务。至于在何种情况下应当支付佣金，在何种情况下可以不付佣金，当事人在订立代理合同时应在具体条款中商定。

当事人在商定代理合同条款时，应对下列情况予以特别注意：第一种情况是，如果代理人不经独家代理人的介绍，直接从代理人代理的地区收到订单，被代理人与第三人直接订立代理事项内的合同时，被代理人是否仍须对代理人支付佣金；第二种情况是，如果代理人所介绍的买主日后连续向被代理人订货时，被代理人是否仍须支付佣金。两大法系国家的法律或判例对上述情况的规定有较大差异。

1）在上述第一种情况下，多数大陆法国家在法律上对商业代理人取得佣金的权利和佣金的计算方法都有较详细的规定。按照一些大陆法国家的法律规定，如果代理合同无相反约定，则代理人对其代理地区内的客户同被代理人达成的一切交易，无论该代理人是否参与其事，该代理人都有权要求佣金。而根据英美法国家的判例，则需要区分代理人在被代理人与第三人交易中的作用来决定代理人是否应取得佣金。如果被代理人与第三人达成的交易是代理人努力的结果，代理人就有权取得佣金，反之，则无权取得佣金。

2）在前述第二种情况下，即代理人介绍的买主日后连续向被代理人订货时，被代理人是否应支付佣金。这实际是指代理关系终止后，被代理人是否可以无偿享用代理人在代理期间所建立的商业信誉问题，这个问题应在代理合同中明确约定。如果合同没有约定或约定不明确，则往往引起争执。在这种情况下，两大法系各国的法律或判例均规定了相应的救济方法。

（2）偿还代理人因履行代理义务而产生的费用或损失的义务。一般来说，除被代理人与代理人有特别约定或合同另有规定外，代理人履行代理义务而产生的费用，属于代理人的正常业务支付，对这些费用，代理人一般不能要求被代理人偿还。如果代理人因执行被代理人指示的任务而支出费用或遭到损失时，则有权要求被代理人予以赔偿。

（3）让代理人检查核对账目的义务。一些大陆法国家的法律规定，代理人有权查对被代理人的账目，以便核对被代理人支付给他的佣金是否准确无误。这是一项强制性的规定，双方当事人不得在代理合同中做出相反的约定。

2．被代理人对第三人的义务

按照代理的一般原则，代理人是被授权代替被代理人与第三人订立合同的，合同一经成立，其权利和义务归属于被代理人，由被代理人直接对第三人负责，代理人一般不承担个人责任。但是，若代理人在代理事项时没有披露被代理人的身份，或者代理人在处理代理事项中无权代理或越权代理等，代理人就须对第三人承担相应的责任。因此，在不同情况下，被代理人对第三人承担的义务是不同的，而两大法系对此问题的规定也不完全一样。

（1）大陆法。按照大陆法国家的法律规定，代理形式原则上分为直接代理与间接代理。

1）在直接代理中被代理人对第三人的义务。由于直接代理中，代理人表明了自己的代理身份，并在被代理人授权范围内，以被代理人名义与第三人订立合同，因此，该合同双方的当事人是被代理人和第三人，合同的权利和义务直接归属于被代理人和第三人。所以，被代理人直接对第三人负责，被代理人对第三人承担全面履行合同的义务。

2）在间接代理中被代理人对第三人的义务。在间接代理人与第三人所订立的合同中，被代理人原则上与第三人没有直接的法律关系，被代理人对第三人也不直接承担任何义务，只有当间接代理人把他与第三人所订立的合同中所取得的权利和义务通过另一个合同转让给被代理人后，被代理人才对第三人承担履行合同的义务。

（2）英美法。按照英美法国家的判例，被代理人对第三人的义务分以下四种情况。

1）已被披露被代理人身份的被代理人对第三人的义务。代理人在从事代理业务时，如果在其代理权限内并且披露了被代理人身份的情况下与第三人订立合同，那么所订立的合同就是被代理人与第三人之间的合同，被代理人应按合同的有关约定对第三人承担履约责任。

2）部分披露被代理人身份的被代理人对第三人的义务。代理人在从事代理业务中，无论是否披露了被代理人的身份，只要在其代理权限内并清楚明确地表明，他是以代理人身份与第三人订立合同，那么其所订立的合同也将被视为被代理人与第三人之间的合同，被代理人应按合同的有关约定，对第三人承担履约责任。

3）未被披露被代理人身份的被代理人对第三人的义务。被代理人在从事代理业务中，即使事先得到了被代理人的授权，只要代理人是以自己的名义与第三人订立合同，那么其所订立的合同就是被代理人与第三人之间的合同，被代理人无须对第三人承担义务。只有当未被披露的被代理人依法行使了介入权并得到第三人的认可后，被代理人才需按照合同的有关约定对第三人承担履约的义务。

4）被代理人须对第三人承担转承义务。当代理人在授权的范围内行使代理行为而发生侵权行为或犯罪行为时，被代理人须承担连带责任。如果代理人的上述行为给第三人造成了损害，代理人必须承担连带赔偿责任。这种为他人在其授权范围内的行为过错承担义务的情形，称转承义务。

5.3.3 第三人的义务

1. 第三人对代理人的义务

一般来说，代理人是被授权代替被代理人与第三人订立合同的，合同一经成立，合同中规定的权利和义务归于被代理人和第三人，由被代理人和第三人按照合同的有关约定各自承担义务，第三人对代理人，一般不承担个人责任。但是，若代理人在处理委托事项时没有披露被代理人的身份，或者代理人在处理委托事项时无权代理或越权代理等情况下，代理人与第三人实际上就是合同的双方当事人。因此，双方必须按照合同的有关约定承担各自的义务。但是在不同情形下，第三人对代理人所承担的义务是有差异的。

2. 第三人对被代理人的义务

代理人若是在被代理人的授权之下并以代理人的身份与第三人订立合同时，合同一经成立，被代理人就是该合同的一方当事人。第三人就须按照合同的有关约定对被代理人承担履行义务。如果代理人在办理代理事项中没有披露被代理人的身份，或者发生代理人无权代理或越权代理的情况下，只要第三人认可了被代理人事后所行使的追认权或介入权，那么被代理人实际上也就成了合同的一方当事人。因此，第三人也必须按照合同的约定对被代理人承担履约责任。此外，如果第三人串通代理人侵害了被代理人的利益，第三人须承担连带赔偿责任。

本章小结

代理制度是各国民商法中的一项重要的法律制度，代理法是指规范代理制度的各种法律规范的总和。

对于代理权产生的方式、无权代理几种情况及其法律后果和代理关系终止的原因及其产生的法律后果等内容，本章从不同国家的法律规定分别进行了详细的讲解。被代理人与代理人之间的关系是代理的内部关系；代理人与第三人之间的关系、被代理人与第三人的关系是代理的外部关系。代理关系中各方当事人，包括代理人、被代理人和第三人的义务，大陆法国家在民商法典中加以规定，英美法国家主要由判例确定，但其基本内容大体一致。

复习思考题

1. 名词解释

代理　意定代理　明示指定　默示授权　直接代理

2. 单项选择

（1）甲经常让乙替他向丙订购货物，并如数向丙支付货款。在这种情况下，乙便可认为是（　　）。

A. 默示的代理权　　B. 客观必需的代理权

C. 明示的指定　　D. 追认的代理

（2）承运人在遇到紧急情况时，有权采取超出他的通常权限的、为保护委托人的财产所采取的行动，这种代理称（　　）。

A. 意定代理　　B. 追认的代理

C. 客观必要的代理权　　D. 法定代理

（3）大陆法的代理权产生的原因中，由于被代理人的意思表示而产生的是（　　）。

A. 意定代理　　B. 法定代理

C. 明示的指定　　D. 默示的授权

（4）代理人对于商业信誉赔偿请求，必须在代理合同终止后（　　）内提出。

A. 6 个月　　B. 1 年

C. 3 个月　　D. 3 年

（5）关于被代理人和代理人的权利和义务，在大陆法国家主要是规定在（　　）。

A. 民商法典　　B.《法学阶梯》

C.《法律重述》　　D. 民法典

（6）被代理人的一项最主要的义务是（　　）。

A. 不限制代理人密谋私利

B. 被代理人有义务让代理人检查核对其账册

C. 支付给代理人佣金或其他约定的报酬

D. 偿还代理人因履行代理义务而产生的费用

（7）关于被代理人和代理人的权利和义务，英美法国家主要规定在（　　）中。

A. 成文法　　B. 判例法

C. 习惯　　D. 民商法典

3. 判断

（1）代理人在代理协议有效期间或在代理协议终止之后，可以有选择地把代理过程中所得到的保密情报或资料向第三人泄露。（　　）

（2）如代理人是以他个人的身份同第三人订立合同，则无论代理人事先是否得到被代理人的授权，代理人均无须对合同负责。（　　）

（3）有些大陆法国家在法律中规定，在被代理人终止商业代理合同时，商业代理人对其在代理期间为被代理人建立的商业信誉，有权请求给予赔偿。（　　）

（4）根据英美法规定，第三人发现未被披露的被代理人后，既能向被代理人要求承担义务，也能对代理人起诉。（　　）

（5）代理人未经授权或超出了授权的范围而以被代理人的名义同第三人订立了合同，这个合同对被代理人仍有约束力。（　　）

（6）代理人履行代理任务时所开支的费用仍须被代理人偿还。（　　）

4. 简答

（1）代理人的义务有哪些？

（2）代理关系终止后，在哪几种情况下，被代理人应给代理人补偿？

（3）第三人对冒牌代理人提起诉讼时应该注意的方面有哪些？

实训题

实训1

德国某一商人根据当地市场销售情况，建议德国甲公司生产一种玩具，条件是要求作为销售该货物的独家代理人，甲公司同意并签立合同。后来，甲公司与当地某一公司直接签订订货合同，没有经过代理人，该商人向甲公司索要佣金，甲公司以合同中没有通过代理人为由，拒不支付佣金。

问题

甲公司是否应给代理商佣金？为什么？

实训 2

2010 年，我国某一外贸公司接受国内一家服装厂的委托，以外贸公司自己的名义同国外某家公司签订进口合同。但由于国外公司未能按时提供货源，使该服装厂空出的生产线遭受损失，该服装厂要求外贸公司按合同赔偿，外贸公司以货是国外公司提供为由拒不赔偿。

? 问题

外贸公司应不应该赔偿损失？为什么？

第6章

国际货物运输法

本章学习目标

1. 掌握提单的概念和种类、航次租船和定期租船合同的内容、国际货物多式联运的特点；
2. 了解国际航空货物运输合同、国际铁路货物运输合同内容。

引导案例

中国荣塔公司向日本富士株式会社订购彩电 800 台。合同规定，彩电价格为每台 600 美元 CIF 宁波，2009 年 6 月 30 日长崎港装货。货物于 2009 年 6 月 30 日装船，装船时外包装有严重破损，富士株式会社向船舶公司出具了货物品质的保函。船长应富士株式会社的请求，出具了清洁提单。富士株式会社据此从银行取得了货款。货物到达宁波后，荣塔公司发现，电视机外包装箱有严重破损，船舶公司出示了富士株式会社提供的保函，认为中方应向富士株式会社索赔。

本案中主要涉及的是托运人向承运人出具保函换取清洁提单而引发的赔偿责任问题，就本案而言，应由船舶公司向中国荣塔公司承担责任。这是因为根据《汉堡规则》规定，提单保函效力仅及于托运人与承运人，对任何第三人无法律效力。船舶公司不能以富士株式会社的保函来对抗第三人即买方中国荣塔公司。船舶公司赔偿后可以再要求富士株式会社承担责任。船舶公司之所以出具清洁提单，是因为富士株式会社出具了保函，所以富士株式会社依保函对船舶公司承担责任。

6.1 提单

国际货物买卖合同签订后，双方当事人还需要签订货物运输合同，将货物安全地运送到目的地。目前，最主要的运输方式是国际海上货物运输，提单是海上货物运输合同的证明，具有重要作用。

6.1.1　提单的概念和种类

1．提单的概念

提单（Bill of Lading，B/L）是指用以证明海上货物运输合同和货物已由承运人接收或装船，以及承运人保证据以交付货物的凭证。

提单具有重要的法律作用，主要包括：

（1）运输合同证明作用。提单是承运人与托运人之间订有海上货物运输合同的证明。在托运人手中，提单只是运输合同及其内容的证明，不是运输合同，如果提单和运输合同有矛盾，应以合同为准；但在托运人以外的提单受让人手中，提单本身就是运输合同，而不仅是运输合同的证明。

（2）货物收据作用。提单是承运人接收货物或货物装船的证明。提单在托运人手中是承运人收到货物的初步证明，表明承运人已接管货物或已将货物装船；在托运人以外的提单受让人手中提单是承运人收到货物的最终证明。除提单上载有“不知条款”外，提单成为承运人收到货物的绝对证据，货物有短少或损害时，承运人必须向收货人或提单受让人赔偿。

（3）物权凭证作用。提单是代表货物所有权的凭证。占有提单就等于占有货物，转让提单就等于转让处于运输途中的货物。因此，提单是提取货物的唯一凭证，承运人只能将货物交给提单持有人，如果承运人把货物交给了非提单持有人，就得自己承担风险。

2．提单的种类

按照不同的方法，可以将提单分为不同的类别。

（1）按货物是否已装船，可将提单分为已装船提单和备运提单。

已装船提单（Shipped B/L 或 On Board B/L）是指货物装船后，由承运人或其代理人或船长签发给托运人的提单。这种提单上注有船名，通常还注明装船日期，表明货物已在该日期装于该船舶。由于已装船提单对收货人按时收货有保障，在国际货物买卖合同和信用证中一般都规定卖方须提供已装船提单。

备运提单（Received-for-Shipment B/L）又称收货待运提单。它是承运人在收到托运人托运的货物后，应托运人的请求，于货物装船前签发的提单。在国际贸易中，买方一般不愿意接受这种提单。

（2）按收货人的抬头可以将提单分为记名提单、不记名提单和指示提单。

记名提单（Straight B/L）是在收货人一栏内载明特定的收货人名称的提单。这种提单只有托运人指定的收货人才能提货。记名提单不能转让。

不记名提单（Open B/L）又称空白提单，是指在收货人一栏内不记载任何收货人的名称，通常只注明“持票人”（bearer）或“交与持票人”（to bearer）字样的提单。不记名提单通过交付即可转让，流通性很强，但风险性较大，因此，这种提单在国际海上货物运输中使用较少。

指示提单（Order B/L）是在收货人一栏内载明“凭指示”（to order）或“凭某某人指示”（to order of）字样的提单。这种提单可以转让，提单持有人可以通过背书或交付的方式将其转让给第三方。指示提单在国际海上货物运输中广泛使用。

（3）按提单上有无批注分为清洁提单（Clean B/L）和不清洁提单（Unclean B/L 或 Foul B/L）。

清洁提单是指提单上没有任何有关货物表面状况不良批注的提单，在国际货物买卖合同和信用证中一般都规定卖方应提交清洁提单。

不清洁提单是指承运人对货物表面状况有不良批注的提单。例如，提单上有“包装破损”、“渗漏”和“被雨淋湿”等有关批注，即构成不清洁提单。不清洁提单会给当事人结汇带来困难，银行原则上不受理不清洁提单。在这种情况下，托运人要取得清洁提单有两种途径：一是保持货物外表良好的状态或更换不良的货物；二是托运人向承运人出具保函，要求签发清洁提单。

（4）按运输方式可以将提单分为直达提单、转船提单和多式联运提单。

直达提单（Direct B/L）是指货物从装运港装船后，承运人直接将其运至目的港卸船交货，中途不得转船的提单。

转船提单（Through B/L）是指货物须经两艘以上船舶接续运至目的港的提单。

联运提单（Combined transport B/L）是指承运人使用两种以上不同的运输方式，将货物从一地运至另一地而签发的提单。

案例 6-1

一批货物共100箱，从广州运至纽约，船公司已签发“已装船清洁提单”。货物运到目的港后，收货人发现下列情况：① 5箱欠交。② 10箱包装严重破损，内部货物散失50%。③ 10箱包装外表完好，箱内货物有短少。收货人要求承运人赔偿全部损失，承运人不同意，双方发生争执。

本案中，承运人应对第①和第②两种情况负责，而对第③种情况不负责。这是由于承运人签发的是已装船清洁提单，按照提单的规定，一般承运人仅对货物外表良好负责。对于第①种情况，提单上写明为100箱，而交货时仅有95箱，承运人应对欠交的5箱负责赔偿；对于第②种情况，承运人应对货物“外表状况良好”负责，对10箱严重破坏同时内部货物散失负赔偿责任；而对于第③种情况，外表状况良好，箱内货物短少，承运人不负责。

（5）根据提单内容的繁简可将提单分为全式提单和略式提单。

全式提单是指既有正面内容又带有背面提单条款的提单。背面提单条款详细规定了承运人的权利与义务。多数情况下使用的都是全式提单。

略式提单是指省略提单背面条款的提单。

（6）倒签提单和预借提单。

倒签提单（Anti-dated B/L），是指承运人在货物装船完毕，签发提单时，应托运人请求，将提单签发日期提前至信用证规定的装船日期。

预借提单（Advanced B/L），是指承运人接管货物后，在没有装船或在装船过程中，应托运人的请求即时签发的提单，即该提单签发日期早于货物实际装船完毕的日期。

倒签提单与预借提单的共同特征是，托运人通常以出具保函的形式，请求承运人签发提单时将实际装船日期提前，以符合信用证的请求，便于托运人结汇。但这种行为在一些国家被认为是欺诈行为。

6.1.2　有关提单的国际公约

调整提单的法律包括国内立法和国际条约。各国调整提单的法律主要是海上货物运输法、海商法及商法典。目前，国际社会调整提单的统一法律主要是一些国际条约，主要有《海牙规则》、《维斯比规则》及《汉堡规则》。我国虽然没有参加这三个公约，但我国的《海商法》以《海牙规则》和《维斯比规则》为基础，适当吸收了《汉堡规则》。

1．海牙规则

《海牙规则》全称是《统一提单的若干法律规定的国际公约》，1924 年 8 月 25 日在比利时首都布鲁塞尔会议上通过，1931 年 6 月 2 日生效。由于布鲁塞尔会议的参加国之间主要是代表船方利益的国家，所以《海牙规则》更多地维护了承运人的利益。《海牙规则》的主要内容如下。

（1）承运人的责任。

1）承运人的适航责任。提供适航船舶是承运人必须执行的最低限度的义务。《海牙规则》第 3 条第 1 款规定："承运人须在开航前和开航时，谨慎处理，使船舶适于航行；适当地配备船员、装备船舶和供应船舶；使货舱、冷藏舱、冷气舱和该船其他载货部位能适宜和安全地收受、运送和保管货物。"

案例 6-2

一艘500总吨重的货船，一向都能妥善予以维修，船上设备也良好，在一次横渡北大西洋的航程中遭遇风浪，船体抵受不住巨浪的冲击出现裂缝，海水因而渗入舱内浸湿货物，货主以该船不适航将船东告上法庭，索赔货损。船东在充分证明了该轮结构及设备完好后，认为完全适航，途中所受巨浪袭击属于天灾，船东不应负责。但法院并未接受船东的抗辩而判船东赔偿货损。法院认为，本案中的预定航线是冬季的北大西洋，必然会时常出现大风浪，船东以一艘尽管是结构完好的500总吨重的船舶来行走北大西洋，但是这样波涛汹涌的航线本身就是不适航的。因为就一艘500总吨重的小货船来说，根本不足以承受预定的冬季北大西洋航线上的风浪。然而尽管风浪巨大，但在该海区却属于一般和正常的情况。所以该船显然是不适航，理应赔偿货损给货主。

2）承运人的管货责任。《海牙规则》第3条第2款规定："承运人应适当和谨慎地装载、搬移、配载、运送、保管、照料和卸载所运送的货物。承运人在运输过程中，必须'适当而谨慎'对待上述6个工作环节，安全地把货物运送到目的港。如果承运人或其雇员没有尽到相应的管货义务，承运人应对货物的损失承担赔偿责任。"

（2）承运人的责任原则及免责条款。《海牙规则》规定承运人的责任基础是不完全过失责任制，它一方面规定承运人必须对自己的过失负责，另一方面又规定了承运人对航行过失及管船过失的免责条款。《海牙规则》第4条第2款规定了承运人17项免责条款。这些免责条款主要包括两种类型：第一种是过失免责，第二种是无过失免责。

1）过失免责。所谓承运人的过失免责是指船长、船员、引航员或承运人的受雇人员在驾驶船舶或管理船舶上的行为、疏忽或过失引起的货物灭失或损坏，承运人可以免除赔偿责任。《海牙规则》规定驾驶船舶过失可以免责。驾驶船舶的过失，是指船舶在航行过程中，由于船长、船员和引航员等驾驶船舶的操作或判断过失，而引起的事故。《海牙规则》还规定管理船舶引起的货物灭失和损坏，同样可以享受免责。

2）无过失免责。所谓承运人无过失免责主要涉及船舶发生火灾、海上灾难、意外事故、天灾、不可抗力、船舶潜在缺陷和货物固有缺陷等。

（3）承运人的责任期间。根据《海牙规则》第1条规定："承运人的责任期间是从货物装上船起，至卸下船止的整个期间。当使用船上吊杆装卸货物时，指从装货时吊钩受力开始至货物卸下船脱离吊钩为止的整个期间，即实行'钩到钩'原则。当使用岸上吊杆装卸时，则指货物从装运港越过船舷时起至在卸货港越过船舷为止的整个期间，即实行'舷到舷'原则。"

（4）诉讼时效。《海牙规则》规定诉讼时效为1年，自货物交付之日起计算；在货物灭失的情况下，自货物应交付之日起计算。

2．维斯比规则

由于《海牙规则》代表的是海运大国的利益，没有也不可能解决船方与货主的利益失衡问题，所以一直受到货方及海运不发达国家的反对。为了解决这个问题，国际海事委员会从 20 世纪 60 年代开始着手对《海牙规则》进行修改。1963 年 6 月在瑞典的斯德哥尔摩会议上，该委员会草拟了一个修改《海牙规则》的议定书草案。该议定书经过讨论与修改，于 1968 年 2 月 23 日在布鲁塞尔通过。因该议定书曾在维斯比城签署，所以议定书被简称为《维斯比规则》，其全称是《修改关于统一提单的若干法律规则的国际公约的议定书》，1977 年 6 月 23 日该规则生效。

《维斯比规则》对《海牙规则》的修改主要有以下六个方面。

（1）扩大了规则的适用范围。《海牙规则》适用于任何缔约国所签发的一切提单。《维斯比规则》适用于两个不同国家港口之间有关货物运输的每一提单，包括：提单在一个缔约国签发；从一个缔约国的港口起运；提单或由提单证明的运输合同中规定，该提单（或合同）受《海牙规则》约束，或受《海牙规则》生效的国内立法的约束，不考虑船舶、承运人、收货人或任何其他有关人员的国籍如何。

（2）增加了集装箱条款。《海牙规则》中，并无关于集装箱条款的约定，《维斯比规则》对此做了阐述。《维斯比规则》规定，如果货物是用集装箱、托盘或类似运输工具集装时，提单中所载明装在这种运输工具中的货物件数或单位，应视为本款所指的件数或单位数；除上述情况外，此种运输工具视为件或单位。集装箱条款的规定对于货方的利益有了保障。

（3）明确了提单的证据效力。《海牙规则》规定，承运人向托运人签发提单，是承运人收到该提单中所载货物的初步证据。《维斯比规则》规定，当提单转移给善意的第三方时，与此相反的证据不予采用。进一步加强了提单的证据效力，从而维护了善意第三方的合法权益。

（4）诉讼时效的延长。《海牙规则》规定的诉讼时效为 1 年，从货物交付或应付之日起计算。《维斯比规则》规定 1 年期满后，承运人仍然有不少于 3 个月的时间向第三者追偿。

（5）强调了船方雇用人员的法律责任限制。船方的雇用人员包括船长、船员或其代理人员。船方的雇用人员在受雇期间由于其过失造成人身或货物的损失，与承运人一样适用免责和限制的规定。如果这种诉讼是对承运人的雇用人或代理人（该雇用人或代理人不是独立的订约人）所提起，该雇用人或代理人便适用《海牙规则》中关于承运人的各项抗辩或责任限制的规定。

（6）承运人的赔偿限额。《维斯比规则》第 2 条第 1 款规定："凡属未申报价值的货物，其灭失或损害的最高赔偿限额为每件或每单位 10 000 金法郎，或毛量每千克 30 金法郎，两者中以较高的数额为准。《海牙规则》规定的赔偿额为每件或每单位 100 英镑。"

3．汉堡规则

由于《海牙规则》主要代表的是承运人的利益，《维斯比规则》虽然对《海牙规则》进行了一定程度的修改，但并没有在实质上改变船货双方的利益平衡问题。为了解决这个问题，更好地维护货方的利益，1972年联合国国际贸易法委员会下设的航运立法工作组开始了海上货物运输公约的重订工作，1978年3月通过了《1978年联合国海上货物运输公约》，由于该公约是在汉堡通过的，所以简称《汉堡规则》。

《汉堡规则》全文共7章34条。在《汉堡规则》中，除了保留《维斯比规则》对《海牙规则》的修改外，还对《海牙规则》进行了根本性的修改，是一个较为完备的国际海上货物运输公约，明显地扩大了承运人的责任。其主要内容包括如下。

（1）明确了规则的适用范围。《汉堡规则》适用于两个不同国家之间的所有海上货物运输合同，并且海上货物运输合同中规定的装货港或卸货港位于其一缔约国之内，或备选的卸货港之一为实际卸港并位于某一缔约国内；或者提单或作为海上货物运输合同证明的其他单证在某缔约国签发；或者提单或作为海上货物运输合同证明的其他单证规定，合同受该规则各项规定或使其生效的任何国家立法的管辖。

（2）增加实际承运人的概念。实际承运人是指接受承运人委托，执行货物运输或部分运输的人。《汉堡规则》中关于承运人责任的规定，不仅适用于承运人的代理人和雇员，而且适用于受其委托的实际承运人。

（3）承运人责任。

1）承运人的责任原则。与《海牙规则》不同，《汉堡规则》对承运人采取了更为严格的责任原则，确定了推定过失与举证责任相结合的完全过失责任制。《汉堡规则》规定，在运输途中发生货物灭失、损坏或迟延交货等行为，首先应该推定承运人有过失而应承担责任，如果承运人要免除责任，就应当承担举证责任，证明其本人、受雇人或代理人没有过失，而且为避免损失的发生及其后果已采取了一切所能采取的合理措施，否则便推定损失系由承运人的过失所造成，承运人应承担赔偿责任，《汉堡规则》较《海牙规则》扩大了承运人的责任，更有利于维护货方的利益。

2）延长承运人的责任期间。《汉堡规则》第4条第1款规定："承运人对货物的责任期间包括在装货港、在运输途中及在卸货港，货物受承运人掌管的全部期间。"即承运人的责任期间从承运人接管货物时起到交付货物时止。与《海牙规则》的"钩至钩"或"舷至舷"相比，其责任期间扩展到"接到交"。解决了货物从交货到装船和从卸船到收货人提货这两段没有人负责的空间，明显地延长了承运人的责任期间。

3）承运人责任范围及责任限制。《海牙规则》及《维斯比规则》对延迟交货未作任何规定。《汉堡规则》则在第2条规定："如果货物未能在明确议定的时间内，或虽无此项议定，但未能在考虑到实际情况对一个勤勉的承运人所能合理要求的时间内，在海上运输合同所规定的卸货港交货，即为延迟交付。”承运人要对延迟交付承担赔偿责任。赔偿范围包括行市损失、利息损失和停工、停产损失。赔偿金额最多为延迟交付货物所应支付运费的 2.5 倍，且不应超过合同运费的总额。

关于承运人的责任限额，《汉堡规则》规定承运人对货物灭失或损坏的赔偿，以每件或其他装运单位 835 特别提款权或毛重每千克 2.5 特别提款权为限，两者以其高者为准。

（4）货物的范围。《海牙规则》中货物的概念不包括舱面货和活动物。《汉堡规则》对这两种特殊货物的运输做了明确的规定，承运人只有与托运人达成协议或符合国际贸易惯例，才能在舱面装载货物或者运输动物。

（5）管辖权。《汉堡规则》规定国际海上货物运输的司法管辖权，可以从以下四个地点选择。

1）被告的主要营业所。无主要营业所时，为其通常住所。

2）合同订立地。但该合同是通过被告在该地的营业所、分支或代理机构订立。

3）装运港或卸货港。

4）海上运输合同规定的其他地点。

（6）索赔通知及诉讼时效。《海牙规则》要求索赔通知必须由收货人在收到货物之前或收到货物当时提交。如果货物损失不明显，则这种通知限于收货后 3 日内提交。《汉堡规则》延长了上述通知时间，规定收货人可在收到货物后的第一个工作日将货物索赔通知送交承运人或其代理人，当货物灭失或损害不明显时，收货人可在收到货物后的 15 天内送交通知。同时还规定，对货物迟延交付造成的损失，收货人应在收货后的 60 天内提交书面通知。

关于诉讼时效，《汉堡规则》第 20 条第 1 款和第 4 款分别规定：“按照本公约有关运输货物的任何诉讼，如果在两年内没有提出司法或仲裁程序，即失去时效。”“被要求赔偿的人，可以在时效期限内任何时间，向索赔人提出书面声明，延长时效期限，还可以再一次或多次声明再度延长该期限。”可见，《汉堡规则》与《海牙规则》和《维斯比规则》的有关规定相比，既延长了索赔和诉讼时效期间，又体现了其更为灵活的特点。

（7）保函的法律地位。《海牙规则》和《维斯比规则》没有关于保函的规定，《汉堡规则》对保函的法律效力做出了明确规定。托运人为了换取清洁提单，可以向承运人出具承担赔偿责任的保函，该保函效力仅及于托运人与承运人，对任何第三人无法律效力。但是，如果是承运人有意欺诈，则对托运人也属无效，而且承运人也不再享受责任限制的权利。

6.2　租船合同

国际货物运输中托运人和承运人一般要通过签订租船合同的方式确定双方的权利和义

务，保证货物的安全运输。租船合同是指船舶出租人按一定条件将船舶全部或部分出租给承租人进行货物运输的合同，分为航次租船合同、定期租船合同和光船租赁合同。

6.2.1 航次租船合同

1．航次租船合同的概念

航次租船合同，也称程租船合同，是指船舶出租人向承租人提供船舶的全部或部分舱位，装运约定的货物，由承租人支付约定运费的合同。航次租船合同由船东（出租方）与货方（承租方）或他们的代理人签订。航次租船合同可以是单航次合同，也可以是连续航次租船合同。

2．航次租船合同的特征

（1）航次租船合同的当事人称为出租人和承租人。班轮运输合同的当事人称承运人和托运人。班轮运输中的班轮是定船期、定航线，向所有托运人开放的，称公共承运人；航次租船合同中的出租人只承运与其签订了租船合同的承租人所提供的货物，有关船期和航线的安排均由双方当事人约定，所以称私人承运人或专门承运人。

（2）出租人负责船舶营运并负担费用。船舶出租人通过其雇用的船长、船员占有、控制船舶，除货物装卸费有可能另有约定外，其他船舶营运费用，如燃料费、港口费及船舶的维持费用，包括船员工资、伙食、船舶维修保养、保险和检验等费用，均由出租人负担。承租人对船舶或舱位有使用权，即使货未装满，出租人也无权装运第三人的货物。

（3）租船合同的运费按协议确定。运费计算办法有按约定的吨位计算和包干运费两种，前者按约定吨位及每吨约定运价计算，后者只规定个总金额。一般在承租人租用整船时才以包干运费计算，称整舱运费租船或包船。此时，不论承租人装运多少货物，都要支付合同中规定的运费数额。而班轮公司则制定了承运人的运价表，按所运货物吨数或体积乘以费率来计算运费。

（4）航次租船合同有关装卸时间、滞期费和速遣费的规定是该合同的特殊内容。

承租人在合同规定的装卸时间内未能完成货物装卸作业，应支付一定数额的滞期费。反之，承租人在合同规定的装卸时间内提前完成了装卸作业，出租人应支付一定数额的速遣费。而班轮运输一般由承运人负责安排泊位进行装卸，以适应定期班轮的要求，因此提单上大多没有装卸时间及滞期费、速遣费条款，一般只规定托运人或收货人要按船舶所能够收受或交付的速度尽快提供或接收货物。如果港口拥挤，可能要托运人支付港口拥挤附加费。

3．航次租船合同的内容

航次租船合同的主要条款有：出租人和承租人名称；船名和船籍；运载货物的品种、

数量和包装；装货港和目的港；运费；装卸时间、滞期费和速遣费；出租人责任、承租人责任；其他有关事项。

出租人的责任与提单运输中承运人责任相同。并且，出租人应在规定的卸货港卸货，出租人违反约定使承租人受损，应负赔偿责任。

承租人的主要责任一般包括：

（1）提供约定的货物。经出租人同意可更换货物，否则，出租人有权拒绝或解除合同。

（2）转租船舶。但其原合同与出租人的合同权利义务不变。

（3）解除合同的权利。如果出租人未在约定期限内提供船舶，或所提供船舶与约定不符，则可解除合同。

6.2.2　定期租船合同

1．定期租船合同的概念

定期租船合同，也称期租船合同，是指出租人向承租人提供约定的船舶，在规定的期限内承租人按照约定的用途使用船舶，由承租人支付租金的合同。

定期租船合同一方是船舶所有人（也就是船舶出租人），另一方是承租人。船舶出租人通过签订合同将船舶的使用权及支配权转让给承租人。

2．定期租船合同的特征

（1）出租人负责船舶的航行和管理、船长与船员的配备，并承担相关风险和费用。

（2）承租人负责船舶的调度和营运，并承担相关风险和费用，包括船舶的维修保养费用、船员的工资、船员的伙食和燃料费用。

（3）承租人按照租用船舶的时间计算和支付租金。

（4）出租人按合同要求提供整船出租，而不是出租部分舱位。

3．定期租船合同内容

定期租船合同通常包括的条款有：出租人和承租人名称；船名和船籍；船舶适用范围和航行区域；租用期限；租金；承租人与出租人责任；船舶交付时间、地点；其他有关事项。

4．出租人与承租人的责任

（1）出租人的责任。出租人的责任一般包括：

1）应保证船舶在整个租期内适航及适合约定的用途。

2）应在约定时间内交付船舶，若违反约定给承租人造成损失，承租人有权要求损害赔偿并解除合同。

（2）承租人的责任。承租人的责任主要有：

1）保证在约定区域内按约定从事海上运输。

2）保证船舶用于约定货物的运输。

3）可以转租，但其原合同权利义务不变。

4）合同期内，船舶实施海难救助的，有权获得扣除救助费用、损失赔偿、船员应得部分及其他费用后的救助款的一半。

5）依照约定支付租金。

6）还船。还船时，船舶应处于与出租人交船时相同的良好状态。

6.2.3 光船租赁合同

1. 光船租赁合同的概念

光船租赁合同是指船舶所有人向承租人出租不配备船员的船舶，在约定的期间内由承租人占有、使用和营运船舶，并向出租人支付租金的合同。

光船租赁中，船舶出租人把船舶的使用权和经营权转移给承租人，承租人在租期内，对船舶享有完全的占有权和控制权，这使得船舶的所有权和使用经营权分开了。这种租赁行为在法律上可称财产租赁，它与航次租船合同和定期租船合同有明显区别。

2. 光船租赁合同的特征

光船租赁合同的特征表现为：

（1）光船租赁期间，承租人享有对船舶的占有权、使用权，船舶在营运中发生的风险和责任完全由承租人承担。出租人只保留船舶的处分权和收取租金权。

（2）光船租赁合同签订以后，出租人仅提供适航船舶和船舶有关文件证书，不再承担其他义务。承租人有权任命船长和船员。

（3）在租期内，船舶营运的一切开支由承租人承担。

（4）在租期内，发生海事请求权，申请人申请扣押船舶时，也只能扣押合同租用的船舶，而不能扣押出租人其他船舶。

3. 光船租赁合同的内容

光船租赁合同通常订有以下条款：船舶说明条款，包括船名、船籍、船级、吨位、容积等内容；交船与解约条款；租期条款；货物与航行区域条款；船舶的使用与保养条款；船舶的检查条款；租金支付条款；还船条款；船舶抵押条款；船舶保险条款；合同的转让与船舶转租条款；出租人和承租人权益的保护条款。

6.3 国际多式联运

6.3.1 国际货物多式联运的概念与特点

1. 国际货物多式联运的概念

国际货物多式联运是指多式联运经营人按照多式联运合同，采用两种以上的运输方式将货物从一国指定地点运往另一国指定地点的运输。

2. 国际货物多式联运的特点

国际货物多式联运是多种运输方式的有机结合，相对于单一的运输方式而言，国际货物多式联运具有以下特点。

（1）必须采用两种或两种以上的运输方式。

（2）必须使用包括全程的运输单据。

（3）必须由一个多式联运经营人完成或负责组织完成多式联运，负责全程运输。

（4）必须实行全程单一的运输费率。

6.3.2 《多式联运公约》的规定

调整国际货物多式联运的国际规则最主要的是《联合国国际货物多式联运公约》（以下简称《多式联运公约》）。该公约由联合国贸易与发展会议起草，1980 年通过。该公约目前尚未生效，但已具有重要的影响性，为许多当事人参照使用。

《多式联运公约》主要内容由总则、多式联运单证、多式联运经营的赔偿责任、托运人的赔偿责任、索赔和诉讼、补充规定、海关事项和最后条款 8 个组成部分，共 40 条。

1. 适用范围

按照《多式联运公约》第 1 条的规定，公约适用于起运地和到达地均位于缔约国境内的所有多式联运合同。

2. 多式联运单据

多式联运单据是证明多式联运合同及多式联运经营人接管货物并按合同条款提交货物的证据。多式联运经营人在接管货物时，即应签发多式联运单据，该单据根据发货人的选择，可以是可转让的单据，也可以是不可转让的单据。如果签发的是可转让单据时，应列明按指示或向持票人交付。凭指示交付的单据，经背书方转让；向持票人交付，无须背书即可转让。如签发不可转让多式联运单据，则应指明记名的收货人，只有记名的收货人才能提取货物。

多式联运单据的内容主要包括：货物品质、数量、重量等基本资料；货物外表状况；多式联运经营人的名称与主营业地；发货人名称；收货人名称；交货地点和日期；单据签发时间和地点等。

3．多式联运经营人的赔偿责任

（1）责任期间与赔偿责任基础。《公约》实行的是联运经营人的全程统一责任制，即多式联运经营人对于货物的责任期间，自其接管货物之时起到交付货物时为止。根据规定，多式联运经营人接管货物的方式有两种：一是从托运人或其代表手中接管货物。这是一种常用的、普遍的规定方式。二是根据接管货物地点适用的法律或规则，货物必须由货物运输管理当局或其他第三方的手中接收，这是一种特殊的规定。在这项规定中，如果是当局或第三方保管期间发生货物的灭失或损坏，多式联运经营人不负责任。

多式联运经营人赔偿责任基础实行推定过失或疏忽原则。对于发生在上述责任期间的货物灭失、损坏和延迟交付所引起的损失，多式联运经营人应负赔偿责任，除非可以证明其本人、受雇人或代理人为避免事故的发生及其后果已采取一切所能合理要求的措施。

（2）赔偿责任限制。多式联运经营人对于货物灭失或损坏造成损失所负的赔偿责任，按每包或其他货运单位计不得超过920特别提款权，或按货物毛重每千克不得超过2.75特别提款权，以较高者为准；如果根据合同在多式联运中不包括海上或内河运输，则赔偿责任按每千克不得超过8.33特别提款权。

多式联运经营人对延迟交付货物造成损失所负的赔偿责任限额，相当于延迟交付的货物应付运费的2.5倍，但不得超过多式联运合同规定应付运费的总额。

4．托运人赔偿责任

（1）保证责任。在多式联运经营人接管货物时，托运人应视为已向多式联运经营人保证他在联运单据中所提供的货物品类、标志、件数、重量、数量及危险特性的陈述准确无误，并应对违反这项保证造成的损失负赔偿责任。

（2）赔偿责任。凡因托运人或其受雇人或代理人在受雇范围内行事时的过失或疏忽给联运经营人造成的损失，托运人应负赔偿责任。

（3）遵守运送危险品的特殊规则。托运人将危险品交多式联运经营人时，应告之危险品的危险特性，必要时应告之应采取的预防措施。否则，要对多式联运经营人因运送这类货物遭受的损失负赔偿责任。

5．诉讼时效与司法管辖

（1）诉讼时效。《多式联运公约》规定，有关国际多式联运的任何诉讼，其时效期间为

2 年，自多式联运经营人交付货物的次日起算。如果货物未交付，则自货物应当交付的最后一日的次日起算。但是，如果在货物交付之日后 6 个月内，或在货物未交付或应当交付之日后 6 个月内，没有提出书面索赔通知，则在此期限届满后失去诉讼时效。

（2）管辖权。《多式联运公约》规定，原告可以在下列地点之一选择在有管辖权的法院提起诉讼。

1）被告主要营业所在地或其经常居住地法院。

2）多式联运合同订立地法院。

3）货物接收和交付货物地法院。

4）多式联运合同和单据中所载明的法院。

6.4 国际航空货物运输合同

6.4.1 国际航空货物运输的特点与相关国际公约

1. 国际航空货物运输的特点

国际航空货物运输是指利用飞机运送进出口货物，是一种现代化的运输方式。其特点是：交货速度快、时间短、安全性高，货物破损率小，节省包装费、保险费和储藏费，航行便利，不受地面条件限制，可以通往世界各地，将货物运至收货人所在地或接近收货人所在地的机场。

2. 国际航空货物运输的国际公约

目前，有关国际航空货物运输的国际公约主要如下。

（1）《华沙公约》。《华沙公约》的全称是《关于统一国际航空运输某些规则的公约》，由于 1929 年 10 月在波兰首都华沙签订而得此简称。该公约共 5 章 41 条，适用于航空承运人以飞机运送旅客、行李或货物的国际运输，至 1993 年生效至今，已有 130 多个缔约国，是国际航空货物运输领域最基本的公约。我国于 1958 正式加入该公约。

（2）《海牙议定书》。它的全称是《修改 1929 年 10 月 12 日在华沙签订的〈关于统一国际航空运输某些规则的公约〉的议定书》，由于 1955 年在 9 月在海牙签订而得此简称。该议定书共 3 章 27 条，涉及对《华沙公约》18 个重要条款的修改，自 1963 年生效至今，已有 90 多个缔约国，我国于 1975 年 8 月加入了该公约。

（3）《瓜达拉哈拉公约》。它的全称是《统一非缔约国承运人所办国际航空运输某些规则的补充华沙公约的公约》，由于 1961 年 9 月在墨西哥的瓜达拉哈拉签订而得此简称。该公约共 18 条，旨在将实际承运人（即非缔约承运人）所办国际航空运输适用于《华沙公约》

（包括1929年《华沙公约》和1955年《海牙议定书》）。该公约将航空承运人划分为“缔约承运人”和“实际承运人”两种，前者指以业主身份与旅客或托运人或其代理人订立国际航空货物运输合同的人；后者指缔约承运人以外，根据缔约承运人的授权办理由其承担的全部或部分航空运输的人，但不包括《华沙公约》所指的连续承运人。《华沙公约》未包含实际承运人所办国际航空运输的实际规则，《瓜达拉哈拉公约》专门制定了适用于这种情况的规则，以对其做出补充。因此，该公约的适用前提是《华沙公约》。该公约自1964年生效至今，已有50多个缔约国，但我国尚未加入。

6.4.2 国际航空货物运输合同

国际航空货物运输合同，是指承运人与托运人之间订立的，由承运人将合同项下的货物由一国航空港运至另一国航空港，由托运人或收货人收取货物，并支付运费的合同。

根据上述三个公约的规定，有关国际航空货物运输合同的主要内容如下。

1. 国际航空货物运输单证

国际航空货物运输单证（简称航空货运单）是承运人或其代理人与托运人之间签订的航空运输单证。航空货运单是承运人和托运人之间的航空运输合同，是托运人托运货物后所取得的货物收据。航空运单不同于海运提单，不具有物权凭证的作用。

根据《华沙公约》的规定，航空货运单的主要内容包括：填单地点和日期；起运地和目的地；约定的经停地点；托运人的名称和地址；第一承运人的名称和地址；收货人的名称和地址；货物的性质；货物的重量、数量、体积或尺寸；包装件数、方式、特殊标志或号数；声明运输应受本公约所规定的责任制度的约束。

《海牙议定书》将航空货运单的内容进行了简化，规定航空货运单必须包括以下三项内容：起运地和目的地；约定的经停地点；声明应受公约的约束。

2. 承运人责任与免责

（1）承运人的基本责任。根据《华沙公约》的规定，承运人对航空运输期间货物发生的毁灭、遗失或损坏及因延迟交货而造成的损失，均应承担赔偿责任。航空期间是指航空承运人对承运货物负责的期间，包括货物交由他保管的整个期间，不论货物是在飞机场内、飞机上或飞机场外降落的任何地点；但不包括货物在飞机场外的任何陆运、海运或河运。但如果这种运输是为了履行空运合同，为了装货、交货或转运，则也视为航空期间。

（2）承运人的赔偿限额。根据《华沙公约》的规定，承运人对货物发生毁灭、遗失或损坏及因延迟交货而造成的损失赔偿数额，以每千克250金法郎为限额，除非托运人在交运时，曾特别声明并支付了必要的附加费，在这种情况下，承运人的赔偿额以所声明的金额为限。《海牙议定书》对承运人责任限制做了补充规定：如果损失的发生是由于承运人、其受雇人员或其代理人员的蓄意造成或由于其疏忽行为造成，则不能适用《华沙公约》的有关责任限制规定。

（3）承运人的免责。根据《华沙公约》的规定，承运人在以下四种情况下免责。

1）承运人证明自己或其代理人已为避免损失采取了一切必要措施或不可能采取这种措施。

2）损失的发生是由于驾驶上、航空器的操作上或领航上的过失。

3）货物的灭失或损失是由于货物的属性或本身质量缺陷造成的。

4）货物损失是由受害人的过失引起或造成。

《海牙议定书》仅规定了上述第1）、第3）项免责情形。

3. 托运人的权利与义务

（1）托运人的权利。托运人的权利主要包括以下四个方面。

1）有权在起运地或目的地机场将货物提回。

2）在途中经停时要求终止运输。

3）在目的地或运输途中将货物交给非航空货运单所指定的收货人。

4）要求将货运回起运地机场。

（2）托运人的义务。托运人的义务主要包括以下四个方面。

1）对其所填写的航空货运单内容的正确性负责，如果由于托运人所填写的内容不正确而给承运人造成损失的，托运人应负责赔偿。

2）向承运人交付货物及与货物有关的单证，由于交付的单证不合格而给承运人造成损失的，托运人应给予赔偿。

3）对承运人因执行其指示而造成的损失予以赔偿。

4）支付运费及约定的其他费用。

4. 索赔通知与诉讼时效

根据《华沙公约》的规定，在货物遭受损害的情况下，收货人或有关当事人应于收到货物之日起7天之内提出书面索赔通知。在延迟交货的情况下，收货人应于货物收到之日后14天之内提出索赔通知。如在以上规定期限内没有提出，则认为托运人放弃该项索赔。《海牙议定书》对托运人提出的书面通知时间做了修改，由原来的7天改为14天，延迟交货由原来的14天改为21天。

根据《华沙公约》规定，诉讼应在两年内提起，从货物到达之日或运输终止之日起。过了该期限没有提起诉讼，则托运人丧失追诉权。

关于诉讼管辖权，根据《华沙公约》和《瓜达拉哈拉公约》的规定，原告可以按照自己的意愿选择有关的法院。原告可选择的法院包括承运人住所地法院、承运人管理处所在地法院、签订合同的机构所在地法院、目的地法院、实际承运人住所地法院和实际承运人管理处所在地法院。诉讼程序应以受理法院的法律规定为依据。

6.5 国际铁路货物运输合同

6.5.1 国际铁路货物运输的特点与相关国际公约

1. 国际铁路货物运输的特点

国际铁路货物运输是指利用铁路进行国际贸易货物运输的一种方式。国际铁路货物运输在国际贸易货物运输中起着重要作用，尤其是在内陆国家间的贸易，铁路运输显得更为重要。铁路货物运输的特点是：一般不受气候条件的影响；可保证全年的正常运输；速度较快、运量较大，有高度的连续性；货运过程中遭受的风险较小。

2. 国际铁路货物运输的相关国际公约

（1）《国际铁路货物运输公约》。《国际铁路货物运输公约》简称《国际货约》，是关于铁路货物运输的国际公约。它是在 1890 年制定的《国际铁路货物运送规则》（简称《伯尔尼公约》）基础上发展起来的。1961 年 2 月 25 日，由奥地利、法国、西德和比利时等国在瑞士伯尔尼签订，又于 1970 年 2 月 7 日修订。修订后的《国际货约》于 1975 年 1 月 1 日生效。国际铁路运输中央事务局总部设在伯尔尼。

《国际货约》分 6 部分，共 70 条和 4 个附件。其主要内容包括：公约的目的和适用范围、运输合同、责任、法律诉讼、各种规定和特殊规定。

《国际货约》适用于至少两个缔约国之间的铁路联运。铁路的运输单据称运单，内容包括接货地点、日期和交货地点及货物质量情况、件数、标记等，是运输合同成立的证据。承运人对货物的灭失、残损或延误负责，但由索赔人的错误行为、货物的内在缺陷或承运人所不能避免的原因造成的除外，责任豁免的举证责任在于承运人。承运人的责任限制为每千克 50 金法郎，但由承运人的有意错误行为或严重错误所造成的损害的赔偿限额为上述赔偿限额的 2 倍。对承运人的诉讼时效为 1 年，但涉及承运人欺诈或有意错误行为的案件，诉讼时效为 2 年。

（2）《国际铁路货物联合运输协定》。《国际铁路货物联合运输协定》简称《国际货协》，于 1951 年在波兰首都华沙签订，后经多次修订。该公约在华沙设立了铁路合作组织，其成员国是当时欧洲和亚洲的一些社会主义国家，我国于 1953 年正式加入该公约。

《国际货协》的东欧国家又是《国际货约》的成员国，这样《国际货协》国家的进出口货物可以通过铁路转运到《国际货约》的成员国去，这为沟通国际间铁路货物运输提供了更为有利的条件。

6.5.2 《国际铁路货物联合运输协定》的主要内容

1. 运输合同的订立

国际铁路货物运输合同是指铁路承运人将托运人的货物，从一国的某地运至另一国的某地，将货物交付给收货人，由托运人或收货人支付运费的合同。铁路货物运输合同一般以签发铁路货物运输单证（简称铁路运单）的方法加以证明，发货人在托运货物时，应填写运单和运单副本，向承运人提出托运申请，发货人提交运单中所列的全部货物并支付费用后，承运人即在运单和运单副本上加盖日期戳记，运单一经加盖承运人的日期戳记，表明运输合同已经缔结。

（1）国际铁路货物运单的作用。

1）铁路运单是发货人、收货人和承运人之间运输合同的证明。

2）铁路运单是承运人收到和承运货物的收据。

3）铁路运单是铁路在终点站据以向收货人收取运费和交付货物的依据，运单应随货物从发运站至终点站全程附送，最后交收货人。但铁路运单不同于海运提单，不具有物权凭证作用，不能转让，但可以作为向铁路索赔的证据，同时也是卖方通过银行向买方结算货款的主要单据之一。

（2）铁路运单的主要内容。根据国际铁路货物运输的法律规定，铁路运单的主要内容如下。

1）必须记载的内容。包括：到站名称；收货人名称和地址；货物名称；货物重量；零担货物的件数、包装标志；托运人负责装车时的车号及私有车辆的自重；单证明细表；托运人名称与地址。

2）根据需要记载的内容。包括：货物交付方式；适用的运价规程；货物交付利息的金额数；托运人负责支付的费用；现款交付和运费的金额；托运人规定的运输线路和海关、其他行政机关要求办理手续的车站名称；托运人和收货人相互间关于办理海关手续的约定；托运人关于收货人不得变更合同的声明；押运情况。

3）可附加记载的内容。该事项仅供收货人参考，对铁路承运人没有约束力。但托运人可以用这部分内容提示收货人有关货物的情况，如货物的来、去向及办理货物的保险手续等问题。

2．承运人的权利义务

（1）承运人的权利。

1）留置权。当托运人或收货人拒绝支付运费、保管费及其他运输费用的，承运人对相应的运输货物享有留置权。

2）执行或拒绝变更合同。在下列情况下，铁路承运人有权拒绝托运人（或收货人）变更运输合同或延缓执行这种变更：① 执行变更的铁路车站在收到变更申请发送站或到达站的通知后无法执行。② 与参加运送的铁路所属国家现行的法令和规章相抵触。③ 违反铁路营运管理。④ 在变更到站的情况下，货物价值不能抵偿运到新指定到达站的一切费用。

当铁路承运人按托运人指示变更运输合同时，有权按有关规定核收变更运输合同后发生的各项运杂费用。

（2）承运人的义务。根据《国际货协》第21条的规定，按运单承运货物的铁路部门，应对货物负连带责任；执行发货人或收货人按规定提出的变更合同要求；妥善保管发货人在运单内所记载的文件；在责任期限内，对货物逾期到达及货物的损坏负赔偿责任。

（3）承运人的免责规定。《国际货协》规定，对于由于铁路不能预防和不能消除的情况、由于货物的特殊自然性质引起货物的损失、由于发货人或收货人的过失或由于其要求而不能归咎于铁路的情况，由于发货人或收货人装车或卸车等原因所造成的损失或灭失等情况，铁路不承担责任。

（4）承运人的责任限额。承运人对其责任范围内赔偿损失的款项，在任何情况下均不得超过货物全部灭失时的款项。当货物全部或部分灭失时，承运人的赔偿额应按外国售货者账单上所列的价格计算；发货人声明价格的，承运人按声明价格或相当于货物灭失部分的声明价格赔偿。当货物损坏时，承运人应支付相当于货物减低额的款额，不赔偿其他损失。当货物逾期到达时，承运人应以所收运费为基础，按逾期长短，向收货人支付规定比例的罚金。

3．发货人和收货人的权利义务

（1）发货人和收货人的合同变更权。发货人享有运输合同变更权。发货人对运输合同可作以下变更。

1）在发站将货物领回。

2）变更到站。

3）变更收货人。

4）将货物返还发站。

收货人可以对运输合同作以下变更。

1）可以在到达国范围内变更货物的到达站。

2）变更收货人。

发货人和收货人可以各自变更一次运输合同。

（2）发货人的如实申报义务。发货人应对其在运单中所记载的和声明的事项的正确性负责。发货人还必须将货物在运送途中为履行海关和其他规章所需要的添附文件附在运单上。发货人不履行这一义务，铁路承运人有权拒绝承运货物。此外，发货人要对没有添附这些文件或文件不齐全、不正确造成的后果负责。

（3）发货人、收货人支付运费的义务。发货人和收货人有支付运费的义务。根据《国际货协》的规定，发送国和到达国的运送费用，应按各铁路国内运价规程计算；发送国的运送费用，在发站由发货人支付；到达国铁路的运送费用，在终点站由收货人支付；如果两国相互毗邻，而且相互之间订有直通运价规程时，则其运费按运输合同缔结日有效的直通运价规程计算；如货物须经第三国过境运输时，过境铁路的运输费用，应按运输合同订立日有效的国际货协统一运价规程规定计算，既可由始发站向发货人核收，也可由到达站向收货人核收。

（4）收货人领取货物的义务。货物到站，收货人应付清运费并领取货物。收货人只有在货物因毁损或腐坏而使质量发生变化，以致全部或部分不能按原用途使用时，才可以拒绝领取货物。即使运单中所载的货物部分短少，收货人也应按运单向铁路支付应付的全部款额，但收货人享有对未交付部分货物的索赔权。

4．赔偿与诉讼

根据《国际货协》的规定，发货人和收货人有权根据运输合同提出赔偿请求，赔偿请求应附有相应根据并注明款额，以书面方式由发货人向发送站提出，或由收货人向到达站提出，铁路承运人自当事人向其提出索赔请求之日起，必须在 180 天内审查该项请求，并答复赔偿请求人。

凡有权向承运人提出赔偿请求的人，都有权根据运输合同提起诉讼。提出赔偿请求是进行诉讼的前提条件，当发货人或收货人在请求得不到答复或满足时，才有权向受理赔偿请求的铁路所属国家的法院提起诉讼。当事人依据运输合同向铁路提出的赔偿请求和诉讼，以及铁路对发货人和收货人关于支付运送费用、罚款和赔偿损失的要求和诉讼，应在 9 个月期间内提出，但货物运到逾期的赔偿请求和诉讼，应在 2 个月期间内提出。时效期间已过的赔偿请求和要求，就不得再以诉讼形式提出。

本章小结

国际货物运输是履行国际货物买卖合同的方式，正确选择合适的运输方式非常重要。

目前，在国际货物运输中，最主要的运输方式是海上货物运输，提单在海上货物运输中发挥了重要作用。海上运输中货方与船方通过签订合同的方式明确各自的权利义务。租船合同包括三种，即航次租船合同、定期租船合同及光船租船合同。本章对合同的内容、适用等做了详细介绍。调整国际海上货物运输的公约主要有《海牙规则》、《维斯比规则》和《汉堡规则》。

国际多式联运也是目前比较重要的国际货物运输方式，国际多式联运具有自己的特点，调整国际多式联运的公约是《多式联运公约》。

国际航空货物运输和国际铁路货物运输在国际货物运输中也发挥一定的作用。调整航空货物运输和铁路货物运输的法律有各国国内立法和国际公约。

复习思考题

1．名词解释

提单　清洁提单　航次租船合同　国际货物多式联运

2．单项选择题

（1）具有物权凭证作用的单据是（　　）。

A. 商业发票　B. 提单　C. 空运单　D. 铁路运单

（2）在《联合国国际货物多式联运公约》中，对货物的赔偿责任，采用了（　　）。

A. 网状责任制　B. 分段责任制

C. 统一责任制　D. 网状责任制或分段责任制

（3）在国际贸易实践中，买方或其银行或提单受让人乐于接受（　　）。

A. 倒签提单　B. 备运提单　C. 清洁提单　D. 不清洁提单

（4）《海牙规则》规定的诉讼时效为（　　）。

A. 1年　B. 2年　C. 4年　D. 6年

3．多项选择题

（1）调整提单运输的国际公约有（　　）。

A.《海牙规则》　B.《维斯比规则》

C.《汉堡规则》　D.《华沙—牛津规则》

（2）按货物是否已装船，可将提单分为（　　）。

A. 倒签提单　B. 收货待运提单

C. 清洁提单　D. 已装船提单

（3）承运人须在开航前和开航时恪尽职责使船舶适航，其具体含义是（　　）。

A. 在开航前船舶适用于航行

B. 船员的配备、船舶装备和供应适当

C. 船舶要适合货物的安全运送和保管

D. 在开航时船舶适用于航行

4. 判断

（1）货物装船后，船长或承运人或承运人的代理人应按照托运人的请求，给托运人签发提单。（　　）

（2）航空货运单具有运输合同证明、货物收据及物权凭证作用。（　　）

（3）根据《海牙规则》，对于驾船和管船过失造成损害，承运人可免除责任；但依《汉堡规则》，在此情况下，承运人不可免责。（　　）

（4）提单是一种用以证明海上运输合同和货物已由承运人接管或装船，以及承运人保证据以交付货物的单据。（　　）

（5）《海牙规则》、《维斯比规则》和《汉堡规则》都是目前调整海上货物运输的重要的国际公约。（　　）

5. 简答

（1）提单的作用有哪些？

（2）国际海上货物运输中承运人的义务有哪些？

（3）航次租船合同的特征、内容有哪些？

（4）国际多式联运的特点有哪些？

（5）国际航空运输中承运人、托运人的权利义务各有哪些？

实训题

实训 1

2010 年 7 月，我国丰和贸易公司与美国威克特贸易有限公司（以下简称威克特公司）签订了一项出口货物的合同。合同中，双方约定货物的装船日期为 2010 年 11 月，以信用证方式结算货款。合同签订后，丰和贸易公司委托我国宏盛海上运输公司运送货物到目的港美国纽约。但是，由于丰和贸易公司没有能够很好地组织货源，直到 2011 年 2 月才将货物全部备妥，于 2011 年 2 月 15 日装船。丰和贸易公司为了能够如期结汇取得货款，要求宏盛海上运输公司按 2010 年 11 月的日期签发提单，并凭借提单和其他单据向银行办理了议付手续，收清了全部货款。

但是，当货物运抵纽约港时，美国收货人威克特公司对装船日期发生了怀疑，遂要求查阅航海日志，运输公司的船方被迫交出航海日表。威克特公司在审查航海日志之后，发现了该批货物真正的装船日期是 2011 年 2 月 15 日，比合同约定的装船日期要迟延达三个多月，于是，威克特公司向当地法院起诉，控告我国丰和贸易公司和宏盛海上运输公司串谋伪造提单，进行欺诈，既违背了双方合同约定，也违反法律规定，要求法院扣留宏盛海上运输公司的运货船只。

美国当地法院受理了威克特公司的起诉，并扣留了该运货船舶。在法院的审理过程中，丰和贸易公司承认了其违约行为，宏盛海上运输公司也意识到其失理之处，遂经多方努力，争取庭外和解，最后，终于与威克特公司达成协议，由丰和贸易公司和宏盛海上运输公司支付威克特公司赔偿金，威克特公司撤销了起诉。

问题

根据以上材料，分析丰和贸易公司应吸取哪些教训。

实训 2

2010 年 7 月，原告秦皇岛金海粮油工业有限公司与第一被告秦皇岛市裕东行船务有限公司签订运输协议，委托第一被告由巴西运输一套精炼棕榈油设备至秦皇岛港，包干运费 29 500 美元。货物运至上海港后，第一被告安排第二被告临海市涌泉航运公司所属“涌泉 2 号”轮进行转船运输。同年 9 月 6 日，“涌泉 2 号”轮在驶往秦皇岛途中因货舱进水，船体倾斜，被救助于山东石岛港。经秦皇岛出入境检验检疫局检验，货物残损金额 22 270 美元。经青岛双诚船舶技术咨询有限公司对船舶进行检验，“涌泉 2 号”轮货舱锈蚀特别严重，船底 K 列板上有一条长度约为 400mm 纵向裂口，痕迹较旧并用木塞塞住。另外被核定抗风能力 8 级的该轮，在遭遇 6 级风浪时即造成船体损坏、货舱进水，这次船体开裂进水的原因是由于船舶结构缺陷或船舶材质问题所致。也就是说该轮在开航时，实际上已不适航。

问题

根据本案分析海运中承运人的责任，说明本案应如何处理。

第7章

国际产品责任法

本章学习目标

1. 掌握产品责任的构成条件、产品责任的归责原则、产品责任国际立法的相关内容；
2. 了解产品责任产生的过程。

引导案例

中国某进出口公司直接向美国出口烟花，其中包括带响的"空中旅行"花炮。某日，美国儿童马·斯考特手拿中国出口烟花"空中旅行"准备燃放时，其友斯皮门把它点燃了。烟花飞向空中时突然转向，朝着站在20m外他的弟弟狭恩·斯考特飞去，炸伤了他的右眼。受害人的法定代理人（狭恩·斯考特父母）委托律师以中华人民共和国生产烟花制造商为第一被告，以中国外交部长为中华人民共和国代理人，以烟花进口商远东进口公司和烟花经销商为第二、第三被告，向美国得克萨斯州达拉斯地区地方法院提起诉讼，要求损害赔偿600万美元，其中100万美元为人身损害赔偿，500万美元为惩罚性损害赔偿。美国驻华使馆送来美国法院传票，传中国外交部长到庭应诉，被中方拒绝。美国法院声称，如中方不出庭应诉，美方可根据原告单方面请求，做出不利于被告的缺席判决，并随时对中国在美国财产予以扣押。这是新中国成立以来发生的一起重大产品责任案。

根据产品责任理论，本案中产品制造商、经销商为中国法人，受害人为美国公民，损害结果发生地也在美国，具有众多的涉外因素。由于中国工厂生产的烟花存在的缺陷造成了外国消费者的人身损害，故本案为一起典型的涉外产品责任案件。作为产品的生产者和销售者的烟花进口商远东进口公司及烟花经销商应承担责任，而中华人民共和国因享有国家豁免权对本案不应承担责任。后来，本案经过美国律师调解，原告同意撤回起诉，同意在法庭外调解解决，最后接受了由中国国际贸易促进委员会所征募来的救济金95 000美元，使该案得到了妥善解决。

7.1 产品责任法概述

7.1.1 产品责任与产品责任法

1. 产品责任的概念

产品责任（Product Liability）是指由于产品有缺陷，造成了产品的消费者、使用者或其他第三者的人身伤害或财产损失，依法应由生产者或销售者负责赔偿的一种法律责任。

理解产品责任必须要明确产品责任法中的产品的范围。目前，各国产品责任法对产品的范围规定不同，例如，美国产品责任法中所指的产品含义十分广泛，几乎任何经过工业处理的东西，所有有形物，不论是否可以移动，不论属于工业还是农业，凡任何可销售、可移动或可使用的制成品，只要由于使用它或通过它引起了伤害，都可视为发生责任的“产品”。欧洲理事会制定的《斯特拉斯堡公约》，把产品限于“一切可移动的产品”，不论是加工的还是未加工的，天然的或工业的，甚至包括组合到另一可移动或不可移动的东西中去的物品。欧共体的《产品责任指令》则把产品限于除初级农产品和狩猎产品以外的所有可移动的产品。《中华人民共和国产品质量法》第二条规定：“产品是指经过加工、制作，用于销售的产品，建设工程不适用于该法规定。但是建设工程使用的建筑材料、建筑构配件和设备，属于前款规定的产品范围的，适用该法规定。”

2. 产品责任法的概念与特征

产品责任法（Product Liability Law）是调整产品的制造者、销售者因制造、销售缺陷产品造成消费者、使用者或其他人损害所引起的赔偿关系的法律规范的总称。

产品责任法的主要特征如下。

（1）产品责任法的调整范围为缺陷产品造成的人身伤害及缺陷产品以外的其他财产损害所引起的赔偿关系，不包括单纯的产品本身的损害。单纯的产品本身所发生的损失而产生的赔偿关系不属于产品责任法的调整范围，应由合同法调整。

（2）产品责任法主要调整没有任何合同关系的产品侵权关系。产品责任法与合同法有密切关系，有合同关系的产品责任问题还可以由合同法调整，而没有合同关系的产品责任问题只能作为侵权责任由产品责任法调整。

（3）产品责任法中的各项规定和原则大多属于强制性规定，双方当事人在订立的合同中不得任意加以排除或更改。

3. 产品责任法的产生和发展

产品责任法是国际上正在形成的一个法律。产品责任是在19世纪中叶在英美两国判例的基础上产生和发展起来的一种民事责任。它最初是作为合同责任来对待的，当事人之间的合同关系被视为构成产品责任的前提。1842 年英国“温特博诉赖特案”首创了“无合同，无责任”的原则，即生产者对所生产的产品的责任大小是由买卖合同中的担保责任所决定的，如果生产者或销售者同消费者之间没有合同关系，则对所生产或销售的产品一概不负责任。

进入 20 世纪以后，随着生产的高度发展和消费者保护运动的日益高涨，立法和司法逐步将保护消费者权益放到了重要地位。20 世纪二三十年代英美两国法院率先适用侵权行为法理论来处理产品责任案件。开始以侵权行为中的疏忽责任原则作为生产者和销售者承担产品责任的原则，即生产者和销售者因疏忽大意造成产品缺陷致使消费者人身和财产损害的应承担赔偿责任。但是，对于生产者和销售者的疏忽大意，应由消费者负责举证。

到了 20 世纪六七十年代，生产技术迅速发展，专业化和高技术使得消费者的识别、检查和防范能力相对降低，消费者的权益经常受到侵犯。为了更有效地保护消费者的利益，世界各国相继制定了产品责任法，并且签订了一些国际公约，在此基础上，形成了一个新兴的法律部门。与以往法律不同的是，这个法律部门确立了严格责任，规定只要因产品的缺陷导致消费者的人身或财产损害，生产者或销售者就应承担赔偿责任，无须消费者举证生产者或销售者主观上是否存在过失。

7.1.2 产品责任的构成

1. 产品责任的构成条件

按照不同的产品责任归责原则，产品责任的构成条件也是不同的。严格责任原则下，生产者、销售者承担产品责任须具备以下条件。

（1）产品存在缺陷。按照各国的一般解释，产品缺陷是指产品缺乏人们期待的安全性或具有不合理的危险。根据各国法律的规定，产品缺陷主要包括以下内容。

1）设计上的缺陷。设计上的缺陷是指由于不适当的设计而形成的缺陷。设计产品时，由于对产品可靠性、安全性考虑不周，往往发生产品责任事故，产品生产者应负责任。

2）原材料的缺陷。原材料的缺陷是指由于制造产品使用的原材料不符合质量、卫生和安全等标准而形成的缺陷，如食品中加入防腐剂。

3）制造、装配上的缺陷。制造、装配上的缺陷是指因产品生产、装配中的不当，致使产品质量未达到设计或预期的要求。

4）指示上的缺陷。指示上的缺陷是指对产品的性能、用途、使用方法和注意事项等未做充分、适当、正确的说明或未做警告。

（2）有损害事实的存在。它即因产品缺陷造成了人身、缺陷产品以外的其他财产的损害。如果产品有缺陷，但并未造成人身或财产损害，或者仅造成缺陷产品本身的损害，均不构成产品责任。在这种情况下，生产者或销售者仅按法律关于品质瑕疵担保责任的有关规定，承担修理、更换、退货或赔偿损失的责任。

（3）产品缺陷与损害后果之间有因果关系。它即损害的结果是由产品缺陷直接导致的。在产品责任事故中，损害后果的发生往往是由多种原因导致的，因此，必须确定产品缺陷是引起损害后果的唯一原因或直接原因，产品责任才能成立，生产者、销售者才能承担赔偿责任。如果是消费者、使用者或其他第三者本身的过错或其他任何人的过错而造成了损害事故的发生，就不存在产品责任的问题。

2．产品责任的责任主体

产品责任的责任主体包括生产者和销售者。这里的生产者是指广义上的生产者，一般包括产品的生产制造者、加工者、修理者、运输者和仓储者。销售者则包括出口商和进口商，包括批发商和零售商等经销商品的任何人。生产者或销售者提供缺陷产品给消费者、使用者或其他人造成损害的，应负责赔偿。而且根据多数国家的法律规定，生产者和销售者承担的是连带赔偿责任。

案例 7-1

2003年6月9日，中国公民石某从某商品批发店购买了40箱啤酒，并且用卡车将啤酒拉回家中。当石某卸货至第36箱时，其中一瓶啤酒突然爆炸，致使石某右眼球受伤，后因医治无效，石某右眼失明。由于石某在运输和搬动啤酒的过程中没有任何过错，于是他向某商品批发店要求赔偿，但商店称啤酒瓶的爆炸可能是由于厂家生产时质量不合格而致，自己并没有过错，因此要石某向厂家索赔，石某遂诉至法院。

法院审理后认为，石某眼睛受伤确系因啤酒质量不合格所致，而啤酒又是该商品批发店出售的，因此，石某的受伤与啤酒质量瑕疵有因果关系，石某在搬运过程中并没有过错，石某有受损害之事实，因此判决商品批发店赔偿石某的损失。

7.2 产品责任的归责原则

产品责任的归责原则是指据以确定产品的生产者和销售者承担产品责任的基本准则。产品责任归责原则决定了产品责任的构成要件。在产品责任法的历史发展中，该归责原则经历了从疏忽责任原则到严格责任原则的两个发展阶段。

7.2.1 疏忽责任原则

疏忽责任是指由于生产者和销售者的疏忽，造成产品缺陷，致使消费者的人身或财产遭受损害，生产者和销售者应对其疏忽承担责任。最早确立疏忽责任原则的案例是“麦克弗森诉别克汽车公司案”。该案发生在美国，1916 年被告别克汽车公司向汽车零售商出售一辆别克汽车，零售商又把此车售给原告麦克弗森。由于一车轮在制造上有缺陷，致使汽车在行进中突然翻倒，使原告麦克弗森受到伤害。有关证据表明，如果事前被告对车轮进行合理的检查就能发现其缺陷，但被告没有这样做。美国纽约上诉法院认为，别克公司在制造该汽车时违反注意义务，疏于检查轮胎是否有瑕疵而提供了危险产品，无论买方与制造商之间是否存在合同关系，都应承担赔偿责任。该案突破了产品责任仅限于合同当事人的限制，扩大了承担产品侵权责任的范围。在疏忽责任理论中，不仅是产品的买方，而且任何与买卖合同无关的人，即使是旁观者，只要他是由于该产品的缺陷而直接受到损害的，都可以对产品生产者和销售者提起疏忽之诉。

按照疏忽责任原则，受害人对生产者或销售者因疏忽之责向法院起诉要求赔偿损失时，须提出以下证据证明：被告有“合理注意”的义务；被告违背了“合理注意”义务，即被告有疏忽之处；由于被告的疏忽直接造成了受害人的损害，即原告必须证明损害与产品缺陷之间有因果关系。

7.2.2　严格责任原则

严格责任是指只要生产者生产的产品因缺陷造成他人人身和财产损害，不论生产者是否有过错，均应向受害人赔偿。按照这一原则，受害人无须证明生产者是否存在过错，只要证明产品有缺陷，并且自己的损害是由于缺陷产品造成的，生产者或销售者就应负责赔偿。

严格责任原则的提法主要见诸英美法系国家。在大陆法系国家，严格责任原则一般被称为无过错责任原则或无过失责任原则。

严格责任原则对于维护消费者的利益具有重要意义，这一原则对世界各国产生了深远影响。目前，欧盟各成员国的产品责任法都确立了严格责任原则，我国的《产品质量法》也采用这一原则。

7.3　产品责任的国际立法

现代社会产品的生产和销售日趋国际化，国际上涉及不同国家当事人的产品责任案件也频繁发生。由于各国关于产品责任的立法存在很大的差异，在产品责任的承担上也出现了不确定性，所以，对产品责任进行国际调整已经被各个国家所重视。近年来，世界上陆续出现一些区域性或全球性的国际产品责任公约，主要有《关于造成人身伤害与死亡的产品责任的欧洲公约》、《欧洲经济共同体产品责任指令》及《关于产品责任法律适用的公约》。

7.3.1 关于造成人身伤害与死亡的产品责任的欧洲公约

《关于造成人身伤害与死亡的产品责任的欧洲公约》是1977年由欧洲理事会各成员国在斯特拉斯堡签订的，所以通常称《斯特拉斯堡公约》。该公约共有19条正文和一个附件，公约主要包括以下内容。

1. 公约的适用范围

根据公约的规定，公约适用于因生产者提供的产品存在瑕疵而造成消费者人身伤害或死亡的赔偿责任问题。

（1）公约中关于生产者的范围。公约中列明的生产者主要包括以下四种人。

1）制造商。它即成品或零配件的制造商及天然产品的生产者。

2）产品进口商。它即任何以将产品投入商业流通为目的按商业惯例做法进口产品者。

3）任何使自己的名字、商标或其他识别特征出现在产品上而将其作为自己产品出示者。

4）如果产品没有表明负有责任者的身份，则每个供应者应视为本公约所指的生产者，并承担同样的责任，除非根据索赔人的要求，该供应者在合理的时间内披露生产者或向其提供产品者的身份。

（2）公约中关于产品的范围。公约中的“产品”一词指所有动产，包括天然动产、工业动产，无论是未加工的还是加工过的，即使是组装在另外的动产内或组装在不动产内，也应包括在内。

2. 关于产品责任原则

根据公约的规定，生产者承担的产品责任是一种严格责任。只要产品存在瑕疵，并且因这种瑕疵使消费者受到了人身伤害或造成消费者死亡，该产品的生产者就应承担赔偿责任。即使有关损害是由产品的瑕疵和第三人的行为（包括作为或不作为）造成的，也不能减轻生产者的责任。而且，当事人不得以任何免责或解除义务条款对公约规定的这种产品责任加以限制或予以排除。

3. 生产者的赔偿责任及免责条款

根据公约的规定，生产者应承担其缺陷产品造成人身伤害或死亡的赔偿责任，即产品损害赔偿的范围仅限于人身伤亡，不包括其财产上的损失。而且如果数人对同一损害负有责任，则每个人都应承担全部责任，即生产者承担的是连带责任。

公约还规定了生产者的免责条款，根据公约第5条的规定，生产者如果证明下列事实，则不承担责任。

（1）他未将产品投入流通。

（2）产品投入流通时造成损害的瑕疵尚不存在，或者产品的瑕疵是在投入流通领域以后才产生的。

（3）产品既非为销售、出租或为具有经济目的的其他形式的分销而制造，也非按其惯常商业做法制造或分销时，生产者也不承担赔偿责任。

公约第 4 条还规定了减免生产者赔偿责任的另外一种情况，即如果受害人或有权索赔的人因其自己的过失造成损害，在考虑了所有情况后，生产者可以减少或拒绝赔偿。

4．关于诉讼时效

公约规定受害人要求赔偿的诉讼时效是 3 年，即受害人应知道或应合理地知道损害、瑕疵及生产者身份之日起 3 年之内提起诉讼。而且，如果该诉讼未在自生产者将造成损害的产品投入流通之日起 10 年内提起，则受害人丧失要求生产者赔偿的权利。

7.3.2 欧洲经济共同体产品责任指令

《欧洲经济共同体产品责任指令》（以下简称《产品责任指令》）的全称是《成员国有关缺陷产品责任的法律、法令及行政规定一致的理事会指令》，是欧洲共同体国家签订的一个有关产品责任的国际公约。该公约于 1985 年 7 月 25 日经共同体理事会全体通过。《产品责任指令》与《斯特拉斯堡公约》都是在欧共体主持下制定的，在内容上存在一定的联系。

1．《产品责任指令》的适用范围

《产品责任指令》的适用范围是因产品缺陷导致消费者人身伤害和财产损害的产品责任。《产品责任指令》里的产品范围、生产者范围及生产者的赔偿范围与《斯特拉斯堡公约》有一定的联系，也有某些不同，主要体现在以下方面。

（1）产品的范围。与《斯特拉斯堡公约》不同，《产品责任指令》里所指的产品不包括未加工过的天然动产。

（2）生产者的范围。《产品责任指令》规定了产品责任承担者的范围。可承担产品责任的经营者包括成品制造者，原材料的生产者，零部件的制造者，将其名字、商标或其他识别标志表示于产品之上以表明其为生产者的人，以销售、出售或其他形式的分销目的将产品输入欧共体的进口人及在不能确认生产者的情况下的产品供应者。与上述产品的范围相一致，有关天然动产的生产者不属于该指令所指的生产者的范畴。

2．关于产品责任原则

《产品责任指令》与《斯特拉斯堡公约》采取了同样的严格责任原则，只要受害人能够证明产品存在缺陷、受害人遭受损害的事实、产品缺陷与损害之间存在因果关系，就可以要求生产者承担损害赔偿责任。

3．生产者的赔偿及免责

《产品责任指令》规定的生产者赔偿范围有所扩大，生产者不仅要对其瑕疵产品给消费者所造成的人身伤亡负责，而且还应对一定范围的财产损害负责。

《产品责任指令》还对损害的范围和最高赔偿金额进行了规定。指令所指的损害是指人身伤害、死亡及不低于 5 000 欧洲货币单位的财产损失。但财产不包括缺陷产品本身及商业性使用的财产，对同一产品、同一缺陷引起的人身伤害、死亡，总赔偿额不超过 7 000 万欧洲货币单位。

《产品责任指令》规定了生产者的免责条款。如果生产者能证明以下事实，即可免除赔偿责任：

（1）未将产品投入流通。

（2）引起损害的缺陷在产品投入流通时并不存在。

（3）产品不是生产者为销售或具有经济目的的任何形式的分销而制造的，也非生产者在其商业活动过程中生产或分销的。

（4）产品缺陷是为了使产品符合政府强制性法规而导致的。

（5）缺陷是投入流通时的科学技术水平不能发现的。

（6）产品缺陷是由于零部件产品的设计或制造者的指示造成的。

4．诉讼时效

《产品责任指令》规定，受害者对生产者提起损害赔偿诉讼的诉讼时效为 3 年，自受害者知道或应合理地知道伤害、瑕疵及生产者身份时开始计算。这一规定与《斯特拉斯堡公约》中规定的诉讼时效是一致的。

7.3.3　关于产品责任法律适用的公约

1972 年 10 月海牙国际私法会议第 12 次会议通过了《关于产品责任法律适用的公约》（也称《海牙公约》）。该公约于 1978 年 10 月 1 日生效，法国、卢森堡、荷兰、挪威、西班牙、原南斯拉夫和芬兰等国批准了该公约，我国尚未加入该公约。该公约是目前国际上唯一的产品责任方面的统一的冲突法公约。

《海牙公约》的主要内容包括以下三方面。

1．公约的适用范围

《海牙公约》主要适用于有关产品责任的国际性诉讼案件，而且仅适用于无合同关系的当事人之间发生的纠纷。也就是说，公约只适用于货物进口国的产品使用者而非产品购买者，在因使用缺陷产品受到伤害后要求产品制造者或产品进口商赔偿的情况。

（1）关于产品的范围。产品一词是指一切可供使用或消费的物品，包括一切可供使用或消费的天然产品和工业产品，而不论是加工过的还是未加工过的，不论是动产还是不动产。产品的范围比《产品责任指令》的更为广泛。

（2）产品责任主体。根据公约的规定，承担产品责任的主体包括：成品或零部件的制造者；天然产品的生产者；在产品准备或销售等整个环节中的有关人员，包括修理人和仓库管理员；上述人员的代理人或雇员。

（3）损害的原因及种类。《海牙公约》对“损害”的解释也更为广泛，规定损害发生的原因一般是由于产品本身的缺陷；但即使产品本身没有缺陷，由于对产品的说明，或者对其质量、特性或使用方法未提供适当说明而造成对消费者的损害，也属于公约规定的责任范围内。

损害的种类包括对人身的损害或财产的损害及经济损失，但不包括产品本身的损害及间接损失，如果本身的损害和其他损害联系在一起，则包括在损害范围内。

2．产品责任法律适用规则

当有关产品责任纠纷同时涉及几个国家的法律，而各国法律的规定又不尽相同时，对于应依据哪个国家的法律来审理判决有关纠纷案件的问题，《海牙公约》规定了比较特别的重叠适用原则，即规定以某国家的国内法为基本的适用法律，同时又规定了几个连接因素，该国内法只有同时具备其中至少一个连接因素，才能被作为准据法适用。公约规定的连接因素是损害地、直接遭受损害的人惯常居住所在地、被控负有责任的人的主要营业地、直接遭受损害人取得产品的所在地。

3．准据法的适用

准据法能够解决的问题主要包括以下内容。

（1）责任的条件和范围。

（2）免除、限制和划分责任的依据。

（3）损害的性质。

（4）赔偿的方式及范围。

（5）索赔权利和移转。

（6）直接有权要求损害赔偿的人。

（7）委托人对其代理人或雇主对其雇用人的行为所应承担的责任。

（8）举证责任。

（9）关于诉讼时效及起诉期限的规定。

基于这些问题而发生的纠纷都可以依准据法的规定来进行裁决。

本章小结

产品责任是指由于产品有缺陷，造成了产品的消费者、使用者或其他第三者的人身伤害或财产损失，依法应由生产者或销售者负责赔偿的一种法律责任。

产品责任法是调整产品的制造者、销售者因制造、销售缺陷产品造成消费者、使用者或他人损害所引起的赔偿关系的法律规范的总称。

要求生产者承担产品责任必须满足以下三个条件：生产者提供的产品存在缺陷；受害人因缺陷产品遭受损害；受害人的损害与缺陷产品具有因果关系。

生产者承担产品责任的归责原则主要包括疏忽责任原则和严格责任原则，目前一般国家及国际立法中都规定生产者责任适用严格责任原则，这有利于保护消费者的利益。

目前，关于产品责任的国际公约主要包括《关于造成人身伤害与死亡的产品责任的欧洲公约》、《欧洲经济共同体产品责任指令》及《关于产品责任法律适用的公约》。

复习思考题

1. 名词解释

产品责任　疏忽责任原则　严格责任原则

2. 单项选择题

（1）目前，各国广泛采用的产品责任归责原则是（　　）。

A. 严格责任原则　　B. 过失责任原则

C. 违反担保原则　　D. 过错责任原则

（2）根据欧共体《关于对有缺陷产品的责任指令》有关产品责任诉讼时效的规定，受害者对生产者提起损害赔偿诉讼的诉讼时效期间为（　　）。

A. 3年　　B. 5年　　C. 10年　　D. 15年

3. 多项选择题

（1）以下属于承担产品责任条件的是（　　）。

A. 产品存在缺陷

B. 由缺陷导致损害发生

C. 缺陷是在投入流通后产生的

D. 由于受害人擅自改变使用方法引起损害

（2）《海牙公约》规定承担产品责任的主体包括（　　）。

A. 成品或部件的制造商

B. 天然产品的生产者

C. 产品的供应者

D. 在产品准备或销售等整个环节中的有关人员

4. 简答题

（1）产品责任法的特征有哪些？

（2）产品责任的构成要件有哪些？

（3）产品责任的归责原则有哪些？

（4）有关产品责任的国际立法包括哪些，各自的主要内容有哪些？

实训题

实训 1

2010 年 11 月上海市某区人民法院受理了一起化妆品损伤皮肤案。原告诉称：因使用了 A 化妆品厂的某产品造成面部皮肤严重损伤，要求被告赔偿经济损失。

被告辩称：原告使用的化妆品确为本厂生产的产品，但该产品是厂内正在研制的实验品，并未投入市场。

经法庭调查，原告使用的化妆品是身为 A 化妆品厂检验员的男友所送，法庭委托有关产品检验机构对化妆品进行检测，结果表明：A 化妆品厂生产的化妆品有现代科学技术水平尚不能发现的缺陷存在，进一步对原告进行皮肤测试，结论是原告皮肤属于特殊的过敏性皮肤，对该化妆品具有特殊的过敏性，从而导致皮肤损伤。

? 问题

试分析：在什么情形下生产者可不承担赔偿责任？A 化妆品厂是否要承担产品责任，为什么？

实训 2

2010 年 9 月 13 日，王某乘坐由本单位司机刘某驾驶的 M 公司生产的越野吉普车出行。当该车通过某路段时，汽车的前挡风玻璃突然爆破，坐在副驾驶座位上的王某当场昏迷，经医院抢救无效死亡。尸检结果表明："死者左胸部附有细小的玻璃碎片，并伴有散见针样状血点，其余部位未见异状。全身体表未发现钝器直接击伤痕迹。"并确认该起事故不属于道路交通事故。

事故发生后，为查明玻璃爆破的原因，M公司将破碎的挡风玻璃运至玻璃的生产厂家，委托其鉴定。鉴定结论为：本次发生挡风玻璃破碎的原因，并非玻璃本身有质量问题，而确属外部因素造成。对此结论，王某的亲属不同意。后经国家质检中心对损坏的玻璃进行鉴定，得出推断性结论为：前挡风玻璃为夹层玻璃，在不受外力作用下，夹层玻璃自身不会爆裂。M公司据此认为对王某的死亡不承担责任。

无奈之下，王某的亲属将M公司告上法庭，要求M公司赔偿原告丧葬费、误工费、差旅费、鉴定费、抚恤金、教育费和生活补助费等共计人民币50万元。

人民法院经审理认为，本案查明的事实不能证明M公司在王某死亡问题上有过错，王某的死亡与M公司无必然的因果关系。原告要求M公司赔偿因王某死亡所遭受的损失，没有事实根据和法律依据。驳回原告的诉讼请求。

一审判决后，原告不服提起上诉。二审法院审理后认为，上诉人主张王某是在乘坐M公司越野吉普车时，因前挡风玻璃在行驶途中突然爆裂而被震伤致死。为此，上诉人提交了医院诊断、尸表检查结论和事故通知书等证据。这些证据排除了钝器击伤或汽车追尾等外力因素，证实王某是在前挡风玻璃突然爆破后因爆震伤死亡，满足产品发生了问题、造成人身伤害、损害事实与产品发生的问题之间存在必然因果关系三个要件，足以支持上诉人的主张。依法判决撤销一审民事判决，被上诉人M公司赔偿上诉人交通费、住宿费、误工费、鉴定费、丧葬费、死者生前抚养人所必需的生活费、受教育费及死亡赔偿金共计人民币496 901.9元。

问题

根据本案分析产品责任的构成条件及归责原则，说明一、二审法院为何做出不同判决。

第 8 章

知识产权保护法

本章学习目标

1. 掌握知识产权的概念及特征、知识产权国际保护的立法情况，以及几种主要国际公约的内容；
2. 了解各国法律对专利权、著作权及商标权规定的不同之处。

引导案例

（美国）教育考试服务中心（Educational Testing Service，ETS）作为 TOEFL 考试的主持者、开发者，独立设计、创作完成了 TOEFL 考试题，并就 53 套 TOEFL 考试题在美国进行了著作权登记。2007 年 8 月，ETS 与主要从事外语教学服务的 G 学校签订协议，许可 G 学校以非独占性的方式复制协议所列的录音制品和文字作品（共 20 套试题），作为内部使用，不得对外销售，协议有效期为一年。但 G 学校将该 TOEFL 考试题以出版物的形式在其校内和网络上向不特定人公开销售，且在许可协议期满后未再签订新的协议。另外，ETS 曾就“TOEFL”商标在中国核准注册，核定使用的范围是盒式录音带、考试服务和出版物等。被控侵权物的封面等用醒目的字样标明“TOEFL”。2010 年 1 月，ETS 以 G 学校侵犯著作权和注册商标专用权向北京市第一中级人民法院起诉。此前，G 学校曾因此被行政执法部门查处。

一审法院经审理认为，TOEFL 试题由 ETS 主持开发设计，每道试题均需多人经历多个步骤并且付出创造性劳动才能完成，具有独创性，属于中国著作权法意义上的作品，由此汇编而成的整套试题也应受到保护。G 学校未经 ETS 许可，以商业经营为目的，擅自复制并公开销售 TOEFL 试题，侵犯了 ETS 的著作权，应承担相应的法律责任。G 学校在其发行的 TOEFL 考试题出版物的封面上以醒目字体标明“TOEFL”字样，且商品类别与 ETS 注册的商品类别相同，G 学校的行为侵犯了 ETS 的注册商标专用权。判决 G

学校停止侵犯著作权和注册商标专用权的行为，并赔偿损失、消除影响和赔礼道歉。被告不服，提起上诉。北京市高级人民法院经审理认为，一审判决对G学校侵犯ETS著作权的认定正确，应予维持原判，但对侵犯ETS注册商标专用权及赔偿数额的认定和处理不当，应予酌情纠正。据此，于2010年12月27日依法判决，维持一审判决有关著作权的判项，撤销一审判决有关注册商标专用权的判项。

8.1 知识产权保护法概述

8.1.1 知识产权的概念及特征

1. 知识产权的概念

知识产权也称“智力成果权”，是指人们对其在科学技术、文学艺术及生产等领域从事智力活动所创作的成果享有的法定权利。知识产权又是一种法律关系，即通过知识产权法调整知识产权人与非权利人之间围绕某项智力成果而发生的权利和义务关系。人们的智力（脑力）活动是无形的，但却可以通过各种有形的载体反映出来，成为具有不同性质和表现形式的智力成果，成为具有使用价值和价值的社会财富的重要组成部分。

2. 知识产权的特征

知识产权作为一种特殊的财产权，具有不同于普通物质财产权的显著的法律特征。

（1）知识产权具有专有性。知识产权的专有性是指权利人对其智力成果享有垄断性的专有权，非经权利人同意或法律规定外，其他任何人均不得享有和使用该项权利。各国法律对于权利人的这种独占或垄断的专有权都实行严格的保护，除依照法律规定的条件和程序通过“强制许可”才能对权利人的专有权加以变更外，任何侵犯专有权的行为均构成侵权。

（2）知识产权具有时间性。知识产权的时间性是指知识产权仅在法律规定的期限内受到法律保护，一旦超出了法律规定的有效期限，这一权利即自行消失，知识产品即进入公有领域，成为整个社会的共同财富，为全人类所共同使用。

（3）知识产权具有地域性。知识产权的地域性是指，按照一国法律获得确认和保护的知识产权只在该国具有法律效力。除签有国际公约或双边互惠协定的情况外，知识产权没有域外效力，其他国家对这种权利没有保护的义务。

8.1.2 知识产权的国际保护

随着科学技术的发展，国际上经济、技术和科学的交流与合作日益加强，国际技术市场的规模不断扩大，加强对知识产权的国际保护已经成为一个世界性的潮流。

1．知识产权国际保护的由来和发展

知识产权的国际保护始于 19 世纪末。当时，欧美各主要国家相继完成了工业革命，大机器生产为建立国际技术市场提供了可能性。为加强对知识产权的保护，各主要资本主义国家先后制定了有关知识产权保护的国内立法，在本国范围内对知识产权实行保护。由于知识产权具有严格的地域性，如何使本国的知识产品在国外得到保护，是当时各国面临的一个普遍问题，成为影响国际技术交流的重要因素。为解决这一问题，以便更大规模地开展国际技术的交流与合作，欧洲一些国家首先倡导建立对知识产权的国际保护制度，加强对知识产权的国际保护。

有关知识产权的国际条约，可分为工业产权保护的国际条约和版权保护的国际条约两类。前一类包括 1883 年《巴黎公约》、1891 年《商标国际注册马德里协定》、1925 年《工业品外观设计国际保护海牙协定》、1957 年《商标注册商品与服务国际分类尼斯协定》、1958 年《保护原产地名称及其国际注册里斯本协定》, 1961 年《保护植物新品种国际条约》、1968 年《建立工业品外观设计国际分类洛迦诺协定》、1970 年《专利合作条约》、1971 年《国际专利分类协定》、1973 年《商标注册协定》、1973 年《建立商标图形国际分类协定》、1977 年《国际承认用于专利程序的微生物保护布达佩斯条约》。后一类主要有：1886 年《保护文学艺术作品伯尔尼公约》、1952 年《世界版权公约》、1971 年《保护唱片录制者防止其唱片被擅自复制的公约》、1974 年《人造卫星播送载有节目信号公约》、1982 年《避免对版权提成费双重征税马德里多边条约》。除此之外，一些地区性的国际组织还制定了该地区的保护知识产权的公约，如欧共体 1963 年制定的《统一发明专利实体法公约》、1973 年《欧洲专利权授予公约》、1975 年《欧洲共同体专利公约》、中美洲各国 1968 年制定的《中美洲工业产权协定》及非洲国家 1977 年制定的《班吉协定》等。

2．巴黎公约

《保护工业产权的巴黎公约》(Paris Convention for The Protection of Industrial Property)，简称《巴黎公约》，是迄今为止最广泛、最基本的保护工业产权的国际公约，公约中的基本原则和制度，对工业产权的国际保护产生了深远的影响，被称为工业产权国际保护的母约。该公约于 1883 年 3 月 20 日在巴黎签订，1884 年 7 月 6 日生效。《巴黎公约》经过七次修订，现行的是 1980 年 2 月在日内瓦修订的文本。原缔约国为 11 个国家（比利时、巴西、法国、危地马拉、意大利、荷兰、葡萄牙、萨尔瓦多、塞尔维亚、西班牙和瑞士），到 2002 年 9 月 19 日，公约已有包括中国在内的 164 个成员。中国于 1984 年 12 月 19 日交存加入该公约 1967 年斯德哥尔摩修订文本的加入书，1985 年 3 月 19 日对中国生效。《巴黎公约》

规定参加国组成保护工业产权同盟，简称巴黎同盟。同盟设有三个机关，即大会、执行委员会和国际局。

《巴黎公约》保护的对象是专利、实用新型、外观设计、商标、服务标记、厂商名称、货源标记、原产地名称及制止不正当竞争。

《巴黎公约》的主要内容如下。

（1）国民待遇原则。其成员的国民在保护工业产权方面享受与本国国民同样的待遇。如果非缔约国国民在一个缔约国领土内有永久性住所或真实有效的工商营业所，也享受与成员国国民同样的待遇。

（2）优先权原则。成员国的国民向一个缔约国提出专利申请或注册商标申请后，在一定期限内（发明、实用新型为12个月，外观设计、商标为6个月）享有优先权。即当向其他缔约国又提出同样的申请，则后来的申请视做在第一申请提出的日期提出的。

（3）专利、商标的独立原则。各成员国授予的专利权和商标专用权是彼此独立的，各缔约国只保护本国授予的专利权和商标专用权。

（4）强制许可专利原则。《巴黎公约》规定："某一项专利自申请日起的4年期间，或者自批准专利日起3年期内（两者以期限较长者为准），专利权人未予实施或未充分实施，有关成员国有权采取立法措施，核准强制许可证，允许第三者实施此项专利。如在第一次核准强制许可特许满2年后，仍不能防止赋予专利权而产生的流弊，可以提出撤销专利的程序。"《巴黎公约》还规定强制许可不得专有，不得转让。但如果连同使用这种许可的那部分企业或牌号一起转让，则是允许的。

（5）商标的使用。《巴黎公约》规定，某一成员国已经注册的商标必须加以使用，只有经过一定的合理期限，而且当事人不能提出其不使用的正当理由时，才可撤销其注册。凡是已在某成员国注册的商标，在一成员国注册时，对于商标的附属部分图样加以变更，而未变更原商标重要部分，不影响商标显著特征时，不得拒绝注册。如果某一商标为几个工商业公司共有，不影响它在其他成员国申请注册和取得法律保护，但是这一共同使用的商标以不欺骗公众和不违反公共利益为前提。

（6）驰名商标的保护。驰名商标如果被他人用于同类商品或类似商品的注册，商标权人有权自模仿注册之日起至少5年内，提出撤销此项注册的请求。对于以欺骗手段取得注册的人，驰名商标的所有人的请求期限不受限制。

（7）商标权的转让。如果其成员国的法律规定，商标权的转让应与其营业一并转让方为有效，则只需转让该国的营业就足以认可其有效，不必将所有国内外营业全部转让。但这种转让应以不会引起公众对贴有该商标的商品来源、性质或重要品质发生误解为条件。

此外，《巴黎公约》还对专利、商标的临时保护、未经商标权人同意而注册的商标等问题做出规定。

3.《商标国际注册马德里协定》

《商标国际注册马德里协定》，简称《马德里协定》，是根据《巴黎公约》第 19 条的规定制定的第一个保护商标权的专门公约。该公约 1891 年在马德里签订，1892 年生效，以后又经过 6 次修订，现在使用的是 1971 年斯德哥尔摩修订本。参加这个协定的国家，必须首先是《巴黎公约》的成员国。到 2003 年 10 月 23 日，该协定共有 74 个成员国。按照该协定规定，申请人必须首先在其本国取得商标注册，才能向本国商标主管部门提交国际注册申请案，本国主管部门核实确认国际申请案的商标与申请人在本国的注册商标完全一致后，转呈该协定的管理组织——世界知识产权组织国际局。该申请案必须使用法语。国际局就申请进行形式审查，形式审查通过后，该商标就获得了国际注册，但这种注册还不能给予申请人任何实体权利。国际注册只有转为某一成员国国内注册后，才能产生实体权利。国际局将公布该商标的国际注册，并通知申请人所指定的请求保护的国家。该指定国家有权在 1 年内，在说明理由的前提下声明拒绝保护该商标。如果 1 年内指定国未表示拒绝，那么，该商标就自动在该国获得注册，申请人即在该国获得商标专用权。如果已获得国际注册的商标在某一指定国生效，无论该国法律规定商标注册有效期的长短，该国必须为该国际注册商标提供 20 年保护期，并可以无限制续展，每次续展期也是 20 年。

4.《保护文学艺术作品伯尔尼公约》

《保护文学艺术作品伯尔尼公约》，简称《伯尔尼公约》，是世界上第一个版权保护的公约，也是迄今为止影响最大的版权保护国际公约。该公约 1886 年在伯尔尼签订，以后经过 5 次修订，现在使用的是 1971 年巴黎修订本。到 2002 年 7 月 15 日，共有 149 个国家参加该公约。

（1）《伯尔尼公约》保护的作品。根据《伯尔尼公约》规定，其所保护的作品主要包括 10 个方面，即图书、小册子；讲课、演讲、布道；戏剧作品和音乐戏剧作品；舞蹈艺术作品及哑剧作品；音乐作品；电影作品及用同类方式表现的作品；图画、油画、建筑、雕塑、雕刻及版画；摄影作品及用同类方法表现的作品；实用美术作品；与地理、地形、建筑、科学有关的示意图、地图、设计图、草图和立体作品。

（2）《伯尔尼公约》保护的权利。根据《伯尔尼公约》的规定，所保护的作者权利包括经济权利和精神权利。经济权利包括：翻译权、复制权、公开表演权、广播权、公开朗诵权和改编权。精神权利包括：作者身份权；反对对作品进行歪曲、割裂和篡改权；反对对作品进行有损于作者声誉的修改。

版权保护期为作者有生之年加死后 50 年；电影作品为公映后 50 年，如自作品摄制完成后 50 年内尚未公映，则自作品摄制完成后 50 年期满；不具名作品或笔名作品为合法公开发表后 50 年，著作者身份在此间被披露，则保护期限改为作者有生之年加死后 50 年。

（3）《伯尔尼公约》的主要原则。《伯尔尼公约》主要规定有以下四项保护原则。

1）国民待遇原则。凡成员国国民或在成员国有长期住所的人，或在成员国首次发表其作品的人，其作品在其他各成员国内均享有版权保护，此类保护与保护本国作者相同。

2）自动保护原则。作品一旦创做出来，自动受到保护，不必登记注册，不必送交样本或履行其他任何手续。

3）独立保护原则。成员国按照本国版权法保护其他成员国的作品，而不管该作品在其国内是否受保护。但在保护水平有差异时，可适用互惠原则。

4）最低限度保护原则。公约规定了对版权的保护标准，各成员国所提供的保护不能低于这个标准。例如，保护期不得短于作者有生之年加死后50年；至少要保证作者享有公约所规定的经济权利和精神权利等。

8.2 WTO的《与贸易有关的知识产权协定》

8.2.1 《与贸易有关的知识产权协定》的产生背景

1. 产生的原因

（1）知识产权在国际贸易中的地位日益突出。随着科技发展和经济的进一步全球化，各国之间知识产权保护标准的巨大差异给国际贸易的发展带来严重的不利影响。越来越多的国家认识到，加强知识产权的保护对促进经济发展意义重大，《与贸易有关的知识产权协定》就是在这一背景下产生的。

（2）《与贸易有关的知识产权协定》产生之前国际知识产权公约的局限性。在“乌拉圭回合”谈判之前，已经有一些保护知识产权的国际公约，例如《巴黎公约》、《专利合作公约》、《马德里协定》、《伯尔尼公约》和《罗马公约》等。但这些国际公约都或多或少地存在一些不足，不能有效实现保护知识产权的目的。例如，没有专门保护商业秘密的国际公约；《巴黎公约》没有规定专利的最低保护期限；已有公约对假冒商品的处理不够有力；对计算机软件和录音制品缺乏国际保护；缺乏一个有效的争端解决机制来处理与贸易有关的知识产权问题。

（3）《与贸易有关的知识产权协定》与美国“301条款”。《与贸易有关的知识产权协定》的产生与美国在谈判中的推动不可分开。20世纪70年代初期，美国连年出现贸易逆差，美国政府认为这是由于美国的知识产权在世界范围内没有得到有效的保护，高技术的优势得不到发挥。于是，美国在贸易法中规定了“301条款”，全称为“实施美国依贸易协定所享有的权利和回应外国政府的某些贸易做法”。根据“301条款”，如果外国政府不遵守其与美国政府签订的贸易协定或采取其他不公平的贸易做法，损害美国的贸易利益，美国政府可以采取强制性的报复措施。

世贸组织的《与贸易有关的知识产权协定》基本上是仿照美国的“301 条款”而制定的，可以说，它是美国“301 条款”的国际化、扩大化和系统化。

2．关于《与贸易有关的知识产权协议》的谈判

20 世纪 80 年代世界贸易组织所进行的七轮多边贸易谈判，在减免关税和扩大贸易方面取得了巨大的成功，全球范围的贸易自由化进程加速了经济的增长和发展。

在前述背景下，美国、日本、欧盟等工业发达国家认为，知识产权国际保护的不得力、不充分，已对国际贸易造成严重影响，强烈要求在关贸总协定 1986 年 9 月开始的第八轮（即乌拉圭回合）多边贸易谈判中，将知识产权保护作为专门议题进行谈判。而处于工业化过程中的发展中国家，因为科研开发能力相对较低，强化知识产权保护会使其无法自由地通过各种渠道取得国外技术，并经过改造、消化、吸收为本国利用，所以采取抵制态度。经过长期谈判，1991 年 12 月 18 日初步达成了《与贸易有关的知识产权协定》（草案），1993 年年底签订的乌拉圭回合最后协议也包括了该协议。当时的关贸总协定有 107 个成员国及地区（到 2001 年已达 124 个），所以《与贸易有关的知识产权协定》的影响面大于以往任何一个知识产权国际协议，它是知识产权保护国际化的一个历史里程碑。至此，以《建立世界知识产权组织公约》和《与贸易有关的知识产权协定》为代表的世界范围内保护知识产权的格局已经形成。

8.2.2 《与贸易有关的知识产权协定》的基本原则

《与贸易有关的知识产权协定》（Agreement on Trade-Related Aspects of Intellectual Property Rights，TRIPS）分为七大部分。包括：总则和基本原则；知识产权的效力、范围及使用的标准；知识产权的实施；知识产权的取得和保持及相关程序；争端的预防和解决；过渡期安排；机构安排和最后条款。

1．总则

TRIPS 协议的前言和第一部分阐述了协议的出发点及目的、保护知识产权的宗旨和基本原则、与主要国际保护公约的关系。

协议要求各成员方对以下三点取得共识。

（1）知识产权为私权，即知识产权是属于特定的、具体的主体的权利。知识产权具有专有性，一般情况下，未经权利人许可而使用，就构成侵犯知识产权；只有在法定的特殊情况下，才能不经许可而使用。

（2）加强知识产权保护与促进国际贸易必须相辅相成。对知识产权更为有效和充分的保护，是为了减少国际贸易中的扭曲与阻力，应当确保实施保护知识产权的措施及程序本身不至于成为合法贸易的障碍。

（3）知识产权保护与社会公共利益之间应当保持适当的平衡。知识产权的保护和实施应当对促进技术革新以及技术转让和传播做出贡献，对技术知识的生产者和使用者的共同利益做出贡献，并且应当采取有助于社会和经济福利、有助于权利与义务平衡的方式。防止知识产权所有者滥用知识产权或借以对贸易进行不合理限制或实行对国际的技术转让产生不利影响的做法。

2．基本原则

TRIPS 协议对与贸易有关的知识产权领域应遵循的基本原则重新加以明确，包括国民待遇原则、最惠国待遇原则、透明度原则、权利与义务平衡原则和最低保护原则。其中，前三项原则是关贸总协定早已确立的，但在协议中适用对象和范围有所不同。

（1）国民待遇原则。协议重申：除协议规定的例外条件，在保护知识产权方面，每一成员方应给予其他成员方的待遇其优惠不得少于它给予自己国民的待遇。

（2）最惠国待遇原则。在以往保护知识产权的国际公约中并没有规定，TRIPS 协议增加了这一原则。它要求：除非协议规定的例外条件，在知识产权的保护方面，由一成员方授予任一其他国家国民的任何利益、优惠、特权或豁免，均应立即无条件地给予所有其他成员方的国民。

（3）透明度原则。透明度原则也是在关贸总协定中予以确立，并在 TRIPS 协议中首次全面引入知识产权领域。根据协议第 63 条第 1 ~ 第 3 款的规定，透明度原则要求各成员方承担公布、通知和提供咨询等义务。

（4）权利与义务平衡原则。该原则集中体现在协议第二部分至第四部分的众多条款中，其核心是平衡知识产权人的私有利益和社会公众的整体利益。其基本要求是：各成员方应当在立法中确保符合资格标准的自然人或法人能够对其智力成果享有专有权，同时这种专有权应当在一定期限和范围内行使，并且可以为防止权利人滥用权利而采取必要措施。

（5）最低保护原则。协议第 1 条第 1 款规定："各成员方应有效执行本协议的规定。各成员方可以但并非必须在其法律中实行高于本协议所要求的保护，只要此类保护不违反本协议的规定，各成员方可以自主地在其域内法律制度和实践中确定和实施本协议条款的恰当方式。"这项原则要求成员方对知识产权的保护至少要达到协议所规定的"最低标准"，即协议所提出的统一化、协调化的起码水平。

8.2.3 TRIPS 协议对知识产权保护的有关规定

1．知识产权的效力、范围及使用的标准

（1）关于文学艺术作品。TRIPS 协议要求成员必须遵守《伯尔尼公约》的实质性条款，

对文学艺术的保护期限至少 50 年。

（2）关于计算机软件。TRIPS 协议规定无论源程序还是目标程序，均按《伯尔尼公约》的文学作品给予保护，保护期限不短于授予出版之年年底起 50 年。还对版权及其相关权利的现行国际规则做了重要补充。

（3）关于出租权的保护。TRIPS 协议规定，至少对计算机软件和电影作品，各成员将赋予其作者或合法继承人许可或者禁止向公众商业性出租其版权作品的原件或复制品的权利。

（4）关于表演者、唱片及录音制品的制作者、广播组织的邻接权。TRIPS 协议规定，表演者有制止他人未经许可录制其表演和复制这类录制品的权利，有制止他人未经许可而以无线方式转播和向公众传送其现场表演的权利。唱片、录音制品的制作者有许可或制止他人直接或间接复制其唱片、录音制品的权利。广播组织有权制止未经许可录制其广播、复制其录音制品，通过无线方式转播其广播及原样向公众传播电视广播。

TRIPS 协议要求给予表演者、唱片和录音制品制作者的保护期限，至少为自录制、表演、广播发生之年年底起 50 年；给予广播组织的保护期限，至少为自广播发生之年年底起 20 年。

（5）关于商标。TRIPS 协议规定，除货物商标外，服务标记也可以作为商标注册登记，得到保护。

（6）关于地理标志。TRIPS 协议第一次在保护原产地名称上提出比较具体的多边规则。TRIPS 协议规定，对地理名称有虚假的货物或生产者标志的商品在输入时予以扣押；不得以任何方式明示或暗示该商品来源于一个非真实原产地的地域，导致公众对该产品的地域来源产生误解；各成员应拒绝对假冒原产地商品的商标进行注册，已注册的应予撤销。

（7）关于工业品外观设计。TRIPS 协议规定，各成员国应对工业品外观设计进行保护。但对获得保护的条件，TRIPS 协议规定得比较灵活。TRIPS 协议强调成员有对纺织品的设计可通过工业品外观设计法或版权法加以保护的义务。工业品外观设计保护期限最少为 10 年。

（8）关于专利。TRIPS 协议规定，专利保护应当适用于所有技术领域的任何有关产品或方法的发明。不授予专利权的例外仅限于两个方面：一是人类或动物的诊断、治疗和外科手术方法；二是除微生物外的生产植物和动物的主要生物方法。专利的保护期限自申请之日起至少 20 年。

（9）关于集成电路布图设计。TRIPS 协议在《华盛顿公约》的基础上进一步提高了保护标准，一是将保护范围从布图设计及集成电路本身延伸到使用集成电路的任何物品；二是将保护期限从 8 年延长至 10 年。

（10）关于对未披露信息的保护。未披露信息指的是商业秘密和未披露的试验数据、技术诀窍。TRIPS 协议要求本着制止不正当竞争的原则对这些未公开的信息给予保护。

（11）关于对许可协议中反竞争行为的控制。TRIPS 协议允许成员通过国内立法来防止和控制许可协议中反竞争行为，制止滥用知识产权达到垄断的目的。

2．知识产权的实施

在这一部分，TRIPS 协议规定了较详细的知识产权执法措施，包括行政和司法程序，后者又有民事、刑事之分。

在知识产权执法方面，协议要求各成员方履行在其域内法律体系中建立一套完备、高效，又公平、合理的知识产权执法程序和机制的义务。

协议提出具体的司法、行政程序及救济措施如下。

（1）关于民事程序。在民事程序中，协议规定了公平合理的民事司法程序，要求做到：及时向被告发出包含权利主张理由在内的内容充实的书面通知；对于当事人亲自出庭不应有过多烦琐或强制性的要求和规定；当事人应享有充分的权利以证实其要求并提出所有相关的证据；应提供识别和保护机密资料的手段，除非与现行宪法要求相违背。协议还对证据的提供和处理做了具体规定。

关于民事救济措施，协议主要规定了以下内容。

1）颁布禁令。即司法当局有权责令当事人停止侵权，特别是在涉及侵犯知识产权的进口货物结关之后，有权立即阻止其进入司法当局管辖区内的商业渠道。

2）损害赔偿。即对故意从事侵犯知识产权活动并使权利持有人遭受损失的，司法当局应责令侵权人支付足以弥补损害的赔偿金；即使侵权人不知或无充分理由应知自己在从事侵权活动，司法当局也仍然可以依据授权，责令返还所得利润或赔付预先设立的赔偿金。

3）撤出或销毁侵权产品。

4）临时措施。包括为了防止侵权行为发生，特别是制止侵权货物进入商业渠道，司法当局可以主动下令采取及时有效的临时措施，以及在证据极有毁灭危险、任何延迟可能给权利人带来不可挽回的损害时，司法当局可以在诉讼前依照一方当事人的请求，采取临时措施。

5）对被告的赔偿。即如果由于原告滥用权利而导致司法当局所采取的救济措施或临时措施给被告造成损失，那么司法当局有权责令原告提供赔偿，以弥补有关措施所造成的（特别是对被告的）任何损失。

（2）关于行政程序。协议要求行政程序应当遵守与协议有关章节（主要指民事司法程序和措施）所规定的原则大体相似的原则；此外，协议所规定的与边境措施相关的特殊要求也属于行政程序（见下文）。

（3）关于刑事程序和救济。协议要求至少适用于具有商业规模的故意的商标仿冒和盗版案件。可以采用的救济措施包括：扣留、没收或销毁侵权货物和在侵权活动中使用的主要原材料与工具；处以足够起威慑作用的监禁或罚金，或两者并处，但应以符合适用于相应严重罪行的惩罚标准为限。协议第一次对刑事程序做出强制性的最高标准，这是前所未有的。

（4）与边境措施相关的特殊要求。这一部分是最直接的与贸易有关的知识产权保护措施。协议要求各成员方确立符合其相关规定的程序，采取和实施针对侵权货物进出口的边境防范措施，最关键的是海关当局的“终止放行”，即权利持有人有正当理由怀疑仿冒商标、盗版或侵犯其他知识产权的货物可能进口时，申请海关当局采取措施中止放行有关货物，或者海关当局在获得知识产权正受到侵犯的初步证据的情况下，主动采取行动，终止放行有关货物。协议详细规定了终止放行的条件和程序，以及在实施相应措施过程中权利持有人、被申请人、海关当局的权利和义务。

8.3　专利权法律制度

8.3.1　专利权法律制度概述

1．专利、专利制度与专利法

专利一词本身有三个含义，可以在不同意义上使用。

（1）从法律意义上看。专利是专利权的简称，是指依照专利法的规定，发明人或其权利受让人对某项发明创造在一定期限内享有的独占权或专用权。

（2）从智力成果的类型来看。专利是取得了专利权的发明创造，即具有独占权或专用权的科学技术。

（3）专利还指有关发明创造的文献。包括授予专利权的发明创造的说明书及其摘要、权利要求书、表示外观设计的图形或照片。

专利制度是依照专利法建立的保护发明创造的制度，它的核心是专利法。专利法是调整因授予发明创造专利权和利用发明创造专利权而产生的各种社会关系的法律规范。它的核心是专利权，所要调整和解决的问题：一是有关发明创造专利权的归属问题，二是发明创造的利用问题。

2．专利法保护的范围

各国均将发明作为专利法保护的对象，包括符合法律规定的新颖性、创造性和实用性条件的方法发明和产品发明。少数国家的专利法还保护实用新型，有些国家的专利法还将外观设计作为保护对象，还有部分国家对以非自然方法繁殖的动、植物新品种，也通过专利法予以保护。

3．专利申请原则

关于专利申请原则，即当有两个或两个以上的申请人就相同的发明创造分别提出专利申请时，专利管理机关依据什么原则处理，国际上通行申请在先和发明在先两种不同的原则。

（1）申请在先原则。它是指两个或两个以上的申请人分别就同样的发明创造申请专利的，专利机关受理和审查在先提出的申请，符合条件的，授予最先申请的人以专利权。

（2）发明在先原则。它是指两个或两个以上的申请人分别就同样的发明创造申请专利的，专利机关受理和审查先完成发明创造的人提出的申请，符合条件的，授予先完成发明创造的申请人以专利权。

4．专利审查程序

关于专利审查程序，世界上主要有三种类型。第一种是形式审查制度，也称登记制度，即只对专利申请的形式进行审查，而不对发明创造的实质内容加以审查；第二种是早期公开、延迟审查制度，也称请求审查制度，即专利机关在正式受理专利申请后的一定时间内将申请的内容公开，而申请人则应于法定的时间内请求专利机关对其申请进行实质审查，逾期不提出请求的，视为自动放弃专利申请；第三种是完全申请制度，即对所有的专利申请都进行实质审查。

在专利审查中，各国还遵照《巴黎公约》所确定的优先权原则，即申请人就一项发明创造第一次提出专利申请以后，在一定时期内（6 个月或 12 个月），又在另一国家就相同主题提出专利申请的，申请人有权依照两国共同参加的国际公约、两国之间签订的协议或相互承认优先权的原则，要求将第一次提出专利申请的日期，作为后来在他国提出专利申请的日期。优先权只要求具有首次申请专利的申请日，而不要求首次申请即获得专利权。

8.3.2　主要国家的专利制度

1．英美法系国家专利制度

（1）美国专利制度。

1）立法概况。1790 年，美国颁布了它的第一部专利法。在此后的 200 多年的时间里，专利法经过了几次重大的修改。现行的专利法是 1952 年颁布实施的，1980 年进行了最近一次修改。

2）保护范围。美国专利法保护的范围很宽，美国《专利法》第 101 条规定：“凡发明或发现任何新颖而适用的制造方法、机器、制成品、物质组合或对上述各项做出任何新颖而适用的改进者，都可以按照本法所规定之条件获得专利权。”从专利法的内容看，它保护的对象可分为发明、外观设计和植物专利三种。发明专利和植物专利可以受到 17 年的保护，外观设计专利保护期为 3 年半、7 年或 14 年，由申请人在申请时确定。美国专利法与其他国家不同的是，它没有规定不授予专利的情况。

3）授予专利的实质条件。对于这个问题，专利法的标题中只规定了新颖性和非显见性（即创造性）两条，但法律的实际内容包含了对实用性的要求。

4）美国对专利申请实行发明在先原则和完全审查制。发明在先原则可以说是美国《专利法》最大的特点。在两份专利申请的技术内容相同或相近时，专利局将专利权授予先完成发明的人。但这一原则只适用于在美国完成的发明，对于在国外完成的发明，美国实行的是申请在先原则。美国专利局对所有的专利申请都进行审查，这种审查是全面和严格的，包括形式和内容两个方面，直到申请被最终授予专利或驳回。美国《专利法》不实行早期公开制度，所有的申请在审查期间都是保密的，对那些申请被驳回的人来说，这种做法可以让他们有机会继续利用保密来维护自己的利益。

（2）英国专利制度。

1）立法概况。1623 年英国通过了《垄断法》，普遍被认为是世界上第一部专利法，现行专利法是 1852 年重新颁布、1977 年修改的。

2）保护范围。英国的《专利法》规定只保护发明，并规定了在专利法上不作为发明的事物（仅就其专利权和专利申请而言，不得视为发明的事物），即发现、科学理论或数学方法；文学、戏剧、音乐、艺术作品或任何其他美学作品；从事智力活动、文体游戏或进行业务的方案、规则、方法或计算机程序；信息的表达。英国专利法不仅规定了什么人可以申请专利及其权利，而且还特别规定了雇员的发明，包括雇员发明的权利、雇员发明的报酬、报酬的数额、雇员发明合同的执行等。此外，专利法还对专利的欧洲申请和专利的国际申请的效力、程序分别做了规定。

3）英国实行申请在先和早期公开、延迟审查制度。在专利申请被批准后，专利局局长应尽快在刊物上发表一项通告，公布该项专利申请已经获准，并尽快送给该专利权人一份规定格式的批准证书。专利权的有效期为自申请日起 20 年。专利权可因未缴纳转期费（即年费）而失效。但是原专利权人可以在该专利失效之日起一年内，向专利局局长提出恢复其专利的申请；在符合专利法规定的情形下，专利局局长应命令恢复该专利。对于专利权的转让、有关专利产品的合同，专利法也做了详细规定，其中专门规定了强制许可、为国王服务的专利使用等内容。专利法对专利违法、侵犯专利权的行为予以列举和说明，并规定了专利侵权人的法律责任，以及对专利权人的法律救济。

2．大陆法系国家专利制度

（1）德国专利制度。

1）立法概况。德国的第一部专利法是1887年颁布的，现行专利法是1968年制定、1980年最后修订的。

2）保护范围。德国专利法只保护发明，对实用新型和外观设计另有专门法律加以保护。德国专利法明确规定了授予专利的实质性条件——新颖性、创造性和实用性。

3）在专利申请与审查方面，德国实行申请在先原则和早期公开、延迟审查制度。德国是世界上第一个实行这种制度的国家，其后很多国家相继采取了这一制度。按照德国专利法的规定，申请人提出申请满18个月，申请就被公布，在公布后7年中，申请人可以决定是否要求实质性审查。

（2）法国专利制度。

1）立法概况。法国是建立专利制度最早的国家之一，1791 年它就制定了第一部专利法，目前实施的专利法是1968年颁布的，1978年最后一次修订。

2）保护范围。法国专利法保护发明专利和实用新型专利，保护期分别是20年和6年。现行的专利法规定的授予专利的实质性条件是新颖性、创造性和实用性。法国专利法最早实行登记制（即不审查制），1968年新的专利法颁布时，改变了传统的不审查制。

3）目前法国实行的是半审查制，即专利局只审查专利申请的新颖性及是否属于明显无价值的发明，对申请的创造性不做实质审查。

（3）日本专利制度。

1）立法概况。日本的第一部专利法是1885年制定的，现行的专利法是1959年颁布、1978年最后一次修订的。

2）保护范围。日本的专利法只保护发明专利，实用新型和外观设计另由专门的法律保护。发明专利的保护期为20年。

3）专利申请和审查。在这一方面，日本实行的是申请在先原则和早期公开、延迟审查制度，申请人可以在提出申请后 7 年内请求进行实质审查。在专利申请审查过程中，申请人还可以要求把专利申请改为实用新型申请，也可以要求把实用新型申请改成专利申请。

3．中国专利法律制度

（1）关于专利法律关系的主体。

专利法律关系的主体也称专利权主体，是指有权申请专利和取得专利权，并且承担相应义务的组织或个人。专利权主体分为两大类，即专利申请人和专利权人。两者具有不同的法律地位。

专利申请人是指依法请求专利局授予专利权的组织或个人。专利申请人是在专利申请和专利审查阶段享受权利并承担义务的主体。

专利权人是指专利权的所有人。专利权人既可以是专利申请被批准从而获得专利权的专利申请人，也可以是其他依法获得专利权的非专利申请人。

专利权的取得首先是以专利申请为前提，能够申请专利并获得专利权的组织和个人（即能够成为专利权主体的）有以下四种：

1）发明人、设计人可以是非职务发明创造的专利申请人和专利权人。

2）发明人或设计人所在单位可以是职务发明创造的专利申请人或专利权人。

3）合法继受人可以是专利申请人和专利权人。

4）外国人可以在我国成为专利申请人和专利权人。

（2）关于专利法律关系的客体。专利法律关系的客体，也称专利权客体，是指专利权主体的权利和义务共同指向的对象，也是专利法所保护的对象，即依法授予专利权的发明创造。《专利法》第 2 条指出："本法所称的发明创造是指发明、实用新型和外观设计。"

（3）专利法不保护的发明创造。所谓专利法不保护的发明创造，是指对某些发明创造不授予专利权。根据《专利法》的规定，这些发明创造有两类：第一类是违反国家法律、社会公德，妨害公众利益的发明创造；第二类是不属于《专利法》保护的发明创造。《专利法》第 25 条明确规定："对下列各项，不授予专利权：① 科学发现；② 智力活动的规则和方法；③ 疾病的诊断和治疗方法；④ 动物和植物品种；⑤ 用原子核变换方法获得的物质。"

（4）授予专利权的条件。《专利法》第 22 条规定："授予专利权的发明和实用新型，应当具备新颖性、创造性和实用性。"所以发明、实用新型获得专利权的实质性条件，就是必须同时具备新颖性、创造性和实用性。

1）新颖性。它是指申请专利的发明或实用新型是新的，前所未有的，未被公用和公知的。

2）创造性。它是指同申请日以前已有技术相比，该发明有突出的实质性特点和显著的进步；该实用新型有实质性特点和进步。

3）实用性。它是指该发明或实用新型能够制造或使用，并且能够产生积极效果。

《专利法》第 23 条规定："授予专利权的外观设计，应当同申请日前在国内外出版物上公开发表过或国内外公开使用过的外观设计不相同和不相近似，并不得与他人在先取得的合法权利相冲突。"根据这一规定，对于授予专利的外观设计只要求具有新颖性。

（5）专利权人的权利和义务。

1）专利权人的权利包括：① 利用自己的专利和禁止他人利用其专利的权利；② 许可他人利用其专利并获得报酬的权利；③ 转让其专利的权利；④ 放弃其专利的权利；⑤ 标明专利标记和署名的权利。

2）专利权人的义务有：① 实施专利的义务；② 保证充分公开专利内容的义务；③ 缴纳年费的义务；④ 职务发明创造的专利权人应当对发明人或设计人给予奖励和报酬。

（6）对专利权人权利的限制。专利权是一种具有排他性的专有权。其实质在于未经专利权人同意，任何单位或个人不得卖其专利，否则即构成对专利权的侵犯。但是，专利权人行使其权利并非是无条件的、绝对的，而是受到一定的限制。

（7）关于专利权的期限、终止和无效。

1）专利权的期限。《专利法》第42条规定："发明专利权的期限为20年，实用新型专利权和外观设计专利权的期限为10年，均自申请日起计算。"

在统一的专利权保护期内，专利权人还可以根据本专业技术发展的周期及专利技术的实施情况，通过不缴纳年费或声明放弃专利权的做法，自行决定其实际受保护的期限长短。

2）专利权的终止。专利权的终止是指专利权由于保护期届满或其他原因而失去法律效力。一旦专利权终止，该发明创造即成为社会的公共财富。

专利权终止的原因有以下四种：① 因保护期届满而终止；② 因没有按期缴纳年费而终止；③ 因专利权人自动书面声明放弃专利权而终止；④ 由于专利权人死亡又无继承人而终止。

专利权在期限届满前终止的，由国务院专利行政部门登记和公告。

3）专利权的无效。专利权的无效是指被授予的专利权因不符合《专利法》的规定，由专利复审委员会根据有关单位或个人的请求，通过行政审查程序宣告无效。宣告无效的专利权视为自始即不存在。

（8）关于专利侵权和专利保护。专利侵权是指违反《专利法》的规定，侵犯专利人权利的行为。具体表现为：

1）除法律另有规定外，未经专利权人许可，为生产经营目的制造、使用、许诺销售、销售、进口其专利产品或使用其专利方法以及使用、许诺销售、销售、进口依照该专利方法直接获得的产品。

2）假冒他人专利，即欺骗公众、以营利为目的而冒充他人获得专利权的发明创造。

3）国务院专利行政部门所做出的不符合专利法规定的决定，如错误地对专利实施强制许可，错误地做出驳回专利申请、宣告专利权无效的决定等。

专利权的法律保护是指依照《专利法》和有关法律，解决专利纠纷，从而维护专利权人的合法利益。所谓专利纠纷，是指因侵权行为、专利许可合同、专利权或专利申请权转让合同、专利申请权和专利权归属等问题，在发明人、设计人、专利权人、国务院专利行政部门以及其他人之间发生的争议。

根据《专利法》的规定，发生专利纠纷，专利权人或利害关系人可以请求管理专利工作的部门处理，也可以向人民法院起诉。请求管理专利工作的部门或人民法院处理纠纷的时效为两年，自专利权人或利害关系人得知或应当得知之日起计算。

8.4 商标法律制度

8.4.1 商标法律制度概述

商标是区别不同生产者和经营者的商品和服务的特殊标记。商标可以将不同生产者、经营者生产或经营的相同或类似的商品区别开，将不同的服务者提供的相同或类似的服务项目区分开，商标是区别商品或服务项目的来源、质量及特点的标志。

商标法是调整因商标而发生的社会关系的法律规范的总称。商标社会关系是指在确认、保护商标专用权，以及在商标的使用和管理过程中所发生的社会关系。

关于商标法保护的对象，世界各国的商标法都规定，商标一般由文字、记号、图形或其组合构成；有些国家的法律还允许将三维（立体或形状）、颜色、声音和气味作为商标使用，甚至给予注册。而原产地标记也被越来越多的国家列入商标法保护的范围。

各国普遍规定有下列情形之一的标记，不得作为商标使用或者禁止予以商标注册：同本国、其他国家、一国中央或地方行政区域（个别国家的王室）及政府间国际组织的名称、国旗、国徽、军旗、勋章、徽记相同或近似的；同“红十字”、“红新月”的名称、标志相同或近似的；就相同或类似商品申请注册的商标是复制、模仿或翻译他人未在本国注册的驰名商标，容易导致混淆的；就不相同或不相类似商品申请注册的商标是复制、模仿或翻译他人已经在本国注册的驰名商标，误导公众，致使该驰名商标注册人的利益可能受到损害的；商标中有商品的地理标志，而该商品并非来源于该标志所标示的地区，误导公众的；带有民族歧视性的；夸大宣传并带有欺骗性的；有害于社会道德风尚或有其他不良影响的等。

商标权是指商标所有人依照法律规定的条件或程序而获得的对其商标的专有权，包括专有使用权、许可使用权、转让权和禁止使用权等。

关于商标侵权行为，各国商标法一般都规定，他人未经权利人许可在相同或类似商品上和经营中使用与已注册的商标（或使用在先的商标）相同或相近似的商标，可能引起混淆、误导或欺骗的，均属于侵犯商标权的行为。对于商标侵权行为，可以通过行政或司法程序解决。规定的法律救济措施一般包括：责令停止侵权、销毁侵权物品或工具、赔偿商标权人损失、罚款，直至给予刑事处罚。

8.4.2 主要国家的商标法律制度

1. 英美法系国家的商标法律制度

（1）美国商标制度。美国是世界上较早确定商标法律制度的国家之一。1870 年美国第一部《商标法》诞生。1946 年美国颁布《兰哈姆法》，即美国《1946 年商标法修正案》。1988 年又进行修改，制定了《1988 年商标法修正案》，形成了美国现行商标制度的完整框架。美国商标法的最大特点是在一个国家内并行着联邦和州两套商标法律制度。根据美国宪法，各州都有权制定商标法，同时可以依据普通法保护商标专用权；依据各州商标法取得的商标专用权只在一个州内有效。联邦有联邦商标法但不能依据普通法保护商标专用权。各州商标局无权受理外国人的申请，外国人只能向联邦专利商标局申请商标注册。

美国实行“使用在先”原则，但商标注册 5 年后成为不可撤销的商标，他人不能再以使用在先为理由要求注册。

（2）英国及英国原殖民地国家的商标制度。英国现行的是 1994 年由国会通过、当年 10 月 31 日生效的商标法。英国商标法保护商品商标和服务标记，在英国已经使用或意图使用某一商标的人可以提出商标注册申请。英国实行“使用在先”原则，在英国申请注册商标要经过申请、审查、公告、异议和核准五个阶段。如果商标注册申请未被批准，申请人可以向商务部或法院申请裁决。注册商标的有效期为申请日起 10 年，每次续展的有效期也是 10 年。注册商标必须使用，连续 5 年不使用的商标将被商标局撤销。

英国的商标法对原殖民地的影响是很深远的，目前世界上有 40 多个国家实行与英国商标法相同的制度，其中绝大多数是英国早先的殖民地，它们中又有 17 个国家或地区规定必须在英国取得商标注册之后，才可以在本国申请商标注册，而本国商标权保护期和英国的保护期相同，续展保护期也和英国一样。

2．日本商标法律制度

日本现行的是 1959 年颁布（后经多次修订）的商标法。日本商标法保护商品商标和服务标记，规定商标权只能通过注册取得，两个或两个以上的申请人就相同或类似商品上申请注册相同或相似的商标时，先申请者获得注册。在日本申请注册商标要经过申请、审查、公告、异议和核准五个阶段。注册商标的有效期为核准注册日起 10 年，每次续展的有效期也是 10 年。注册商标必须使用，连续 3 年不使用的商标可以由法院裁定撤销。

日本商标法规定，商标侵权人不仅要承担民事责任，还可能被处以高达 50 万日元的罚款或 5 年有期徒刑，情节严重的可以判处 10 年徒刑，这在各国商标法中是最严厉的。

3．中国商标法律制度

根据我国《商标法》的规定，我国的商标从结构上分为文字商标、图形商标、字母商标、数字商标、立体商标（三维标志和颜色组合），以及上述要素结合而成的组合商标等；从商标的使用对象上分为商品商标、服务商标和集体商标。

（1）关于商标注册。狭义的商标注册是指国务院工商行政管理部门商标局（以下简称商标局）依法受理、审查、批准商标注册申请的法律行为。经过注册的商标即为注册商标，是商标权的客体，其所有人享有受法律保护的商标专用权。

根据《商标法》及其实施细则的规定，商标注册申请人包括我国的自然人、法人或其他组织，以及其所属国与我国订有协议或共同参加了国际条约或按对等原则对待的外国个人或企业。上述个人或组织对其生产、制造、加工、拣选、经销的商品或提供的服务项目，需要取得商标专用权的，应当向商标局申请商品商标注册或服务商标注册。

根据《商标法》第 8 条、第 9 条的规定，商标的必备条件是：第一，具有可视性，商标不能是可听的音响，可嗅的气味；第二，具有显著性，即商标不能混同于商品名称，也不能等同于商品本身的性质；第三，具有识别性，即商标设计应立意新颖、独具特色、鲜明简洁，不得与他人在先取得的合法权利相冲突。不具备上述法定条件的标志不得作为商标注册。

商标注册的审查适用“申请在先为主、使用在先为辅”的原则。根据《商标法》第 30 条、第 34 条的规定，初步审定的商标在公告期满（3 个月）无异议的，或者经裁定异议不能成立的，商标局予以核准注册，发给商标注册证，并予公告。商标注册申请人自注册证签发之日起成为商标权人，依法享有商标权，包括：专有使用权、禁用权、许可使用权、转让权、续展权和注册商标放弃权。

案例 8–1

中国专利商标（香港）有限公司代理香港某公司于 1993 年 1 月 11 日向国家工商行政管理局商标局申请在第 18 类公文箱、旅行箱商品上注册“Harvard”的商标。经商标局审查，初步审定“Harvard”的商标，并在第 428 期《商标公告》上公布初步审定公告。中国国际贸易促进委员会专利商标事务所代理美国哈佛大学，在该商标异议期内提出异议。商标局裁定，异议人所提异议成立，经初步审定的第 682830 号“Harvard”不予核准注册。

（2）关于商标权的终止。商标权的终止是指商标权人由于法定原因丧失商标权，其注册商标不再受法律保护。商标权终止的法定原因主要有两个：一是被注销终止；二是被撤销终止。

1）注册商标因下列情况之一被商标局注销而终止商标权：① 注册商标有效期届满，商标权人在法定续展注册申请期内或宽展期内均未提出续展注册申请的；② 注册商标有效期内，商标权人自愿申请放弃商标权并主动向商标局办理注销手续的；③ 注册商标有效期内，因注册商标所有人被撤销、解散、破产及其他原因关闭，或者因注册商标所有人死亡而无人继承其商标权的。

案例 8-2

在 1992 年，德国生产运动产品的 PEC 公司，通过代理机构以"PEC"为商标，向中国商标局申请在中国注册，商标局进行了审查，于 1993 年 2 月核准"PEC"为该公司在中国的网球生产商标。国内某厂生产的网球在国内的注册商标为"天马牌"，但在 1994 年至 1995 年期间，该厂却在自己生产的网球上印上 PEC 公司的专用商标"PEC"，并大量销售。为此，德方向法院提起诉讼，要求该厂立即停止这种侵权行为，赔偿因此造成的损失。法院依法支持了 PEC 公司的诉讼请求。

直到 2003 年 10 月，PEC 网球在中国一直保持着良好的销售势头。这时国内市场又再次出现贴有"PEC"标志的产品，PEC 公司再次提起诉讼，却以败诉告终，因为自 1993 年 2 月起的 10 年期满后，PEC 公司没有再向中国及本国申请商标续展，所以丧失了"PEC"这种商标的所有权及使用权。另一家企业趁机申请，拥有了"PEC"。

2）注册商标因下列情况之一被商标局撤销，或者被商标评审委员会裁定撤销而终止商标权：① 违反《商标法》第 10 条、第 11 条、第 12 条规定的，或者是以欺骗手段或其他不正当手段取得注册的；② 自行改变注册商标的；③ 自行改变注册商标的注册人名义、地址或其他注册事项的；④ 自行转让注册商标的；⑤ 连续 3 年停止使用的；⑥ 使用注册商标的商品粗制滥造，以次充好，或者服务项目存在严重质量问题，欺骗消费者的；⑦ 违反《商标法》第 13 条、第 15 条、第 16 条、第 31 条规定的，自商标注册之日起 5 年之内的（对恶意注册的，驰名商标所有人不受 5 年的限制）。

8.5 著作权法律制度

8.5.1 著作权法律制度概述

著作权或称版权，是指文学、艺术和科学作品的作者及合法继受人因作品而享有的法定权利，以及作品的传播者（包括出版者、表演者、录音录像制作者、广播和电视节目播放者）所享有的法定权利。

1. 关于著作权的客体

各国法律一般都规定著作权的客体主要包括文字、口头、音乐、戏剧、舞蹈作品；美术、摄影作品、电影、电视、录像作品；工程设计、产品设计图及其说明、地图、示意图等图形作品；计算机软件等。有些国家还将外观设计和建筑模型作为著作权的客体，由著作权法来保护。

2．关于获得著作权的条件

各国法律一般都要求作品必须具有独创性或原创性。同时，大多数国家法律承认作品一经创作完成即自动获得著作权，即自动取得原则；部分国家法律规定，依据在作品上加注的版权标记而获得著作权；少数国家法律规定，无论作品是否发表，必须经过版权管理部门登记，才能获得著作权，即登记取得原则。

3．关于著作权的内容

各国法律一般都规定包括精神权利和经济权利两部分。精神权利也称人身权利，即著作权人依法所享有的发表权、署名权、修改权和保护作品完整权；经济权利也称财产权利，是指著作权人对作品享有出版、复制、展览、出租、演绎、拍摄或摄制、表演、广播或播放等权利。除法律有特别规定外，他人未经著作权人许可以上述方式使用其作品，或者未向著作权人支付报酬（许可使用费），便可构成侵犯著作财产权。所谓法律有特别规定，是指许多国家根据国际公约的要求，规定了对作品的合理使用和法定许可使用制度。这两种制度都是依照法律规定的情况，在指明作者姓名和作品名称的前提下使用他人作品，可以不经著作权人许可，但是合理使用不必向著作权人支付报酬，而法定许可使用则必须向著作权人支付报酬。这两种情况都不属于侵权。

4．关于著作权的保护期限

大多数国家对精神权利的保护一般无期限规定，或者只对精神权利中的一部分规定保护期，少数国家规定精神权利与经济权利的保护期相同。对经济权利的保护期，有些国家按照作者有生之年加死后若干年的原则确定，有的国家则根据作品发表后若干年来计算，还有的国家以一般作品和特殊作品来划分保护期，保护的期限 20 ~ 80 年不等。

8.5.2　主要国家的著作权法律制度

1．英美法系国家的著作权法律制度

（1）美国版权保护制度。美国的版权保护制度是根据美国的联邦《宪法》第 1 条第 8 款的授权由美国国会制定的。根据《宪法》的规定，美国版权立法的权利在国会，各州都无权订立版权法。

美国联邦的第一部版权法是 1790 年颁布的，这部法律的基本内容与英国的《安娜法》非常相似。自 1790 年之后，国会对版权法进行了多次修改。最近一部版权法是 1976 年颁布的，条文分别在 1978 年和 1980 年生效。

美国版权法保护作者独立创作完成的，以任何有形形式表达的文字作品、音乐作品、戏剧作品、哑剧及舞蹈作品、绘画、图形及雕塑作品、电影及音像作品、录音作品。如果文章未发表，版权法保护就没有附加条件；如果作品已经发表，作者必须符合下列条件之一。

1）作者是美国公民或居民。

2）作者是同一版权公约成员国的公民或居民，作品首次在与美国同一版权公约成员国发表。

3）作品由联合国或美洲国家组织首次发表。

作者对作品的权利包括复制权、改编权、发行权、表演权和展览权。法律对作者权利的保护期是作者有生之年加50年，共同作品的保护期为最后一名作者的有生之年加50年，匿名作者的作品及雇用作者的作品保护期是发表之年起 75 年。法律规定了作者版权的限制，包括“合理使用”和“强制许可”。

修改后的版权法已经取消了将版权登记和版权标记作为获得版权保护先决条件的要求，但是未经登记的作品不能获得法律规定的加倍赔偿，对美国作者的作品仍然要求登记后方可起诉。

（2）英国版权保护制度。英国是世界上第一个颁布版权法的国家，其版权法是英美法系国家版权法的范本。目前英国实行的是1956年的版权法，1971年2月做过修订。

所有的文学、戏剧、音乐或艺术作品，虽未出版，但作者是英国国民或居民的，或首先在英国出版，或出版时作者是英国国民或居民的，都可以受到英国版权法的保护。对版权的保护是自动的，不需要经过任何手续。作者享有复制权、发行权和公开演出权等权利，作者还有权禁止他人进口含有受版权保护作品的物品。版权保护期是作者有生之年加 50年；如果作者生前作品没有发表，则从发表之日年年底起保护50年；电影作品的保护期限是50年。

英国版权法对版权合理使用的情况规定较严，只允许“为科研或个人学习目的”而使用文字、音乐、绘画或雕塑等艺术品，因此，在英国为个人娱乐目的未经作者同意而使用作品也是侵权行为。

英国还存在一种特殊的国有版权，也就是“女王版权”。凡是政府或政府部门直接指导和控制而完成的作品，版权都归女王。在许多国家，法律、法规都不具有版权，但英国的法律条文享有“女王版权”，甚至连专利说明书的版权也属于英国女王所有。

2. 大陆法系国家的著作权法律制度

（1）法国版权保护制度。法国的第一部《作者权法》是1793年颁布的，此后200多年没有做过大的改动，现行的是1957年的《文学艺术产权法》。

法国版权法保护体现作者思想的一切作品，不论作品的形式如何。作者享有以任何形式利用作品和从中获取经济利益的权利。版权保护期为作者有生之年加50年；匿名作者的作品、集体作品和遗作的保护期自发表之日起50年，但精神权利由作者永久享有。

法国的版权制度是大陆法系国家版权制度的典型。它有以下一些特点。

1）版权法除了保护作者的经济权利，还保护其精神权利，包括作者的身份权及作品受尊重的权利，发表权和修改或收回作品的权利。

2）版权的原始所有人只能是作者本人，只能是自然人而不能是法人。

3）作者对艺术作品的版权有“追续权”，即作者的作品被公开拍卖或通过经销人出售后，他仍享有不可转让的参与分配权。法国法规定版权可以转让，法国版权法对版权转让和许可也有较详细的规定。

（2）德国版权保护制度。德国目前实施的是1965年9月的版权及相关权利法，1974年做过修订。

德国版权法保护德国人的作品及外国人在德国出版的作品。所有的文学、科学和艺术作品，包括实用美术作品、建筑作品设计图等，都是受版权法保护的作品，但法令、条例、官方决议和官方通告不受版权保护。作者享有精神权利和财产权利，精神权利包括发表权、署名权、保护作品完整权和撤回使用许可权，财产权指以物质形式利用作品的权利，特别包括复制权、发行权、展览权和非物质形式公开传播权。版权的取得不需要任何手续。版权保护期为作者有生之年加70年；遗著如果在作者去世后60～70年间发表，其保护期为10年；作者不详的作品保护期自发表日起70年；摄影作品的保护期为发表日起25年；生前未发表的作品保护期自完成作品之日起25年。

德国版权法规定作者对艺术作品（建筑作品和实用美术作品除外）享有不可事先放弃的权利；在作品的售价（包括转售）高于100马克时卖主应付给作者5%的价金。

德国版权法对版权的利用做了较详细的规定，还有专门的《出版合同法》调整作者与出版者之间的关系。

（3）日本版权保护制度。日本现行的版权法是1970年颁布、1978年修订的。

日本版权法保护日本国民的作品、首次在日本发表的作品，以及首次在国外发表后30天内在日本发行出版的作品。任何具有独创性的文学、戏剧、音乐和艺术作品都可以得到保护。但法律和法院的判决及其译文或汇编，每日新闻和单纯的消息报道不受版权保护。

作者的权利包括精神权利和财产权利两方面。版权保护期为作者有生之年加50年；匿名作品的保护期为自发表之日起50年；电影作品和摄影作品保护期为发表日起50年。

为了促进日本民族教育水平的提高，日本实行了涉及面较宽的版权强制许可制度。规定对版权所有者不明的作品、广播或录制已发表的作品都可以得到强制许可，为印制供教学使用的课本，可以不经作者同意而复制已公开（不一定出版）的作品，但须付给作者报酬。

日本版权制度对翻译权的规定比较特殊，它规定对作品的翻译权只保留10年，也就是说，作品版权中的翻译权与其他财产权的时间不同，作品发表10年后，任何人都可以不经作者同意而把作品翻译成其他文字。

3．中国著作权法律制度

（1）著作权法律关系的客体。我国《著作权法》规定著作权法律关系的客体为以下列形式创作的文学、艺术和自然科学、社会科学、工程技术等作品：文字作品；口述作品；音乐、戏剧、曲艺、舞蹈、杂技艺术作品；美术、建筑作品；摄影作品；电影作品和以类似摄制电影的方法创作的作品；工程设计图、产品设计图、地图、示意图等图形作品和模型作品；计算机软件；法律、行政法规规定的其他作品。

（2）关于著作权法律关系的主体。根据我国《著作权法》的规定，著作权法律关系的主体包括创作作品的作者、其他依法享有著作权的公民、法人或其他组织。在各类主体中，中国公民、法人或其他组织的作品，不论是否发表，都享有著作权，外国人、无国籍人的作品在一定条件下享有著作权。

（3）关于著作权法律关系的内容。根据我国《著作权法》的规定，著作权包括下列人身权和财产权：发表权；署名权；修改权；保护作品完整权；复制权；出租权；展览权；表演权；放映权；广播权；信息网络传播权；摄制权；改编权；翻译权；汇编权；应当由著作权人享有的其他权利。

（4）关于邻接权。《著作权法》还规定了出版者、表演者、录音录像制作者和播放者所享有的邻接权。作为对著作权人和邻接权人权利的限制，《著作权法》规定了合理使用和法定许可使用作品的范围及条件。

著作权和邻接权的保护期依照作品和著作权人种类的不同，财产权利的保护期分别为作者终身及其死亡后50年或作品首次发表后50年。

（5）著作权侵权及其法律责任。《著作权法》明确规定，有下列情形的，侵权人应当承担停止侵害、消除影响、赔礼道歉和赔偿损失等民事责任。

1）未经著作权人许可，发表其作品的。

2）未经合作作者许可，将与他人合作创作的作品当做自己单独创作的作品发表的。

3）没有参加创作，为谋取个人名利在他人作品上署名的。

4）歪曲、篡改他人作品的。

5）剽窃他人作品的。

6）未经著作权人许可，以展览、摄制电影和以类似摄制电影的方法使用作品；或者以改编、翻译、注释等方式使用作品的，著作权法另有规定的除外。

7）使用他人作品，应当支付报酬而未支付的。

8）未经电影作品和以类似摄制电影的方法创作的作品、计算机软件、录音录像制品的著作权人或与著作权有关的权利人许可，出租其作品或录音录像制品的，著作权法另有规定的除外。

9）未经出版者许可，使用其出版的图书、期刊的版式设计的。

10）未经表演者许可，从现场直播或公开传送其现场表演，或者录制其表演的。

案例 8-3

20 世纪福克斯公司是在美国注册的一家电影公司，拥有电影作品《独闯龙潭》和《虎胆龙威 2》在美国的著作权。1994 年该公司的律师在北京市文化艺术出版社音像大世界购得深圳市激光节目出版发行公司出版发行的激光视盘《独闯龙潭》和《虎胆龙威 2》，认为侵犯自己的著作权，遂向北京市第一中级人民法院提起诉讼。北京市第一中级人民法院经过审理，判决被告音像大世界立即停止销售侵犯原告 20 世纪福克斯公司著作权的激光视盘，并向原告支付赔偿金 2 万余元人民币，驳回了原告的其他诉讼请求。

侵犯著作权或与著作权有关的权利的，侵权人应当按照权利人的实际损失给予赔偿；实际损失难以计算的，可以按照侵权人的违法所得给予赔偿。赔偿数额还应当包括权利人为制止侵权行为所支付的合理开支。

权利人的实际损失或侵权人的违法所得不能确定的，由人民法院根据侵权行为的情节，判决给予人民币 50 万元以下的赔偿。

本章小结

知识产权也称“智力成果权”，是指人们对其在科学技术、文学艺术及生产等领域从事智力活动所创作的成果享有的法定权利。

对知识产权进行国际保护，是知识和技术交流日趋国际化的客观需要。世界上第一个有关保护工业产权的国际公约《巴黎公约》的签署，奠定了工业产权国际保护的基础。随着科学技术的日益发展和国际技术贸易规模的不断扩大，国际上又相继制定了一系列保护知识产权的国际条约，基本形成了知识产权的国际保护制度。本章列举了主要的国际知识产权保护条约，并对《巴黎公约》、《马德里协定》和《伯尔尼公约》的内容、保护范围等做了详细介绍。

经过第八轮（即乌拉圭回合）多边贸易谈判，世界贸易组织达成了《与贸易有关的知识产权协定》，它的影响面大于以往任何一个知识产权国际协议。本章中对于该协定产生的背景、基本原则及对知识产权保护的有关规定做了详细的说明。

专利权、商标权与著作权是主要的知识产权，调整因它们产生的各种社会关系的法律各国有各自的国内立法。

复习思考题

1．名词解释

知识产权　专利　著作权

2．单项选择

（1）世界上第一个版权保护的国际公约是（　　）。

A．巴黎公约　　B．伯尔尼公约

C．日内瓦公约　　D．知识产权协定

（2）《巴黎公约》对商标申请的优先权期限是（　　）。

A．12个月　　B．6个月

C．3个月　　D．没有规定

（3）《伯尔尼公约》保护的对象是（　　）。

A．保护专利权　　B．保护文学艺术作品

C．保护注册商标　　D．保护录音制品

（4）根据《巴黎公约》的规定，（　　）可以在成员国之间取得优先权。

A．商品商标　　B．服务标志　　C．厂商名称　　D．产地标志

（5）根据《巴黎公约》，工业产权的保护对象不包括（　　）。

A．专利　　B．厂商名称

C．制止不正当竞争　　D．著作

3．简答

（1）《伯尔尼公约》确立的基本原则有哪些？

（2）简述《与贸易有关的知识产权协定》的基本原则。

（3）TRIPS协议中所说的“未披露过的信息”指的是什么？

实训题

实训1

原告美国杜邦公司因与被告河北新杜邦农药厂发生商标侵权纠纷，向法院提起诉讼。原告诉称：我公司是有200年历史的企业，目前是世界500家最大企业之一，与中国早有

贸易往来。我公司注册使用“DUPONT”和“杜邦”商标的产品涉及电子、汽车、服装、建筑、交通、运输、通信、农业、化工等领域，行销世界 150 余个国家和地区。从 1986 年起，我公司在中国国家商标局办理注册手续，取得了“DUPONT”和“杜邦”商标在十多类商品上的专用权。公司通过制作电视专题片、参加专题展览会、举办产品推荐会、在媒体上发布广告等形式，在中国大陆地区持续宣传“DUPONT”和“杜邦”商标。1997 年杜邦公司为此投入的广告费用有近 150 万美元，同年使用该商标在中国销售的商品为 2 亿多美元。

1999 年初，杜邦公司发现河北某农药厂生产的杀虫剂产品外包装上，生产者一栏标有“新杜邦农药厂制造”字样，并有厂址、邮政编码、电话号码，外包装的底色字样上带有“DUPONT”标志。为此杜邦公司曾致函该农药厂，要求其立即停止使用“杜邦”中英文字样商标。新杜邦农药厂未予理睬。1999 年 6 月，杜邦公司以商标侵权为由向法院提起诉讼，请求依据《巴黎公约》、《商标法》和《反不正当竞争法》的规定，判令被告立即停止对“杜邦”商标专用权的侵害行为，公开在报纸上赔礼道歉，负担为本案诉讼支出的费用 3 000 元。

被告辩称：① 对于侵犯其商标专用权，原告应以企业名称登记行政机关为被告提起行政诉讼。② 原告对“杜邦”中英文字样享有商标专用权，我厂对新杜邦享有合法的名称使用权，商标和企业名称是两个不同领域的不同概念。企业名称的登记和使用，均不在《商标法》调整的范围之内。③ 我厂生产销售的产品拥有自己合法注册的商标，使用新杜邦字样只是为了如实标明商品生产者，这种使用不会导致人们对原告商品的误认。故原告指控被告侵犯商标专用权，没有事实根据和法律依据，法院应当驳回原告的起诉。经法院审理查明原告所诉情况属实并有相关证据为证。

? 问题

（1）请指出本案的焦点问题及你对该问题的看法。

（2）原告请求依据《巴黎公约》和中国法律追究被告的民事侵权责任是否应予支持，说明理由。

（3）提出你对本案的处理意见。

实训 2

德国 H 公司于 2002 年委托他人设计了红蜻蜓图形的标志，并在支付了设计费和版权费后取得了该图形的版权。2008 年 5 月 H 公司又在德国申请注册了该图形和文字的商标权。2010 年 H 公司的“红蜻蜓”商标在中国注册，核定使用的范围为动物药品和饲料。2011 年 H 公司发现中国某禽类保健品中心在相关产品上使用“红蜻蜓”标志，遂向法院起诉，状告禽类保健品中心侵犯其商标专用权。被告辩称自己并未使用“红蜻蜓”商标销售产品，只在产品宣传材料和广告中使用"红蜻蜓"形象及文字，并认为这是一种广泛的宣传活动，并非对商标的使用。

问题

根据上述事实，回答下列问题并说明理由。

（1）禽类保健品中心的行为是否侵犯德国 H 公司的合法权益？如果是，侵犯了何种权益？

（2）禽类保健品中心认为，H 公司是德国公司，其知识产权在中国不受保护。这种说法对不对？并说明理由。

第9章
国际商事争议的解决

本章学习目标

1. 掌握 WTO 争端解决机构及 WTO 争端解决的程序、国际商事仲裁协议、国际商事仲裁庭的组成与管辖权、国际商事诉讼管辖权、国际商事诉讼当事人的规定；
2. 了解国际商事仲裁的特征、国际商事诉讼的特点。

引导案例

2010 年 3 月，中国上海 A 服装厂与美国某进出口公司签订了一份出口西服的合同，合同约定：双方因本合同发生的纠纷，由中国国际经济贸易仲裁委员会进行仲裁。后来，在履行合同过程中，双方因产品质量问题发生争议，经协商不能解决，就协议解除了合同，但对以前的争议如何解决，双方仍存在异议。A 服装厂认为，既然合同中约定了仲裁条款，则当然应由中国国际经济贸易仲裁委员会进行仲裁，美国公司则认为，合同已经解除，合同中的仲裁条款当然也失去效力，所以不应再通过仲裁方式解决，因而向上海市浦东区法院提起了诉讼。

本案涉及的主要问题是仲裁协议的独立性问题，即仲裁协议是否因合同解除而失去法律效力。现在，一般国家都认为仲裁协议具有独立性，不因主合同的无效、解除而无效。本案中，虽然双方协商解除了合同，但合同中的仲裁条款仍然有效，双方的纠纷应该通过仲裁方式解决，不能以诉讼方式解决。

9.1 WTO 争端解决机制

9.1.1 WTO 争端解决机制概述

1. WTO 争端解决机制的产生

在国际贸易中，经常发生的贸易争端、贸易纠纷是各国国际组织和政府面临的棘手问题。GATT 作为调整缔约方对外贸易政策和国际贸易关系方面的相互权利、义务的国际多边协议，跟其他国际机构最大的不同之处是，它具有一个争端解决机制，在一定程度上缓和了缔约方之间的矛盾，从而促进了国际经济贸易的发展。经过乌拉圭回合谈判，GATT 机制得到了改进和强化，成为 WTO 争端解决机制。WTO 争端解决机制 1995 年开始运行后，取得了巨大的成就，它减少了争端机制的单边行动，促进了国际贸易的统一化，特别对弱小国家来说，它是公平贸易的重要保证。

2. WTO 争端解决机制的法律渊源

WTO 争端解决机制的法律渊源，除了 GATT 第 22 条、第 23 条外，主要体现在《关于争端解决规则和程序的谅解协定》（DSU）上。DSU 是 WTO 争端解决机制主要和直接的法律依据。此外，1947 年 GATT、1994 年 GATT 的相关规定，《建立 WTO 协定》及其附件中的多边贸易协议和诸边贸易协议，有关专家小组及上诉机构的报告及国际惯例等，都是 WTO 争端解决机制的法律渊源。

3. WTO 争端解决机制的适用范围

一般来说，当某成员对另一成员执行《建立 WTO 协定》的情况不满且理由充分时，即可求助于争端解决机制，只有在特定情况下才会适用一些特殊的规则和程序。

DSU 第 1 条对 WTO 争端解决机制的管辖范围做了详细规定，具体内容如下。

（1）WTO 争端解决机制适用范围。WTO 争端解决机制适用于各成员方根据 WTO 各项协定、协议（其中包括 DSU 和诸边贸易协议）所引起的争端。

（2）特别规则和程序优先。在乌拉圭回合达成的各项诸边贸易协议中，有一些规定了适合该协议的有关争端解决的特殊或补充规则和程序，它们可能与 DSU 中规定的一般规则和程序不一致。这些特定协议主要包括 TBT 协议（技术性贸易壁垒）、SPS 协议（动植物检疫协议）、《反倾销协议》、《海关估价协议》、《补贴与反补贴措施协议》、《保障措施协议》和 GATS 及有关附件。为了防止 DSU 与特定协议下的规则和程序相冲突，DSU 对此做了专门规定："本谅解的各项规则和程序的适用，应从属于附件 2 中各有关协议所含的特殊或补充规则和程序。"也就是说，当 WTO 的一般规则和程序与特定协议中的特殊规则和程序之间有冲突时，特定协议中的特殊规则和程序具有优先适用性。这一规定解决了在争端解决过程中出现法律适用分歧的问题。

（3）具体协议之间争端解决规则与程序的冲突。当某一争端的解决涉及多个协定或协议，且这些协定或协议的争端解决规则和程序之间存在冲突时，争端各当事人方应在专家组成立后 20 天内，就适用规则及程序达成一致。如不能达成一致，争端解决机构主席应与当事各方进行协商，在任一当事方提出请求后 10 天内，决定应遵循的规则及程序。DSU

规定，本谅解所规定的规则和程序只在避免冲突的必要情况下适用，即争端解决机构在协调时应遵守“尽可能采用特别规则及程序”的指导原则。

4. WTO 争端解决机构

（1）争端解决机构（DSB）。1995 年 1 月 31 日，在 WTO 总理事会第一次会议上正式成立了争端解决机构。《建立 WTO 协定》规定，WTO 总理事会“应于适当时候召开会议，确定履行 DSU 规定的 DSB 的职能。DSB 可以设立自己的主席，并为履行这些职责制定其认为必要的程序规则。”也就是说，DSB 是 WTO 总理事会在行使争端解决机构职能时的称谓。

争端解决机构的主要职能包括以下四个方面。

1）接受成员方的申诉请求，成立专家组并审议通过其有关报告。

2）接受成员方的上诉请求，组建上诉机构并通过其报告。

3）监督裁决和建议的履行。

4）当败诉方不履行义务时，授权申诉方中止对败诉方的各项减让和其他义务。

（2）专家小组。专家小组是在磋商未果时在申诉方的请求下由争端解决机构成立的，承担一项具体任务，任务完成后即解散。专家小组成员应为资深政府官员或非政府人士，并应根据不同的争端，可以同时设立不同的专家小组。专家小组的职能是协助争端解决机构对争端当事人各方提出的事实和理由进行客观审查，并就案件的事实与法律问题提出调查报告，得出调查结论，以便争端裁决机构在此基础上根据 WTO 协议相应规定提出建议或做出裁决。

（3）上诉机构。在当事方对专家组报告不服时，可向上诉机构上诉。上诉机构是争端解决机构常设的接受上诉的机构。由 7 人组成，成员由公认的法律、国际贸易和各适用协定所涉事项方面的专家担任。上诉机构的职能是审查被上诉的专家小组报告所涉及的法律问题和专家小组做出的法律解释，维持、更改或推翻专家小组的法律裁定和结论。

9.1.2 WTO 争端解决机制的运行

1. WTO 争端解决机制的决策方法

WTO 争端解决机制的决策方法主要是“反向磋商一致”。即在专家小组设立、专家小组和上诉机构报告通过、报复和授权等问题上，除非磋商一致反对该项请求或报告，否则该项请求或报告就被争端解决机构接受或通过。只有 DSU 第 26 条第 2 款要求在审议通过“其他情况所涉非违法之诉”的建议和裁决及其监督和执行方面是例外，其余一律以“反向磋商一致”方式进行决策。

2．WTO 争端解决机制的运作程序

贸易争端的解决对于 WTO 的有效运作是至关重要的，因此，DSU 对解决争端所应遵守的程序做了详细规定，主要包括以下内容。

（1）磋商程序。磋商程序是 WTO 机制争端解决程序的必经程序，其含义是：争端双方依据有关规定经过谈判，在互谅互让的基础上达成协议，解决他们之间的争端。其具体操作程序是：某一成员方认为其利益受到另一成员方的贸易措施影响时，可以提出书面磋商申请，接到请求的一方应自收到申请之日起 10 日内做出答复，并在 30 天内（紧急情况下 10 天内）进行磋商，60 天内（紧急情况下 20 天内）解决有关争端。如果达成协议，争端就此了结；如果收到申请的成员方在规定的时间内未做出答复，未进行磋商或双方未解决争端，那么申请磋商一方可以要求成立专家小组。

（2）斡旋、调解和调停程序。斡旋、调解和调停是争端当事方同意由第三方参与协助解决争端的方法，是当事方自愿进行的程序。

斡旋是由第三方为争端双方提供有利于谈判的条件，向当事方提供建议或转达各方面意见，促使当事方开始进行谈判。斡旋的第三方不参加谈判进程。

调解是争端当事方将争端提交调解委员会，委员会通过调查争端事实，提交调查报告，阐明有关事实并提出解决建议，但其报告和建议无法律约束力。

调停指第三方不仅促使双方进行谈判，其参与或主持谈判进程，并向当事方提出建议。

DSU 鼓励 WTO 各缔约方利用斡旋、调解和调停的方法解决争端，争端当事方可以随时提出斡旋、调解、调停的要求，并可以在任何时候开始和终结。

（3）专家小组程序。如果利用磋商或斡旋、调解和调停均不能解决争端，成员一方有权向争端解决机构申请设立专家小组。争端解决机构一般应在请求设立专家小组申请 15 天内召开会议，其在 45 天内成立专家小组，最迟应在该请求被列为争端解决机构议程的下一次会议上成立专家小组，除非争端解决机构以磋商方式一致决定不成立专家小组。

专家小组在成立后应制定工作时间表。如果争端各方能取得满意的解决办法，专家小组只要简述事实；如果争端各方不能达成满意的解决办法，专家小组应向争端解决机构提交有关调查的书面报告。从报告提交争端解决机构之日起 60 日内该机构应该通过此报告，如果争端一方提出上诉，则报告不予通过。一般自专家小组成立至报告最终递交给有关各方的期限不得超过 6 个月，在紧急情况下应在 3 个月内提交报告，如果案情复杂，最迟不得超过 9 个月。若专家小组中止程序，中止时间不得超过 12 个月。

通常除非一方正式通知争端解决机构上诉的决定，或者争端解决机构磋商一致决定不通过专家小组报告，专家小组向各成员方分发报告后的 60 天内，争端解决机构对专家小组报告予以通过。

（4）上诉机构程序。当争端一方对专家小组的报告持有异议并将上诉决定通知争端解决机构，或争端解决机构一致反对采纳专家小组报告，则由争端解决机构设立的常设上诉机构处理该案。

自争端一方正式提出上诉之日起至受理上诉的机构分发其报告之日为止，整个程序不得超过 60 天，最迟不得超过 90 天。上诉机构的主要职能是审查专家小组报告中涉及的法律问题并做出解释。上诉机构可以推翻专家小组的法律裁决和结论。除非争端解决机构在上诉机构的报告发送到各争端方后 30 天内磋商一致决定不予通过上诉机构的报告，一旦上诉机构报告被争端解决机构采纳，则争端各方必须无条件接受。

（5）仲裁程序。WTO 中的仲裁程序是一种可以选择的程序，不是必经程序。争端当事方诉诸仲裁解决争端，必须事先达成仲裁协议。仲裁裁决具有法律约束力，当事方必须执行。

（6）执行程序。专家小组或上诉机构报告或建议经争端解决机构通过后的 30 天内，有关成员方应通知争端解决机构执行建议或裁决的计划。如果不能履行，则应在合理时间内与另一方进行谈判，合理时间为由有关成员方提议并经争端解决机构批准的时间；未经批准，在建议与裁决通过之日起的 45 天内，由争端当事双方相互达成协议规定的时间；没有磋商具体时间的情况下，建议或裁决通过的 90 天内经有约束力的仲裁机构确定的时间。

如果被诉方未能在规定期限内执行 DSB 的裁决和建议，申诉方可要求得到补偿，即被诉方在贸易机会、市场准入等方面给予申诉方相当于它所受损失的补偿。被诉方应申诉方的请求，必须在合理期限届满前与申诉方进行补偿谈判。

如果有关成员方未能在合理期限届满后 20 天内就补偿问题达成一致，申诉方可请求 DSB 授权对被诉方进行报复，即中止有关协议项下对被诉方承担的关税减让或其他义务。DSB 应在合理期限届满后 30 天内给予相应的授权，除非 DSB 经协商一致拒绝授权。根据所涉及的协议或产业部门，报复可分为平行报复、跨部门报复及跨协议报复三种。

需要注意的是，报复措施也是临时性的，在以下情况下应终止报复措施。

1）被诉方被认定与 WTO 有关协定或协议不符的措施已被撤销。

2）被诉方对申诉方的利益丧失及所受损害提供了解决办法。

3）争端各方已达成了相互满意的解决办法。

（7）监督程序。为了有效地实施专家小组、上诉机构的报告或建议，或仲裁机构的裁决，要由争端解决机构对裁决或建议等的执行情况进行监督，直到有关争端得到解决。具体地说，在执行期间，任何成员方都可以质询有关争端的问题，争端败诉方应于每次监督与审议其执行情况的争端解决机构召开会议前 10 天，提供一份它寻求裁决或建议等方面执行进展情况的书面报告。监督的目的是迫使败诉方对裁决或建议认真执行。

9.2 国际商事仲裁

仲裁，也称公断，是指争议双方根据事前或事后所达成的协议，自愿将争议提交给第三者，由第三者按照一定程序居中公断做出裁决，该裁决对双方当事人均有约束力的一种解决纠纷的制度。

国际商事仲裁则是指在国际商事活动中，争议双方根据所达成的协议，自愿将争议提交给第三者，由第三者按照一定程序居中公断做出裁决，该裁决对双方当事人均有约束力的一种解决纠纷的制度。

如果争议的双方当事人具有不同国籍、其营业地或住所地位于不同国家或地区、争议的标的或法律关系具有国际因素，并且争议是在商事过程中发生的，则对这种争议的仲裁属于国际商事仲裁。

9.2.1 国际商事仲裁的特征

国际商事仲裁与其他解决争议的方式不同，其主要特征如下。

1. 管辖权的非强制性

受理国际商事争议的仲裁机构一般都属于民间性的机构，其对案件的管辖权不是来自法律的直接规定，而是争议双方当事人通过签订仲裁协议自愿授予的，只有当事人在争议发生前或发生后达成了仲裁协议，有关的仲裁机构才有权对该争议进行审理和裁决，否则，任何一方当事人都无权强迫另一方当事人接受仲裁，任何仲裁机构都无权受理该争议。与此相反，法院的管辖权来自于法律的直接规定，无须当事人通过协议授权，只要一方当事人在有管辖权的法院提起诉讼，对方必须去应诉。

2. 当事人的意思自治性

与诉讼相比，国际商事诉讼的当事人具有更大的自主性。只有在当事人于商事争议发生前或发生后达成了仲裁协议，有关的仲裁机构才有权对该争议进行审理和裁决，否则，任何仲裁机构对案件均无权管辖。此外，当事人的意思自治还体现在当事人可以通过仲裁协议自行选择仲裁机构、仲裁地点、仲裁员及仲裁适用的法律等。

3. 灵活、快速性

仲裁审理争议的方式比较灵活，不像司法诉讼程序那样烦琐，加上可以选择某一领域具有专业知识的专家作为仲裁员，可以加速审理案件的速度。同时，程序的简化、裁决的快速，也就降低了解决了有关争议所花的费用，具有经济性。

4．裁决的“一裁终局”性

仲裁程序终结后所做出的裁决一般都是终局的，任何一方当事人均不得向法院起诉，也不得向其他仲裁机构提出变更仲裁裁决的请求；而诉讼则通常有两个或两个以上的审级，当事人对一审法院的判决不服，有权在法定期限向上一级法院上诉。

9.2.2 国际商事仲裁常设机构

仲裁机构是国际商事关系中的双方当事人自主选择用以解决其争议的民间性机构，其审理案件的管辖权限完全取决于当事人的选择和授权。国际商事仲裁机构可分为临时仲裁机构和常设仲裁机构。临时仲裁机构是指根据当事人的仲裁条款或仲裁协议，在争议发生后由双方当事人推荐的仲裁员临时组成的，负责裁断当事人的争议，并在裁决后即行解散的临时性仲裁机构。常设仲裁机构是指依据国际条约或国内法成立的具有固定组织和地点、固定的仲裁程序规则的永久性仲裁机构。

国际上主要的常设仲裁机构如下。

1．国际商会仲裁院

国际商会仲裁院（The International Court of Arbitration，ICC）成立于 1923 年，总部设在巴黎，是附属于国际商会的一个国际性常设仲裁机构，国际商会仲裁院在国际上的影响很大，其受案数量居各国仲裁机构之首。

国际商会仲裁院由来自 40 多个国家具有国际商法专长的解决国际争端经验的成员组成。其管辖的范围十分广泛，任何国家的当事人，不管该国是否为国际商会的成员国，均可缔结协议将具有国际性的商业争议提请国际商会仲裁院仲裁。

国际商会仲裁院现在适用的仲裁规则是 1998 年 1 月 1 日起施行的新的仲裁规则。当事人可以直接向仲裁院的秘书处提出申请，也可以通过所在国的国际商会国别委员会转交仲裁院秘书处。仲裁院规则还规定仲裁庭的独任仲裁员和合议制仲裁庭的国籍必须不同于争议双方当事人的国籍，以保证仲裁裁决的公正性。仲裁裁决实行一裁终局制。

2．英国伦敦国际仲裁院

英国伦敦国际仲裁院（London Court International Arbitration，LCIA）成立于 1892 年，原名为伦敦仲裁院（LCA），1981 年起用现名。它是国际上成立最早的常设仲裁机构，现由伦敦市政府、伦敦工商会和女王特许仲裁协会 3 家共同组成的联合委员会管理。仲裁院的日常工作由女王特许协会负责，仲裁协会的会长兼任仲裁院的主席。它可以受理提交给它的任何性质的国际争议，在国际社会享有很高的威望，特别是海事案件，大多诉诸该院。

3．美国仲裁协会

美国仲裁协会（American Arbitration Association，AAA）成立于1926年，由1922年成立的美国仲裁会和1925年成立的美国仲裁基金会合并而成，是独立的非营利性民间组织，总部设在纽约，在美国其他主要城市设有分会。协会受理的仲裁案件主要是货物买卖合同、代理合同、工业产权、公司的成立与解散，以及投资方面的争议。在裁决上实行一裁终局制。

4．瑞典斯德哥尔摩商会仲裁院

瑞典斯德哥尔摩商会仲裁院（Arbitration Institute of the Stockholm Chamber of Commerce，AISCC）成立于1917年，是斯德哥尔摩商会下设的一个仲裁机构，总部设在瑞典斯德哥尔摩商会内，专门解决工商及航运中发生的争议，定有斯德哥尔摩商会仲裁院仲裁规则。仲裁庭在进行仲裁时，既可以适用该仲裁院的规则，也可适用当事人选定的其他规则。该仲裁院没有固定的仲裁员名单，对仲裁员的国籍和身份也无限制。当事人可以自由选择仲裁员。仲裁地点，可以由当事人约定，当事人没有约定的，一般由该仲裁院决定。

关于仲裁的法律适用问题，原则上适用当事人选择的实体法。如果当事人未予选择，仲裁庭一般可能适用瑞典的冲突法规则选择实体法，其基本原则是选择与合同联系最密切的国家的法律。

瑞典斯德哥尔摩商会仲裁院的仲裁裁决具有终局效力，裁决做出后，当事人应自动履行仲裁裁决。

5．香港国际仲裁中心

香港国际仲裁中心（Hong Kong International Arbitration Center，HKIAC）成立于1985年，属于民间性质的仲裁机构，不受政府的影响和控制。中心实行理事会制度，理事会由不同国籍资深的商界、律师界及其他各界人士组成。

中心主要受理国际商事仲裁案件和香港地区内的仲裁案件。香港国际仲裁中心有自己的本地仲裁规则，但没有制定自己的国际商事仲裁规则，它在仲裁国际商事争议案件时，适用《联合国国际贸易法委员会仲裁规则》。

6．中国国际经济贸易仲裁委员会

中国国际经济贸易仲裁委员会（China International Economic and Trade Arbitration Commission，CIETAC）于1956年4月正式成立，最初名为“中国国际贸易促进委员会对外贸易仲裁委员会”，1988年改用现名。

中国国际经济贸易仲裁委员会现行的仲裁规则是1995年9月4日修订并于同年10月1日施行的仲裁规则。该规则对受案范围做了明确规定，当事人可以选择独任仲裁，也可以选择仲裁庭进行仲裁。在中国国际经济贸易仲裁委员会进行仲裁，一般应当开庭审理。

但经双方当事人申请或征得双方当事人同意，仲裁庭也认为不必开庭审理的，仲裁庭可以只依据书面文件进行审理并做出裁决。仲裁庭开庭审理案件不公开进行，如果双方当事人要求公开审理，由仲裁庭决定是否公开。

中国国际经济贸易仲裁委员会的仲裁裁决是终局的，裁决一经做出，对双方当事人具有约束力。任何一方当事人不得向法院起诉，也不得向其他任何仲裁机构提出仲裁。

9.2.3　国际商事仲裁协议

1．国际商事仲裁协议的概念

国际商事仲裁协议是指国际商事关系中的当事人愿意把他们之间的商事争议交付仲裁的意思表示。仲裁协议是国际商事仲裁的基石，它既是任何一方当事人将争议提交仲裁的依据，也是仲裁机构和仲裁员受理案件的依据。多数国家法律都规定，仲裁协议应采取书面形式。

2．国际商事仲裁协议的类型

根据仲裁协议存在的方式不同，可将其分为以下三种类型。

（1）仲裁条款。仲裁条款是指双方当事人在签订的合同中所订立的将可能发生的争议提交仲裁的条款。仲裁条款是仲裁协议的一种最常见和最重要的形式，国际商事合同一般都订有仲裁条款。它订立于纠纷发生前，存在于有关合同中，同时，它又具有与该合同的其他条款不同的性质和效力，其他条款的无效，并不必然引起仲裁条款随之无效。

（2）仲裁协议书。所谓仲裁协议书，是指在争议发生之前或发生之后，双方当事人在自愿的基础上订立的、同意将争议提交仲裁的一种独立仲裁协议。仲裁协议书不依赖于其他合同而存在，无论形式上还是内容上，都是独立的合同。

（3）其他文件中包含的仲裁协议。当事人在从事国际商事活动时，除了订立合同外，还可能在相互之间有信函、电报、电传、传真或其他书面材料。这些文件中如果包含双方当事人同意将他们之间已经发生或将来可能发生的争议提交仲裁的内容，那么，有关文件即可构成仲裁协议。

3．国际商事仲裁协议的内容

仲裁协议是仲裁机构受理案件的依据，仲裁协议内容规定得是否完备、明确关系到争议能否及时得到仲裁审理和裁决。关于仲裁协议应包含哪些具体内容，各国立法及有关的国际公约的规定并不完全相同，但大体上一般都包括以下内容。

（1）仲裁事项。仲裁事项是指双方当事人提交仲裁的争议范围，即双方当事人将何种争议提交给仲裁机构仲裁。当事人只有把订在仲裁协议中的事项提交仲裁时，仲裁机构才予受理，否则，仲裁机构不予受理。在仲裁协议中，要注意仲裁事项的可仲裁性。首先，提交仲裁的事项不能违背仲裁地国家的法律，也不得与仲裁地国家的公共秩序相抵触；其次，提交仲裁的事项必须是仲裁地国家和仲裁裁决执行国家法律允许以仲裁方式处理的事项。

（2）仲裁机构。双方当事人在签订仲裁协议时，应明确约定仲裁事项由哪个仲裁机构进行仲裁，否则，该仲裁机构不予受理。在国际商事仲裁实践中，有两种仲裁机构可供选择，一种是常设性仲裁机构，一种是临时仲裁庭。

（3）仲裁地点。仲裁地点的选择关系到仲裁所要适用的实体法和程序法。它对整个仲裁具有重要影响，如果当事人在仲裁协议中没有明确规定仲裁地点，支配仲裁的法律往往是仲裁地法。在签订仲裁协议时，当事人一般都力争在本国进行仲裁，因为当事人熟悉本国的法律和仲裁制度、仲裁机构，也比较信任本国的仲裁机构。

（4）仲裁规则。仲裁规则是当事人双方和仲裁庭在仲裁的整个过程中必须遵循的规则。双方当事人在订立仲裁协议时，应明确约定有关仲裁应适用的规则，以便当事人和仲裁员在仲裁时有可遵循的行为准则，使仲裁顺利进行。仲裁规则具体包括仲裁申请的提出、答辩的方式、仲裁员的选定、仲裁庭的组成、仲裁的审理、仲裁裁决的做出及裁决的效力等内容。

4．国际商事仲裁协议的法律效力

根据有关仲裁的国际公约和大多数国家仲裁立法的规定，依法签订的仲裁协议具有法律效力，主要表现在以下四个方面。

（1）对当事人的效力。仲裁协议一旦合法成立，则首先对当事人直接产生法律效力。具体表现如下。

1）双方都不得请求法院或其他国家机关裁处。如果一方当事人就仲裁协议规定范围内的事项向法院起诉，另一方当事人则有权依据仲裁协议要求法院中止司法程序，法院应当驳回起诉。

2）当事人应履行仲裁裁决。既然当事人在仲裁协议中已同意将有关的争议提交仲裁解决，因此，仲裁协议就使当事人承担了履行由仲裁机构所做出的裁决义务，除非该裁决经有关国家法院裁定无效或撤销。

（2）对仲裁机构的效力。有效的仲裁协议是仲裁机构或仲裁庭受理争议案件的依据，没有仲裁协议就没有仲裁庭的仲裁管辖权。同时，仲裁协议对仲裁庭的法律效力还表现在仲裁协议限定了仲裁庭行使仲裁权的范围，仲裁庭只能对双方当事人在仲裁协议中约定的争议事项进行仲裁，超出这一范围进行的仲裁，属于越权的行为，它不能对当事人产生法律效力。同时，双方当事人在仲裁协议中所约定的仲裁规则，是仲裁庭具体行使仲裁权的

依据，它引导仲裁庭按照特定的程序进行审理和裁决。

（3）对法院的效力。一项有效的仲裁协议对法院的法律效力，主要表现为排除法院的司法管辖权。如果一方当事人不依据仲裁协议所做出的约定将有关争议向法院起诉，法院应拒绝受理案件，或者根据另一方当事人的请求，裁定终止司法诉讼程序。

（4）对主合同的效力。仲裁条款与主合同发生分离，仲裁条款的效力不因主合同的无效或被撤销而无效，这一点也称仲裁条款的独立性，许多国家的仲裁法都对此做了规定。例如，联合国《国际商事仲裁示范法》规定："仲裁条款独立于合同其他条款，仲裁庭做出的合同无效的决定不应在法律上导致仲裁条款的无效。"我国《仲裁法》规定："仲裁协议独立存在，合同的变更、解除、终止或无效，不影响仲裁协议的效力。"

案例 9-1

A 公司与 B 研究所签订开发保健药品的技术合同，合同约定因履行本合同发生的争议由 M 技术合同仲裁机构进行仲裁。后双方因履行合同发生争议，A 公司向合同履行地的人民法院起诉，起诉时未向法院说明合同中已约定仲裁解决争议的情况，法院受理了此案，B 研究所向法院提交了答辩状并参加了庭审。法院判决 B 研究所败诉，B 研究所不服随即上诉，理由是本研究所与原告事先有仲裁协议，法院判决无效。

本案中 A 公司与 B 研究所虽然订有有效的仲裁协议，排除了法院的管辖权，法院本不该受理此案，但根据中国《仲裁法》规定："当事人达成仲裁协议，一方当事人向人民法院起诉未声明有仲裁协议，人民法院受理后，另一方当事人在首次开庭前未对人民法院受理该案提出异议的，视为放弃仲裁协议，人民法院应当继续审理"。因此，法院审理本案合法，判决有效。

9.2.4　国际商事仲裁庭的组成与管辖权

1. 国际商事仲裁庭的组成

仲裁庭是指具体负责对某项已交付仲裁的争议事项进行审理，并最终就争议事项做出实质性裁决的组织。

仲裁庭有两种形式，即合议制仲裁庭和独任制仲裁庭。某一具体案件的仲裁庭采取什么形式，是当事人自愿选择的。

合议制仲裁庭，是指仲裁庭由 3 名或 3 名以上的仲裁员组成的形式；独任制仲裁庭是指仲裁庭由一名仲裁员组成的形式。从仲裁实践来看，由合议制仲裁庭进行仲裁的比较多，独任制仲裁庭一般只适用于一些简单的案件。

如果当事人选择由独任仲裁庭进行仲裁，则应由双方当事人共同协商选定仲裁员；如果是选择了合议制仲裁庭进行仲裁，双方当事人应各自选定 1 名仲裁员，第 3 名仲裁员则由双方当事人共同选定。

2．国际商事仲裁庭的管辖权

国际商事仲裁庭的管辖权来自当事人的授权。当事人应该在仲裁协议中约定提交仲裁的争议范围，即仲裁事项。仲裁庭只能对提请仲裁的事项进行仲裁，对于仲裁协议中没有涉及的事项，仲裁庭无权裁决。

9.2.5 国际商事仲裁裁决

国际商事仲裁裁决的做出一般要经过仲裁申请和受理、答辩和反诉、仲裁审理、仲裁裁决等环节。

1．申请和受理

当事人申请仲裁，首先应当向仲裁机构递交仲裁协议及仲裁申请书。仲裁申请书的内容一般包括：双方当事人的基本情况；仲裁所依据的仲裁协议；仲裁请求和所依据的证据；仲裁机构的名称等。除此之外，申请人还应写明提交申请的日期，并签名、盖章。

申请仲裁时，申请人还应缴纳有关费用。

仲裁机构对当事人的仲裁申请经过审查认为符合法定的申请仲裁的条件的，予以受理，并将仲裁规则和仲裁员名册送达给申请人，将仲裁申请书副本、仲裁规则和仲裁员名册送达给被申请人，以便双方选择仲裁员，组成仲裁庭。

2．答辩和反诉

仲裁案件的被申请人可以出具答辩书，针对申请人在仲裁申请书中提出的仲裁请求和所依据的事实和理由进行答复和辩解。被申请人不按期提交答辩书的，不影响仲裁程序的进行。

被申请人针对原申请人的请求也可以提出与之相对抗的反请求，即反诉。

3．仲裁审理

仲裁审理包括开庭审理和书面审理两种审理方式。目前，在国际商事仲裁中，如果当事人没有明确要求开庭审理的，仲裁一般以书面形式审理。

仲裁审理有公开审理和不公开审理两种。目前大多数仲裁机构的仲裁规则中都规定了不公开审理的原则，不公开审理原则更有利于保守当事人的秘密。

4．仲裁裁决

仲裁裁决是指仲裁庭对当事人提交的争议事项进行审理后所做出的处理结果。各国立法对裁决的做出、裁决的内容等都进行了规定。

（1）裁决的做出。各国仲裁规则一般都规定，由合议制仲裁庭进行仲裁时，应按多数意见做出裁决，少数仲裁员的不同意见可以记入笔录；如果各仲裁员各持一种意见时，应按首席仲裁员意见做出裁决。

（2）裁决书的内容与形式。裁决书的内容一般包括以下内容：双方当事人的基本情况；仲裁庭组成情况；仲裁请求；争议事项；裁决结果及裁决理由；裁决日期和地点；仲裁费用的分担等。

关于裁决书的形式，各国都规定必须以书面形式做成。

（3）各国仲裁机构对裁决书的做成时间也有不同规定。有的仲裁机构规定裁决必须在限定的时间内完成。例如《国际商会调解与仲裁规则》规定裁决的期限，要求仲裁员在仲裁程序正式开始后 6 个月内做出裁决；瑞典斯德哥尔摩商会仲裁院规定为 1 年。

（4）仲裁裁决的效力。仲裁裁决书的做出标志着案件审理的终结。各国仲裁法律及仲裁机构规则都规定仲裁裁决实行一裁终局制度，即裁决书自做出之日起发生法律效力。

仲裁裁决的效力主要体现在两个方面：一方面，裁决做出后，当事人就同一纠纷再申请仲裁或向人民法院起诉的，仲裁委员会或人民法院不予受理；另一方面，裁决做出后，当事人必须履行裁决。如果一方当事人不履行，另一方当事人有权向人民法院申请执行，受理申请的人民法院应当执行。

5. 仲裁裁决的承认与执行

国际商事仲裁裁决的承认与执行，是指法院或其他法定的有权机关承认国际商事仲裁裁决的约束力并予以强制执行的制度。

仲裁裁决做出后，如果当事人拒绝履行裁决，对方当事人可以请求相关的法院强制执行。各国在承认和执行仲裁裁决时，一般都区分国内仲裁裁决和外国仲裁裁决，并采取不同的态度和条件，各国对外国仲裁裁决的承认和执行要求更为严格。

（1）仲裁裁决在做成国境内执行。仲裁裁决在本国境内执行的程序比较简单，首先由当事人向有管辖权的法院提出申请，法院收到申请后即对仲裁协议和裁决做出审查，审查合格后，即发布执行该裁决的命令，予以强制执行。

（2）仲裁裁决在做成国外执行。裁决在做成国境外执行包括两种含义：一方面是本国所作的裁决要求得到外国的承认与执行，另一方面是外国所作的裁决要求得到本国的承认与执行。

为了便利仲裁裁决在国外的承认和执行，各国除了签订双边条约外，还签订了一些多边国际公约。其中最主要包括：1923 年的《日内瓦仲裁条款议定书》，1927 年的《关于执行外国仲裁裁决的日内瓦公约》和 1958 年的《承认和执行外国仲裁裁决的公约》（以下简称《纽约公约》）。目前，《纽约公约》已取代了前两项公约，成为有关承认和执行外国仲裁裁决的一个最全面、最有影响的国际公约。

《纽约公约》规定，各缔约国相互承认仲裁裁决具有约束力，并且依照执行地的程序规则予以执行。

9.3 国际商事诉讼

9.3.1 国际商事诉讼的特点与基本原则

国际商事诉讼是指由一国法院主持的，当事人和其他诉讼参与人参加的，为解决国际商事案件所进行的全部活动。在诉讼过程中，法院基于主导地位，代表国家行使审判权，是解决纠纷的主持者和裁判者。国际商事诉讼是解决国际经济贸易争议的重要方式。

1．国际商事诉讼的特点

（1）案件的适用范围。国际商事诉讼涉及的案件都具有涉外因素，诉讼当事人一方或者双方是外国人，或者诉讼的标的物位于国外或为外国人所有。

（2）审判机构。由于国际商事诉讼具有涉外性，而世界上没有专门审理涉外商事诉讼案件的国际法院，因此，国际商事诉讼只能在某一国家的法院进行，诉讼程序通常依据法院地法。

（3）适用法律。审判适用的实体法，既可能是国内法，也可能是外国法或国际条约、国际贸易惯例。

（4）诉讼程序。国际商事诉讼的完成，一般需要国际的司法协助，如调查取证、判决执行等往往需要其他国家的协助才能完成。

2．国际商事诉讼的基本原则

（1）国家主权原则。在国际商事诉讼方面，国家主权原则主要表现为：一个国家有权通过立法形式，对其领域内的所有诉讼活动和行为进行规定，有权对其领域内的一切人和物行使司法管辖权，有权依照本国法律的规定受理有关案件。

（2）平等互惠原则。在国际商事诉讼中，平等互惠原则主要表现为：国家在平等的基础上赋予对方国民以商事诉讼权利；在同等条件下相互适用对方的诉讼立法；相互给予司法协助。

（3）国民待遇原则。在国际商事诉讼领域，国民待遇原则主要表现为一国给予外国人的诉讼权利与本国公民相同。《中华人民共和国民事诉讼法》第 5 条也明确规定："外国人、无国籍人、外国企业和组织在人民法院起诉、应诉，同中华人民共和国公民、法人和其他组织有同等的权利和义务。"其他国家的立法及一些国际条约一般也有类似规定。

（4）尊重国际条约和国际惯例原则。在国际商事诉讼中，尊重国际条约和国际惯例原则主要表现为：第一，一国在制定国内诉讼法时，应考虑到本国所缔结或参加的国际条约的有关规定，应考虑到国际上有关方面的习惯做法；第二，一国的司法机关审理有关的国际商事案件时，应优先适用本国所参加的国际条约的规定，在没有明确的国际立法和国内立法规定的情况下，应参照国际惯例来处理国际商事案件。

9.3.2　国际商事诉讼管辖权

1．国际商事诉讼管辖权的概念

国际商事诉讼管辖权是指一国法院受理国际商事案件的权限或资格。它所涉及和解决的是就某特定的国际商事案件究竟哪个国家的法院具有管辖权的问题。就准据法的确定上，案件由哪国法院管辖，该国法院就会依据本国的冲突规范来确定准据法，而准据法的选择将会对案件当事人的权利义务产生实质的影响；就诉讼程序而言，一般是适用法院地法，因此当事人都是希望由有利于自己的国家的法院来审理案件。

2．国际商事诉讼管辖权确定的原则

（1）属地管辖原则。属地管辖原则是指根据与国际商事案件有关的地域来确定法院管辖权。具体来说，在国际商事诉讼中，与地域有关的因素包括当事人（主要是被告）的住所、被告财产所在地、诉讼标的物所在地、行为地（包括合同成立地、合同履行地、侵权行为地）等，只要其中有一个因素存在或发生于一国境内，该国法院就可以据此主张对该案件的管辖权。

（2）属人管辖原则。属人管辖原则是指根据当事人的国籍来确定案件的管辖权。只要当事人一方为某国国籍，该国法院就可以主张对该案件具有管辖权。

（3）协议管辖原则。协议管辖原则是指双方当事人依据“意思自治”的原则，自行达成协议，将他们之间的纠纷提交给某国法院管辖。

协议管辖原则是对属地管辖原则和属人管辖原则的变更和补充，现在各国一般都接受协议管辖原则。但各国对协议管辖的适用都有一定限制，主要体现在以下三个方面。

1）协议管辖一般以存在管辖标志为前提，双方当事人不得协议选择与案件毫无联系的法院。

2）协议管辖不得与专属管辖相抵触。

3）协议管辖一般被限制在合同或财产权益纠纷方面。

（4）专属管辖权原则。专属管辖权原则是指一国规定本国法院对国际商事案件具有独占的和排他性的管辖权，不允许其他国家的法院对该案件具有管辖权。专属管辖的案件一般包括以下五个方面。

1）有关不动产的诉讼，由物之所在地法院管辖。

2）有关知识产权的诉讼，由登记地法院管辖。

3）婚姻继承等有关身份关系的诉讼，由当事人国籍国法院管辖。

4）在境内发生的重大侵权行为的诉讼，由行为地法院管辖。

5）有关法人设立、解散、破产的诉讼，由法人国籍国法院管辖。

3．我国法律关于涉外经济案件管辖权的规定

《中华人民共和国民事诉讼法》对涉外经济案件的管辖问题做了如下规定。

（1）一般地域管辖。在正常情况下，对在我国境内有住所的被告提起的诉讼，一般由被告所在地法院管辖；被告住所地与经常居住地不一致的，由经常居住地人民法院管辖。

（2）被告在我国领域内没有住所的合同纠纷或其他财产权益纠纷案件的管辖。因合同纠纷或其他财产权益纠纷，对在我国领域内没有住所的被告提起的诉讼，如果合同在我国领域内签订或履行，或者诉讼标的物在我国领域内，或者被告在我国领域内有可供扣押的财产，或者被告在我国领域内设有代表机构，可以由合同签订地、合同履行地、诉讼标的物所在地、可供扣押财产所在地、侵权行为地或代表机构住所地人民法院管辖。

（3）协议管辖。涉外合同或者涉外财产权益纠纷的当事人，可以用书面协议选择与争议有实际联系的地点的法院管辖。选择我国人民法院管辖的，不得违反我国法律关于级别管辖和专属管辖的规定。

（4）应诉管辖。《民事诉讼法》规定，涉外民事诉讼的被告对人民法院管辖不提出异议，并应诉答辩的，视为承认该人民法院为有管辖权的法院。

（5）专属管辖。《民事诉讼法》规定，因在中华人民共和国履行中外合资经营企业合同、中外合作经营企业合同、中外合作勘探开发自然资源合同发生纠纷提起的诉讼，由中华人民共和国人民法院管辖。这一规定，明确了外国法院对这类纠纷无管辖权，这符合合同纠纷由履行地法院管辖的国际惯例。

9.3.3 国际商事诉讼当事人

国际商事诉讼当事人，是指在发生商事纠纷时，以自己的名义进行诉讼，与案件审理结果具有法律上利害关系，并受法院裁判约束的人。本书主要介绍有关外国人的诉讼地位问题。

外国人的诉讼地位，是指外国自然人、法人在法院所在国作为涉外民事经济关系主体时所享有的民事诉讼地位。它是保护外国人在法院地享有实体权利和法院行使管辖权的前提条件。外国人与本国人享有相同的自由进入法院的权利，是各国公认的国际法原则。

1．确认外国人诉讼地位的原则

各国对外国人诉讼法律地位，一般采取“国民待遇”原则和“对等互惠”原则。国民待遇原则是指在本国境内的外国人，在民事诉讼方面享有同本国公民同等的权利，承担同本国公民同等的义务。互惠原则是指只有在外国法院给予本国公民、法人或其他组织以某种民事权利的前提下，本国才给予其境内的外国当事人以对等的民事诉讼权利，如果外国法院对本国公民、法人或其他组织的民事权利加以限制，那么本国对该国的公民、法人或其他组织的民事权利加以同样限制。

2．外国人诉讼行为能力

当事人的民事诉讼行为能力是指当事人以自己的行为行使诉讼权利和承担诉讼义务的能力。外国人的诉讼行为能力一般适用外国人的属人法，即取决于当事人的本国法（或住所地法）的规定。但是，如果当事人的本国法（或住所地法）认为他没有诉讼行为能力，而法院地法院认为该外国人有民事诉讼行为能力，则该外国人具有民事诉讼行为能力。外国法人的诉讼地位一般都由各国的诉讼法做出特别规定。

3．外国国家的诉讼地位

外国国家在国际民商事诉讼中的地位，与外国公民或法人的地位不同。根据国际公认的“平等者之间无管辖权”的原则，外国国家在内国法院的民事诉讼中享有司法豁免权。司法豁免权包括以下内容。

（1）司法管辖豁免。即未经一国同意，他国法院不得受理以该外国国家为被告或以该外国国家财产为诉讼标的的纠纷。

（2）诉讼程序豁免。即未经一国同意，即使该国放弃管辖豁免，外国法院也不得对该国财产采取诉讼保全措施，不得强制出庭作证及实施其他诉讼程序上的强制措施。

（3）强制执行豁免。指未经一国同意，他国法院不得根据本国判决对该国财产实行强制执行。

案例 9-2

某 19 岁的法国人与我国某纺织品进出口公司在杭州签订一份纺织品出口原料购销合同，后来由于纺织品原料在国际市场上价格暴涨，法国人就不履行合同。纺织品进出口公司遂在我国法院对该法国人提起违约之诉。该法国人辩称：根据法国法律，年满 21 岁为完全民事行为能力人，由于其签订合同时是未成年人，不具有行为能力，不是合同的合格主体，所以主张所签的合同无效，拒绝承担赔偿责任。

在本案中，判断该 19 岁的法国人是否应当对其违约行为承担责任的关键在于确认该法国人是否具有完全民事行为能力。自然人的行为能力适用当事人的属人法，这是各国普遍承认的法律适用规则。不过，为了保护当事人的交易安全和维护民事法律关系的稳定，在行为能力的法律适用上行为地法的适用受到重视。我国的立法就采取这种立场。根据最高人民法院 1988 年《关于贯彻执行〈中华人民共和国民法通则〉若干问题的意见（试行）》的规定："外国人在我国领域内进行民事活动，如依其本国法律为无民事行为能力，而依我国法律为有民事行为能力，应当认定为有民事行为能力。"据此，本案应适用中国法判定该法国人具有缔约能力，合同有效，被告应对其违约行为承担违约责任。

9.3.4 国际司法协助

1. 司法协助的概念和内容

司法协助是指某一国法院应另一国法院的请求，代为进行某些诉讼行为，如送达文书、调查取证等。司法协助有广义和狭义之分，广义的司法协助不仅包括送达文书和调查取证，还包括承认和执行外国法院的判决，而狭义的司法协助仅指前者，不包括承认和执行外国法院的判决。根据我国民事诉讼法的精神，我国的司法协助是指狭义上的司法协助。

司法协助一般是在签订国际条约的基础上进行的，在没有国际条约的情况下，根据互惠原则进行。

2. 司法协助的途径

根据国际条约和各国国内法的规定，向国外送达诉讼文书或调查取证，常采取以下方式。

（1）外交途径。即由一国法院将载明委托事项的委托书，递交本国外交部，由外交部交被请求国的外交代表，再由他转交该国的管辖法院。这种送达手续繁杂、耗时多，因此往往在比较重大的案件中或不能采用其他途径时，才采取这种途径。在两国间没有司法协助条约或共同参加的国际公约的情况下，它是普遍采用的几乎是唯一可靠的一种途径。

（2）领事途径。即由一国法院将委托书交给本国驻被请求国的领事，然后由领事转交该国的管辖法院。这种途径通常以有领事条约为前提。在被请求国的法律允许下，领事可直接向驻在国的本国公民送达诉讼文书或调查取证，但须遵守驻在国的法律，并不得采取强制措施。

（3）直接送达。即法院直接将诉讼文书邮寄送达给居住在外国的被送达人，或者通过当事人的诉讼代理人代为送达。采用这种方式送达，以被送达国不反对为限。

（4）法院途径。即由一国法院将委托书直接寄给外国的管辖法院。这种方式最简单，但必须以国家间的司法协助条约为基础。

（5）通过指定的中央机关送达。即将委托书交给被请求国确定的中央机关，由该机关专门负责处理。这种方式较为简捷，但必须以国际条约为基础。1965 年海牙《关于向外国送达民商事司法文书和司法外文书的公约》首创这种方式，现已为许多双边条约所采用。

委托外国法院调查取证，也必须提交委托书，必须按诉讼文书送达的途径进行。但不论是代为送达诉讼文书，还是代为调查取证，被请求国都只适用本国法，按本国法规定的程序进行。被请求国法院如果发现外国法院的委托事项超过其职权范围，或者认为代为送达的诉讼文书或调查取证违反本国的主权、安全或公共秩序，可以拒绝提供这种协助。

3．我国关于司法协助的规定

我国《民事诉讼法》第 29 章专门规定了司法协助问题，也有专门的司法解释。在国际立法方面，我国加入了《关于向外国送达民商事司法文书和司法外文书的公约》(《海牙公约》)。根据上述法律、公约的规定，我国在执行司法协助时，遵循以下途径。

（1）与我国签订了司法协助协议或条约的国家当事人，请求我国法院提供司法协助，经最高法院审查后，交有关高级法院指定的有关中级法院办理。办妥后，由有关中级法院将有关材料和送达回证经高级法院退最高法院。我国法院须向缔约的外国一方请求提供司法协助，应按协定的规定提出请求书，所附文件及相应的译文，经有关高级法院审核后报最高法院办理。

（2）对尚未与我国缔结司法协助协定的国家，只要是海牙公约的成员国，可根据公约办理。根据公约，我国指定的送达的机关是司法部。

（3）既未与我国缔结司法协助协定的国家，又不是《海牙公约》成员国，相互之间需要提供司法协助的，按以下程序办理。

1）已同我国建交国家的法院，通过外交途径委托我国法院向我国公民或法人及在华的第三国或无国籍当事人送达法律文书的，在互惠原则下，由该国驻华使领馆将法律文书交外交部转交有关高级法院，再由高级法院指定有关的中级法院送达当事人。

2）外国驻华使领馆可以直接向其在华的本国公民送达法律文书，但不得损害我国主权和安全，不得采取强制措施。

3）对拒绝转递我国法院通过外交途径委托送达法律文书的国家或有特殊限制的国家，我国可根据情况采取相应措施。

4）我国法院通过外交途径向国外当事人送达的法律文书，经高级法院审查，由外交部负责转递。

5）我国法院向外国领域内的中国籍当事人送达法律文书，如该国允许我使领馆直接送达，可委托我驻外使领馆送达。

6）我国法院和外国法院通过外交途径相互委托送达法律文书的收费，一般按对等原则办理。

以上规定同样适用于我国法院与外国法院通过外交途径相互委托代为调查或取证。

同时，根据我国法律规定，司法协助还有以下条件限制。

1）外国法院请求协助的事项有损于中华人民共和国主权、安全或社会公共利益的，法院不予执行。

2）外国法院请求人民法院提供司法协助的请求书及其所附文件，应当附有中文译本或国际条约规定的其他文字文本。

3）如果受送达人在我国享有外交特权和豁免的，一般不予送达。

4）如果外国法院请求协助的事项不属于我国职权范围或因地址不明或其他原因不能送达的，由外交部向对方说明理由，予以退回。

本章小结

在国际商事活动中，由于当事人之间政治、经济、文化和法律等背景的不同，在利益上可能会发生冲突，从而产生一定的争议和纠纷，如何解决这些争议和纠纷，就必须正确选择适用争议的解决方法。本章介绍了几种常见的解决国际商事争议的方式。

在国际贸易中，经常发生的贸易争端、贸易纠纷是各国国际组织和政府面临的棘手问题。WTO争端解决机制弥补了GATT机制的不足。本章对WTO争端解决机制做了介绍，包括WTO争端解决机制的产生、适用范围、争端解决机构、争端解决程序。

国际商事仲裁制度是目前解决国际商事纠纷的主要方式之一。国际商事仲裁更尊重当事人的意思自治，当事人可以通过签订仲裁协议的方式选择仲裁机构、仲裁员。国际商事仲裁裁决具有终局性。

国际商事诉讼也在解决国际商事争议方面发挥着重要作用，国际商事诉讼与国际商事仲裁不同，在诉讼管辖、程序上更强调强制性，在国际商事诉讼中经常需要国际司法协助。

复习思考题

1. 名词解释

仲裁　国际商事仲裁　国际商事仲裁协议　国际商事诉讼

2. 单项选择题

（1）仲裁裁决的效力一般为（　　）。

A. 一裁两审　B. 一裁终局　C. 两审终审　D. 三审终审

（2）仲裁管辖权属于（　　）。

A. 强制管辖　　B. 非强制管辖　　C. 级别管辖　　D. 指定管辖

（3）英国凯英公司与我国贝华公司签订合同，在我国共同投资建立中外合资经营企业。如果凯英公司与贝华公司之间就此合同发生争议，提起诉讼。依照我国法律规定，下列表述中哪--说法是正确的？（　　）

A. 可以在英国诉讼

B. 必须在中国诉讼

C. 如果双方当事人在合同中选择英国管辖，我国法院就没有管辖权

D. 如果双方当事人在合同中选择第三国管辖，我国法院就没有管辖权

3. 多项选择题

（1）仲裁的特点包括（　　）。

A. 自主性　　B. 一裁终局　　C. 灵活性　　D. 快速性

（2）确定国际商事诉讼管辖权的原则主要包括（　　）。

A. 属地管辖原则　　B. 属人管辖原则

C. 协议管辖原则　　D. 专属管辖原则

（3）国际商事仲裁的自主性表现为（　　）。

A. 当事人可以自主选择仲裁机构　　B. 当事人可以自主选择仲裁员

C. 当事人可以自主选择仲裁地点　　D. 当事人可以自主选择仲裁程序

4. 判断

（1）当前，有关承认与执行外国仲裁裁决的最重要的国际公约是 1958 年的《承认和执行外国仲裁裁决公约》。（　　）

（2）仲裁庭做出的仲裁裁决书发生法律效力后，如果当事人一方不履行裁决的，另一方当事人可以向仲裁庭申请强制执行。（　　）

（3）因不动产纠纷、继承纠纷或中外合资经营企业合同纠纷提起的诉讼，应由我国法院专属管辖。（　　）

（4）当事人协议选择管辖法院时，不得变更专属管辖。（　　）

5. 简答

（1）WTO 争端解决机制的运作程序如何？

（2）国际商事仲裁的特点有哪些？

（3）国际商事诉讼管辖权的原则有哪些？

实训题

实训1

2010年9月20日，中国A市甲公司作为买方与作为卖方的位于德国B市的乙公司在北京签订购买全套由德国LT综合机械厂制造的生产PP与HDPE两种塑料单丝的生产线合同。合同约定，如果将来因合同履行发生纠纷，由中国国际经济贸易仲裁委员会仲裁。后来，设备按时运到甲公司，乙公司也派人到甲公司对设备进行调试，但经过多次调试后，生产PP单丝获得成功，而生产HDPE单丝的调试始终无法完成。于是甲公司要求乙公司退还相应的货款并赔偿由此造成的损失，经协商未能解决，甲公司向北京市海淀区人民法院起诉，乙公司参加诉讼，法院进行了审理，判决乙公司退还货款并赔偿甲公司的损失。乙公司不服随即上诉，理由是与甲公司事先有仲裁协议，法院没有管辖权，其判决无效。

问题

（1）合同中约定的仲裁条款是否有效？

（2）法院审理本案是否合法？

（3）乙公司的上诉理由是否正确？

实训2

原告：香港Q财务有限公司

被告：香港P美食有限公司

2003年被告与广州某公司签约合作经营广州D酒店。被告为了筹资，于同年9月2日与原告签订了借款协议。规定：① 由原告对被告贷款780万港元；② 贷款期限为5年，借款方在5年内分9期还本付息；③ 利息以365天为1年计算，每月底结付1次，未付的利益自动拨入本金，以复利计算，并另加收罚息，罚息为欠息的20%；④ 利息以香港中国银行港元优惠利率加1%计；⑤ 贷款方按贷款总额的0.5%收取开办费；⑥ 贷款担保人为广东S信托投资公司，如借款人未能按规定期限偿付全部或部分本息时，担保人在接到贷款方通知书之日起15天代为偿付所欠本息；⑦ 借款协议适用香港地区法律和中华人民共和国法律。

贷款合同签订后，原告收取了被告3.9万港元的开办费，被告于同年9月分3次共提取港元780万元。此后，被告仅支付到期利息16万多港元，到2010年4月30日，已欠到期本金606余万港元，利息417万港元和罚息83余万港元，原告在多次索偿无效后，向广州市中级人民法院提起诉讼。